和秋叶一起学

社群营销实战手册

流量运营+私域转化+团队建设+品牌打造

秋叶 邻三月 著

人民邮电出版社

北京

图书在版编目（CIP）数据

社群营销实战手册：流量运营+私域转化+团队建设+
品牌打造 / 秋叶，邻三月著. -- 北京：人民邮电出版
社，2022.5
（和秋叶一起学）
ISBN 978-7-115-58392-5

Ⅰ. ①社… Ⅱ. ①秋… ②邻… Ⅲ. ①网络营销－手
册 Ⅳ. ①F713.365.2-62

中国版本图书馆CIP数据核字(2021)第269150号

内 容 提 要

本书基于电商、学习、人脉三大典型社群的运营模式，从 0 到 1 手把手教你打造社群私
域流量的思维、方法与路径。

本书共 6 章。其中，第 1 章从社群和社群营销的角度，介绍了社群和社群营销的运营逻
辑；第 2 章至第 4 章通过丰富的运营实战案例，全面解读了电商型社群、学习型社群、人脉
型社群的运营思维和运营方法；第 5 章介绍了构建高效的社群运营团队的方法；第 6 章介绍
了利用企业微信提高社群私域流量运营效率的方法和技巧。

本书适合作为企业客户服务、市场营销、新媒体营销等领域工作人员的案头速查手册，
也适合作为各院校市场营销类、企业管理类、商务贸易类、电子商务类等专业新媒体社群运
营相关课程的教学用书。

◆ 著　　　 秋 叶　邻三月
　　责任编辑　牟桂玲
　　责任印制　王 郁　胡 南

◆ 人民邮电出版社出版发行　　北京市丰台区成寿寺路 11 号
　　邮编　100164　　电子邮件　315@ptpress.com.cn
　　网址　https://www.ptpress.com.cn

北京九州迅驰传媒文化有限公司印刷

◆ 开本：720×960　1/16
　　印张：23.75　　　　　　　　2022 年 5 月第 1 版
　　字数：311 千字　　　　　　2024 年 8 月北京第 3 次印刷

定价：109.00 元

读者服务热线：(010)81055410　印装质量热线：(010)81055316
反盗版热线：(010)81055315
广告经营许可证：京东市监广登字 20170147 号

自从 2018 年 2 月《社群营销实战手册：从社群运营到社群经济》出版后，我们得到了很多读者的反馈，希望能提供社群运营更进一步的富有实战操作性的案例和经验。

从 2013 年开始，我们的社群运营团队一直在进行各种社群运营实践，积累了学习型社群、人脉型社群和电商型社群等多种类型的社群运营经验。同时，借助社群我们获得了累积过亿的销售收入，积累了几十万高黏性的客户。

2013 年，我们创建了 QQ 答疑群，服务了 10 万位学员。

2016 年，我们创建了高端人脉社群"个人品牌 IP 营"（最早叫"知识 IP 大本营"），现已运营 11 期，累计服务了 3000 多位会员，并且有很多会员坚定地参与每一期活动。

2018 年，我们创建了"秋叶写作训练营"，截至 2021 年年底，已经连续开班 25 期，累计有 6000 多位学员，好评率超过 90%。

2018 年，我们创建了"橙为社群训练营"，截至 2021 年年底，已经连续开班 20 期，累计有 5000 多位学员；同时，与几十家企业达成社群运营官培训的长期合作协议。

2019 年，我们创建了高端社群"写书私房课"，截至 2021 年年底，已经连续开班 11 期，帮助 90 多位学员出版了 100 多本图书。

2020 年，我们创建了书友会社群"秋叶书友会"，以"图书变现营"为核心启动社交分销的商业模式，一年内销售图书 5 万册。

我们的社群运营团队在不断取得成果的同时，社群运营模式也被业内很多社群效仿。比如秋叶"个人品牌 IP 营"策划的很多社群玩法，如"大咖"分享、每日一问、每周会诊、社群晚会等，被很多社群复制，成为很多社群运营的标准动作。

在社群商业模式上，我们也找到了一些突破诸多行业营销瓶颈的方法。我们借助社群模式出版了新媒体营销系列图书，这套书集合了社群里"大咖""小咖"的力量，加上"粉丝"群的助攻，第一年的发行量就超过 25 万册；我们通过社群的力量帮助很多图书实现了冷启动推广，找到了更利于图书销售的社群营销模式；即使在微信公众号营销、短视频营销、直播营销等新媒体营销领域，我们也通过社群运营得以高效留存高质量的用户，创造更多的商业价值。

这些丰富的社群运营经验，也让我们获得了很多外部合作的机会。我们的运营团队在腾讯芒种特训营以及高维学堂、新榜、小鹅通等平台分享社群运营的新经验，得到了很多企业圈朋友的认同，他们希望我们能把这些经验总结出来，帮助更多的人。

换个角度看，我们之所以能够取得如此多的成果，也是因为诸多社群成员对秋叶品牌的支持。这不是做广告就能实现的，而是用心运营社群的结果。

社群的商业变现之道，不是圈钱、不是"割韭菜"，而是通过社群，让大家从陌生人变成能互相信任的人，在信任的基础上再创造各种连接，由社群方牵头为大家创造更多的价值，获得大家更深层的信任，从而在深度信任中实现合作共赢，让社群越做越大，越走越远。所以在我们的社群，最常说的一句话是：加入社群是一段旅程的开始，让我们先信任再成全。

我们希望借助这本书，把我们团队近两年来的实战体会、运营思维、运营技巧做一次系统梳理，希望能帮助更多的人。我们在书中提到的学习型社群、人脉型社群、电商型社群三类社群的运营方法，是可以互相借鉴、交叉使用的，并且在社群运营的高级阶段也是可以融会贯通的。

相对于《社群营销实战手册：从社群运营到社群经济》，本书更强调了解决不同类型的社群运营实操方方面面的问题。我们希望本书是一本真正指导社群运营、解决实际问题的书。这也是我们秋叶团队的做事风格：少谈一点儿趋势，多谈一点儿方法，为读者提供更多的实操经验。

秋叶 PPT、秋叶品牌创始人 **秋叶**

橙为品牌创始人 **邻三月**

01 第 1 章
重新认识社群，打造私域流量池

02 第2章
如何运营电商型社群

03

第 3 章
如何运营学习型社群   090

04 第 4 章 如何运营人脉型社群 — 160

05

第5章
如何打造高效的社群运营团队   273

SONX

第 1 章　重新认识社群，打造私域流量池

社群的概念已经流行差不多 10 年了，如今社群的商业模式日渐清晰，社群更是成为各行各业突破流量瓶颈的新机会。这意味着社群的运营方式也发生了巨大的改变。过去做社群，可能关注社群本身的能量，注重社群的活跃度；而现在做社群，则需要以用户为中心，先提升用户体验，再挖掘用户价值。

1.1 ▶ 私域流量被重视，社群风潮再起

2015 年，社群火了。一夜之间，关于社群营销、社群电商、社群经济等概念，似乎人人都能说几句，打着经营"粉丝"、打造社群的旗号的团队也越来越多。

一阵热闹过后，社群又冷却了。最早被称为"粉丝经济"代表的小米手机不再强调自己是"发烧友"手机了，而是发力经营线上、线下渠道，努力成为国民手机。最早被称为社群经济代表的罗辑思维，其创始人罗振宇在 2017 年 3 月的公开演讲中说：自己不再做会员收费模式，不再强调"求真求爱求智"，而是"用技术驱动学习"做"得到"App……

2020 年，人们再次谈起社群，诸多品牌甚至普通商家纷纷建立"粉丝群"，在淘宝随便买个 9.9 元包邮的小物品，也会收到诸如"掌柜邀您入群"的提示信息。

时隔 5 年，社群为什么又火了？

要说明这一次的"社群潮"，需要先解释一下"流量池""公域流量""私域流量"三者的含义和联系。

流量池，是指蓄积流量的容器，可以简单理解为拥有巨大流量的平台，如京东、淘宝、美团、拼多多等购物平台，以及抖音、百度、知乎、喜马拉雅等内容平台，都可以被看作"流量池"。相应地，流量池里的用户就可以被看作"公域流量"，这些公域流量属于平台，如果平台上的商家想从平台这个"公域流量池"中找到目标用户，要么输出聚焦的优质主题内容，要么投放广告吸引精准用户。而把吸引来的用户导入自己可以直接和反复触达的微博、微信公众号、微信群中，他们就构成了商家的"私域流量"。

在公域流量池，只要预算足够，任何商家——不管是个人还是企业，不管是知名还是默默无闻，也不管过去的口碑如何，都可以通过直接付费（投放广告）或间

接付费（输出内容），持续不断地获取用户。

换个角度说，如果商家不擅长做内容营销"吸粉"，但想在流量池获得曝光的机会，想让用户看到，就需要付费购买一些诸如"关键词竞价"或"算法推荐"的网络推广。若不付费，商家的商品和服务基本上就没有曝光的机会。

近年来，随着各个平台度过高速发展阶段，用户增长红利期已经过去，各个平台都开始引导用户在自己的平台内完成一站式消费，避免商家将用户导流到其他平台。在这种情况下，商家在不同公域流量平台上获取用户的费用越来越高。这时，如果还用"吸一波流量，做一波转化"的模式粗放运营的话，那么商家的运营成本和转化成本会越来越高。

因此，研究新媒体营销的专家们提出"私域流量"的运营理念，建议将已经获取的公域流量转变为属于自己的私域流量，通过持续、深度经营老用户关系，从中挖掘出更大的价值。简单来说，就是把用户从各个平台引入商家可以直接触达的用户群中，从而进行集中、深度和可持续的管理。这种集中管理潜在用户群和付费用户群需求的爆发，带来了新一轮研究、学习社群运营的风潮。

1.2 ▶ 社群运营就是运营用户的全生命周期

什么是社群运营？有的人以为，把大家拉在一起建个群，时不时地引导大家聊一聊，就是做社群运营了。这是过去做社群的方法，可能更关注的是社群本身的能量，日常运营更在意的是社群的活跃度；而现在的社群运营，则是以用户为中心，是运营用户的整个生命周期，更关注用户全生命周期的商业价值有没有被充分重视和挖掘。

1.2.1 社群用户的生命周期

社群用户的生命周期，是指从一个人开始了解社群，到成为社群用户，再到退出社群的这段时间。按照用户在社群中的状态，可以将其分为潜在用户、新生用户、有效用户、活跃用户、核心用户、休眠用户以及流失用户。

1. 潜在用户

潜在用户是我们的目标用户，他们或许已经听说过我们的社群，甚至可能已经在线咨询过我们的社群运营者，但是，他们还没有加入我们的社群。这些人虽然可能不会成为我们的社群用户，但也需要被纳入生命周期的考虑范围，因为社群的新生用户就是从潜在用户转化而来的。

2. 新生用户

新生用户就是社群的新用户，是刚刚加入社群的用户。有的社群是付费社群，付费社群的新生用户已经产生了第一次购买行为，已经在社群的运营系统里留下了个人信息，而且，由于已经完成了第一次购买，因此他们对社群已经产生了初步的信赖。即使是无须付费的免费社群，不管新生用户从什么渠道获取了社群的信息，一旦他们加入社群，就意味着他们已经对社群产生了初步的信赖。

3. 有效用户

新生用户进入社群后，既可能会"潜水"，成为"休眠用户"；也可能会参与活动，成为有效用户。不同社群对有效用户的认证标准不同。

在注重活跃度的社群，有效用户是指在社群内提问、回答、参与活动的用户。

而在注重交易的社群，比如电商型社群，有效用户是指已经二次购买商品的用户。这些用户相对于仅购买过一次的新生用户来说，更加信任社群，更愿意购买社群的商品。

不管是哪一类社群，有效用户的数量都可能会比新生用户的数量少很多，因为很多人是抱着"我就进来看看，不好就退了"的观望心理加入社群的，或者是抱着"若不好，以后就不买了"的尝试心理来进行第一次购买的；而只有在觉得社群的商品和服务可信任的情况下，才会结束"尝试"和"观望"，参与社群互动，或者在社群内产生第二次购买行为。

从这个角度看，相对于新生用户，有效用户更加信任社群。

4. 活跃用户

有效用户在群内养成互动习惯或者消费习惯的时候，就会成为活跃用户。

活跃用户往往已经对社群产生了一定的依赖，若是再加以引导，就可以将他们引导至核心用户群体中。

5. 核心用户

相比活跃用户，核心用户的特点是他们会向外部宣传社群。他们"不仅自己用，还推荐给别人用"。他们不仅积极参与社群活动，还积极推荐身边的朋友加入社群；不仅自己积极购买社群内的各种商品，还积极推荐他人购买。他们是名副其实的忠诚用户。

6. 休眠用户

一些有效用户或者活跃用户，虽然参与过社群的活动，但因为一些原因，参与度逐渐降低，开始长期"潜水"。这些用户虽然还没有退群，但已经屏蔽社群，几乎不再参与社群互动，属于休眠用户。核心用户也可能会成为休眠用户，但转变的概率要小很多。

在社群运营中，我们需要使用一些唤醒和激活策略，让休眠用户重新活跃于社群。而如果我们什么都不做，任由他们继续"休眠"，他们可能会在某个时间默默退群。一旦他们离开社群，就可能被竞争者抢走，再也不会回到我们的社群。

7. 流失用户

流失用户是已经退群的用户。这些用户在成为流失用户之前，可能是新生用户，可能是有效用户，也可能是活跃用户，甚至可能是核心用户。对于流失用户，我们一般不需要再做什么挽回动作。相对于潜在用户，流失用户的转化率很低，转化成本太高，直接放弃是比较合适的选择。我们要做的是做好各个环节的运营，尽可能不让用户成为流失用户。

在社群运营中，用户的全生命周期运营，就是识别出这 7 类用户，通过一些运营策略，将潜在用户转化为新生用户，将新生用户转化为有效用户，将有效用户转化为活跃用户、核心用户，将休眠用户唤醒，转化为有效用户、活跃用户甚至核心用户，并通过核心用户去吸引更多的潜在用户变成新生用户；同时，要做好各个阶段的用户运营，尽可能减少用户流失。

1.2.2 基于用户生命周期的运营策略

由于现在很多行业获取新用户的成本很高，而留住老用户的成本要低很多，因此，当今的社群运营，甚至是整个新媒体运营领域，都更注重"老用户留存"，运营的目标也都是尽可能地延长用户生命周期，尽可能地挖掘每一位用户在每一个阶段的商业价值。

为此，做社群运营，不仅要考虑如何提供令用户满意的商品和服务，以触发用户的购买行为；还要考虑如何设计裂变引导，从而不再需要耗费大量成本"拉新"，可以将更多的资源用于提高老用户的满意度。基于这样的运营目标，社群运营就被划分为"社群用户获取""社群用户留存""社群用户转化""社群用户传播""社群用户激活"5个模块。

1. 社群用户获取：精准触达潜在用户

社群运营需要获取新用户。但不同于过去"广撒网"的方式，现在获取新用户的主要策略是"精准触达潜在用户"。这是因为通过"广撒网"的方式吸引来的用户，可能只是想获取"进群福利"，并不是社群的潜在用户，并没有太多可挖掘的商业价值。

要"精准触达"，就需要先了解潜在用户是谁、在哪里、通过什么渠道获取信息，进而确定投放社群广告的媒体平台。例如，如果潜在用户喜欢刷抖音，那么，策划并制作适合投放到抖音上的社群宣传短视频显然更合适；如果潜在用户关注了一些头部公众号，比较喜欢看这些公众号的文章，那么，与这些公众号合作，在这些公众号上推送社群宣传文章，更容易获得潜在用户的关注和信任。

2. 社群用户留存：输出价值以留住新生用户和有效用户

社群用户留存包括两个阶段，第一阶段是新生用户留存，第二阶段是有效用户留存。

（1）新生用户留存。

当潜在用户进入社群后，就会成为社群的新生用户。对于这些新生用户，我们需要开始进行第一阶段的"新生用户留存"。

一个新生用户刚加入社群时，除非群主本身有很大影响力（如群主本身就是行业"大咖"、知名人士等），否则，几乎所有新生用户的心态都是"观望"：先看看这里有什么。我们需要打破新生用户的这种观望心态，使新生用户建立起对社群的信任感，让新生用户对社群产生明确的价值诉求和依赖。

我们知道，信任感通常产生于超出期待的回报。具体的策略是，不给新生用户施加压力，同时源源不断地给予超值的回报。例如，如果我们的社群是一个学习群，那么，我们可以每天分享一些"干货"知识。新生用户加入社群原本只是想看看这里有什么，只是每天"潜水"，但即使每天"潜水"，也能获取有用的"干货"知识。当某一天，他在实际的工作或者生活中用到这些"干货"知识时，他就会对社群产生信任感，更愿意留在社群，在群内产生更多的互动行为。

这一过程，可以让新生用户从"不确定在这里可以得到什么"转变为"明确知道这里可以给我提供什么价值"。这样一来，新生用户就不会轻易退群了。

（2）有效用户留存。

经过新生用户留存的阶段，用户对社群产生了基本的信任，成为有效用户。根据经验，有效用户从社群中获得的价值越大，他们对社群的信任度就越高，越可能长期待在社群，产生更多的互动行为。

因此，有效用户留存期，我们需要通过商品或者服务让有效用户在社群中获得满足感，进而让他们把使用社群变成一种习惯。当活跃于社群成为他们日常行为的一部分时，即使没有很多的引导，这些用户也会继续留在社群，在社群活跃，甚至在社群购物。

3. 社群用户转化：分层转化不同需求的用户

虽然社群聚集的是有共同兴趣或者有共同目标的人，但是，加入社群的人并不是都愿意在社群内消费。换句话说，被相同的宣传内容吸引进群的用户，可能有不同程度的需求。

有的用户加入社群，是因为对社群内的商品或服务有强需求。他们在进入社群之前，可能就已经有明确的需求和目标，因而容易被社群宣传内容中的亮点所吸引。他们进入社群后，也许经过简单的沟通，即可产生消费行为，购买社群的商品或服务。我们需要用有亮点的广告、低成本的体验式商品，吸引这类用户主动来找我们，并及时积极与他们沟通，尽早转化。

还有一些用户，是弱需求用户。他们进群时并没有明确的目标，对社群的商品或服务可能有一部分需求，但并不强烈。他们可能被社群宣传内容中的亮点吸引了，但暂时还没有付费的意愿。他们来到社群后，通过"干货"知识分享，慢慢认可了社群，但还一直没有付费。他们也许永远不会付费，也许突然有一天就付费了。

我们在转化完强需求用户后，就需要开始关注这些弱需求用户。我们要持续地向这些用户推送体现社群价值的内容，当察觉到这些用户的兴趣度提升时，主动通过一对一的沟通方式挖掘用户深层次的需求。

4. 社群用户传播：挖掘存量用户的裂变价值

有一类用户，从入群起就是活跃用户。他们可能也对社群的商品或者服务有部分需求，但是不会付费，只想"蹭"一些免费福利。他们不一定会产生购买行为，却会愿意为了福利为社群做一些宣传。他们热衷于参与社群发起的裂变活动，拿到裂变活动的福利，但是不会成为社群的付费用户。

显然这类用户不一定有转化价值，但也是有商业价值的。我们可以将他们划分为存量用户，触发他们"存量带新增"的裂变价值。

我们要做的不在于投入很多资源促成这类用户的转化，而在于持续地在社群内提供有价值的"干货"内容或者产品福利，让他们留在社群，让他们相信待在社群能获得源源不断的免费资源或者福利，从而在需要他们帮助的时候，邀请他们一起完成社群的裂变活动。

5. 社群用户激活：挽回流失用户，激活休眠用户

在社群运营的每一个阶段，都会有一些流失用户。在流量越来越贵的今天，挽回流失用户，激活休眠用户，是运营中非常重要的一个方面。

对于流失用户，我们需要先找出他们流失的原因。最简单的方法是与那些退群的用户一对一沟通，直接询问他们退群的原因：如果和他们还是微信好友，可以发微信询问；如果已不是微信好友关系，那就要通过其他的联系方式，比如打电话或者发电子邮件。在一对一沟通的时候，要注意引导他们回忆社群最初吸引他们的核心价值，同时表明已经解决或者正在尽力解决让他们失望的问题，从而挽回用户。

相对来说，如果留存数据不太好，则我们需要先考虑的是如何激活休眠用户；

其次，才需要考虑如何挽回流失用户，因为挽回流失用户的难度更大一点。尽管如此，我们还是建议，在条件允许的情况下，要注意用户流失信息，做好挽回流失用户的工作。流失用户重回社群，往往是因为他们看到了社群运营者的诚意。他们的回归是经过认真考虑的，回来后再离开的可能要小很多。

1.3 ▶ 社群运营的两种思维：流量思维和存量思维

目前的社群运营有两种思维：一种是流量思维，就是把规模做大，比如做 50 个群、500 个群、1000 个群，有的社群号称在全国 300 个城市建立了分群，让人感觉其社群力量很强大；另一种是存量思维，就是先做商品，通过商品慢慢找到喜欢商品的人，然后把他们聚拢在一起，形成氛围，再扩大圈子，不断地占领更大的市场份额。

这两种思维有什么差别呢？哪种思维更好呢？

1.3.1 什么是流量思维

要说流量思维，先要说一说流量。

在不同的新媒体运营领域，人们对于流量的理解是不同的，如阅读量、"粉丝"量、点赞量，等等。其实，这些都是关于流量的指标。而流量，就是形成这些指标的用户。每个流量指标的数值，都对应着实实在在的用户。

但是，流量思维并不等同于"用户思维"。流量思维更在乎的是那些代表流量的指标，而不是真正的用户。在流量思维的社群运营中，社群运营者在意的并不是某个用户有没有留在群里，有没有购买，有没有参与活动。他们在意的是，社群的总人数、总购买量、总参与度有多少；若数字小了，该如何使数字增大；怎么拉来更多的人加入社群，补充到购买群体中；等等。

流量思维更在意怎么获取更多新用户，而不是怎么把某个用户留下。

在流量思维的运营体系下，大家都在争取新用户。这会导致一个问题：为新用户投入的钱越来越多，但是，新用户的留存越来越难。引流福利不够，人们看都不会看一眼；引流福利吸引人，很多人也只是进来占一波便宜就走；当看到有吸引力的引流福利时，才会再次入群收取福利。对运营者来说，获客成本越来越高，转化率却越来越低。

当流量变得稀缺、昂贵时，用流量思维运营社群就很难成为主流"打法"，私域流量的概念得到了许多人的关注，存量思维也开始流行。现在，社群的运营思维渐渐地向服务存量用户倾斜。

1.3.2 什么是存量思维

存量，在此是指留存在社群的用户，因而也叫"留量"。存量思维是指把现有的用户服务好，再逐步扩大用户数量。这与先"把规模做大，把人圈到群里做转化"的流量思维是不同的。

流量思维的运营更重视"拉新"，会将更多的资源用于新用户的获取，相对应地，用户留存就会缺乏资源支持，从而导致用户极易流失，最终造成社群的用户结构不合理，社群成长得快，也衰退得快。

存量思维的运营更重视留存，会将更多的资源用于服务老用户，相对应地，也会缺少足够的资源去"拉新"，社群前期规模并不容易壮大，可能会失去一些先机。但是，当社群通过越来越优质的服务慢慢成长起来后，它的用户满意度和用户忠诚度都将很高，用户价值显然更大。

使用存量思维运营的社群，往往会更注重持续跟踪并研究用户的行为习惯，记录用户消费行为数据并加以分析，根据用户消费习惯调整自己的商品服务以及销售渠道。

如今的商业环境，竞争激烈，用户有很多的选择。这意味着，决定企业营销成败的将是"有多少高价值用户"。而高价值用户是需要通过存量思维的运营来培育的。

1.3.3 流量思维和存量思维的比较

之前，大家都在聊用户增长，说"流量为王"；现在，开始铺天盖地地宣传私域流量，说"用户留存"。这就表明人们渐渐从流量思维转向了存量思维。流量为王的时代，大家都致力于发展新用户；而存量思维的时代，大家开始着重于用户的长期个性化运营，希望与用户拉近关系、加深交情，以提升用户的活跃度、忠诚度和复购率。

流量思维，关注获客规模和成本；存量思维，关注用户体验和价值。

对于社群来说，存量思维非常重要，但是这并不代表流量思维不重要。只有流量思维或只有存量思维都是不够的，最好的方式是流量思维和存量思维兼顾。

流量思维主导的企业，发展得很快，很容易壮大，但壮大后就会走向衰落；而注重存量思维的企业，发展得会很慢，但发展起来以后，会拥有强悍的竞争力。我们做社群运营，既需要用流量思维在竞争激烈的市场中抢占一席之地，又需要用存量思维护住这一席之地。

怎么操作呢？用流量思维来获取第一拨用户，用存量思维服务好这一拨用户，让他们产生好的体验，从而引导他们去传播、扩散，打造社群的口碑，进而自然而然地吸引更多的新用户。

一句话，持续找流量"拉新"，服务好存量增值。

1.4 ▶ 社群运营模式发生了哪些变化

社群运营已经从"纯粹的流量思维"转向了"流量思维和存量思维兼顾"。随着运营思维的转变，社群的运营模式也发生了一些改变。

1.4.1 运营定位：社群不是全部，只是部分

社群运营是利用一切社交平台去触达潜在用户，深化潜在用户对社群的认知，提高潜在用户的入群率。目前的社群运营非常依赖微信生态，即微信公众号、小程序以及企业微信等社群运营的主要支持平台。这就导致社群运营过程中产生的系列动作都得严格遵循微信平台的规则，不得有违规的行为。因此，在社群运营实践中，在使用自动化社群运营工具的同时，需要认真研究微信平台规则的变化情况，谨防被封号、被限制发言等意外事件发生。

换个平台做社群运营或新媒体运营，同样会依赖于平台。比如，钉钉群、微博群、抖音群、快手群等，都有自己的平台规则。可见，社群运营依赖于平台生态，

需要遵守平台的运营规则。

也因此，做社群的企业被划分为两类：一类是以社群为核心，需要依赖平台、攀附平台这棵大树存活的寄生型企业；另一类是独立型企业，对它们而言，社群只是一种营销工具，虽然建立在平台上，要在平台上运营，但脱离平台依然能存活，社群与平台只是合作关系，社群会自己慢慢长成参天大树。显然，虽然是在同一平台运营的社群，但第二类社群的发展潜力更大。即使有一天，平台的规则改变，第二类社群依然可以通过核心的商品和服务再次聚集人群，东山再起。

因此，我们做社群，并不能仅仅是"做社群"，因为孤立地做社群，是做不长久的。我们应该借助核心的商品和服务，打造长期有价值的社群。

具体而言，我们需要在社群中向用户输出优质内容或产品，需要在社群内形成运营者和用户之间的良性互动，需要在互动过程中有意识地推荐自己的产品和服务，进而结合用户的消费场景，把社群用户转化为商品用户，并通过多样化营销促使社群用户复购。这样的社群，才能让用户获得多样化的价值，才能让用户真正留存下来。

1.4.2 建群模式：更倾向于围绕商品建立社群

相比过去"先圈地，再推商品"的模式，现在的社群运营是"先做商品，再做运营"。

这种模式是先通过商品慢慢找到喜欢这个商品的人，然后把他们聚拢在一起，慢慢地形成适宜的社群氛围，逐步扩大社群的影响力，不断地去占领更大的市场份额，衍生更多的商业模式。

相对来说，这种模式的社群可以通过促使用户不断重复或追加购买商品或服务来延伸社群的价值，培养用户稳定的消费习惯。

我们以小米手机的早期运营过程为例，看看用户如何从潜在用户向社群用户转变。

• 潜在用户：从网络、新闻报道或朋友口中听说过小米手机，知道有"小米"这个手机品牌。

• 小米用户：被各种信息影响，尝试购买了小米手机，抱着试试的态度在使用小米手机。

● 小米"粉丝"：很满意第一次使用小米手机的体验，逐渐购买了更多的小米手机，并积极关注小米的新品手机，成为一名小米"发烧友"，俗称"米粉"。

● 社群用户：不仅购买和使用小米手机，还乐此不疲地在"米粉"群、论坛、线下活动中与来自不同地域的"米粉"讨论各种提升商品体验的建议和想法。

在从潜在用户向社群用户转化的过程中，一个关键的环节是，小米把普通手机用户培养成了"一年换一部手机，换就换小米最新款手机"的"米粉"。这样的用户在一起，才能彼此交流、互相分享自己的使用心得和经验，才能让社群拥有持续运营需要的话题。

如果社群用户仅仅是对手机科技感兴趣，没有共同的消费行为，那么社群是很难持久运营下去的。

1.4.3 社群规模：更提倡小而美的社群

我们现在越来越认同社群不是一个大组织，而是小而美的圈子。

有的人单纯地认为社群规模越大越好。他们觉得，拥有几万社群成员的群才是社群；社群成员少的群，就不好意思称为社群。

其实，在现实里，小而美的社群往往存在得更久。由于社群的核心是情感归宿和价值认同，社群越大，情感分裂的可能性也就越大。

我们可以换个角度思考一下：如果你进入了一个人数很多的大社群，你会做的第一件事是什么？是不是立即开启屏蔽群消息的功能，等有时间再去翻看群内消息？

在人数多的社群里，人和人之间的连接度较低，人们相识以及互相了解的成本也更高。能激发每个人聊天的话题很少，无用信息更多，读取信息和筛选有用信息的成本很高。

相反，在人数少的小圈子里，话题往往更有针对性，话题参与度更高。而不习惯在群内发言的人也容易被识别，社群运营者能轻松地通过一对一连接和有策略地引导，带领他们活跃起来，或者通过其他方式提高他们对社群的满意度。

可见，虽然人人都想组建人多的大社群，但是，人人都喜欢待在小社群。

所以，我们建议运营社群不要一开始就贪大求全，可以从 40 人起步，运营好了，再慢慢扩大。等到了 300 人的规模，也就到了成本回报的极限，这个时候我们就可以考虑给社群升级，设置更严格的入群条件，让更有能量的人在一起，而不是盲目扩大规模。

我们并非只有做大社群才有机会实现可观的商业变现，小规模的社群并不妨碍商业变现。社群里的人商业能量越大，彼此的链接互补性越强，商业变现的空间越大。

1.4.4 运营宗旨：更注重打造与用户的强关系

可能很多人都读过讲述社交关系的文章，很多讲述社交关系的文章会说什么是强关系（如亲朋好友和同事），什么是弱关系（如通过网络接触到原来不熟悉、不了解的人）。有的观点认为强关系会锁死你的交际圈，弱关系连接才是开拓你事业圈的"王道"，我们认为这些看法都似是而非。

我们的运营实践结论是，真正能创造巨大价值的关系一定是强关系，而不是弱关系。我们可以通过弱关系发现销售机会，发现潜在的强关系资源，但要让这些弱关系产生价值，你还得先把它们转化成强关系。

一个事实就是，大部分传统商品型企业的客户在购买之后，并没有和企业持续连接，这其实是一种弱关系。如果客户始终保持对企业及其商品的关注度，那么传统企业转型为互联网企业时，自然就是互联网大号，也就不存在企业转型难的问题了。

传统商品型企业的问题是它们和客户之间只有一次连接，通过购买过程它们获得了一些客户信息，但是没有和客户建立连接，以致到了互联网时代，它们找不到它们的客户了，不得不转型为互联网企业，去构建商品型社群，重新建立和客户的直接连接。

而服务型企业这方面的困扰就少很多，如银行要借助互联网建立和客户的连接，难度就小很多，因为服务业务的存在本身就是一种强关系，服务型企业无须建立社群就可以方便地触达用户，对它们而言，提升服务质量比建设让人满意的社群更重要。

那么拥有强关系的社群的本质是什么？我们的结论是必须围绕某种服务，去实现社交关系的"交叉覆盖"。正因为如此，用户进入社群前，一般需要先添加社群运营者的个人微信或企业微信，与社群运营者建立第一层连接。然后，社群运营才会发给用户一个入群二维码，让用户扫码入群。这样，即使用户退群，用户依然存在于社群运营者的微信好友列表中，社群运营者依然有机会挽回用户。

通过社群，先让弱关系变成强关系，再通过能力互补，共同创造出原来不存在的价值。这才是社群运营的宗旨。

1.4.5 运营理念：相对引流，更在乎留存和转化

过去的社群运营，更看重招来多少人，建了多少个群，似乎群规模越大，越有能量。而现在的社群运营，更倾向于核心用户的积累。核心用户就是存量资源。通过社交网络等各种玩法，这些人能带来更多的客户，以"老带新"的形式展开并促成指数级的增长。

社群运营的链条上有获客、留存、转化、传播 4 个主要环节，不同社群会稍有不同。而从用户的角度看这几个环节，就是这样一个过程：先产生对商品和服务的印象，进而产生兴趣，之后考虑购买，然后关注、复购和传播，如图 1-1 所示。

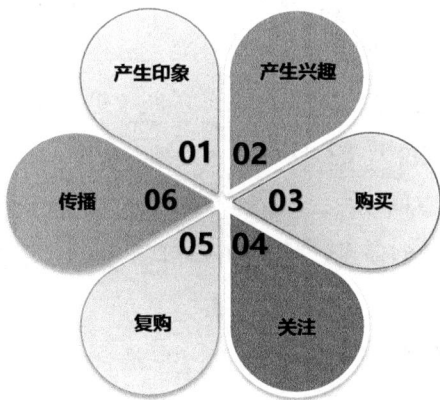

图1-1　用户行为过程

从产生印象到购买，从购买到之后的分享传播，进而带来新用户，这是潜在用户成为真正用户并继续带来新用户的过程。这是一个循环闭环图，也是裂变营销的

核心——用户生命周期。

而这个循环的关键就在于"用户留存"。

很多行业的增长都到了瓶颈，接下来都会致力于开发存量市场。存量市场的运营，需要将社群运营理念从早期的"增长—驱动—留存"模式，转变为"留存—激励—增长"模式，即进一步充分挖掘存量用户的价值，同时实现"用存量找到更多的增量"的运营目标。

1.5 ▶ 什么样的人适合建立社群

社群可以帮助人们走出流量困境。然而，并不是所有人都适合建立社群，因为社群的持续运营也需要付出成本。为了确保运营目标的实现，一般情况下，以下几类人更适合建立社群。

1.5.1 微信公众号或微信视频号运营者

拥有微信公众号或微信视频号的运营者非常适合建立"粉丝"群，也就是核心用户群。

一个微信公众号的运营者，在微信公众号已经积累了一定的"粉丝"量之后，再去建立"粉丝"群，就可以将微信公众号的"粉丝"聚集在微信群中，通过"粉丝"群的触达和引导来提高微信公众号文章的阅读量、点赞量和评论量；也可以通过"粉丝"群来了解"粉丝"的真实想法，得到"粉丝"的直接反馈；更重要的是，由微信公众号运营者组建的社群，"粉丝"在入群之前就已经通过微信公众号输出的文章积累了对运营者的信任和好感，加入社群后，对社群和社群运营者的认可度也比较高。

这个逻辑也适合微信视频号运营者。其实它适合一切拥有"粉丝"的新媒体运营者。

1.5.2 有专业知识的人

有专业知识的人组建学习型社群相对容易。

有专业知识的人，往往很容易成为众人眼中的"大咖"。而一旦成为"大咖"，就会有人追随。这时，"大咖"就可以打造一个在线课程，并为课程建立一个学习型社群。

这也是线下常见的名师模式。名师要获利，基本上就是办线下培训班。网络"大咖"的付费学习营就相当于名师的线下特训班。两者没有本质上的不同，其差异主要在于影响力、覆盖人群及其购买力、课程价格等方面。

有专业知识的"大咖"建立学习型社群，需要做好三点：首先，需要打造自己的个人品牌，持续扩大个人影响力，因为"大咖"在某个领域的专业影响力越大，就越容易得到推荐，越容易吸引新社群成员，社群的运营难度就会下降；其次，需要做好商品体系，以实现滚动运营；再次，需要重视学习效果的口碑，以吸引更多的人来学习。

"大咖"构建学习型社群，如果有自己的流量基础，前期招人压力不大，但是运营压力比较大。因此，在建群的同时，往往也需要搭建专业的运营团队。

1.5.3 社交达人

社交达人往往性格外向，喜欢结交朋友，认识各行各业的人，拥有诸多人脉资源，能得到很多渠道的消息；他们的人缘很好，能获得行业"大咖"和普通人的尊重和欣赏；他们在朋友圈也有很强的号召力，发个朋友圈就能轻松得到上百个"赞"，是朋友圈里的"红人"。这样的人可以建立人脉型社群，聚集整合人脉资源。当社群聚集了很多优质的人时，不管是做公益事业，还是进行商业合作，都比较容易成功。

1.5.4 经营线下场所的人

经营线下场所的人，比如开办了餐饮店、书店、甜品店等店铺的人，适合建立店铺会员群。

经营线下场所，客源会受到地理位置的限制，对所在地区不熟悉的人很难发现有这么一家店铺的存在，偶尔路过进去的人则很可能只会光临一次。但是，如果店长建了一个店铺会员群，在门口的宣传海报上贴一个能进入会员群的二维码，并有明确的图文信息引导顾客进入社群，那么，店长就可以时不时地在群里发布店铺的活动信息，吸引群内顾客再次光临。

1.5.5 有优质货源的人

拥有优质货源的人，可以把需要持续购买的人组织起来，构建一个团购群。

比如，某农业大学会生产一些农产品。农产品不仅品质好，且成本低廉，零售价比市场上的农产品要低很多。但由于学校试验区的种植和养殖规模不大，也缺乏销售渠道，结果优质的农产品卖不掉，而有需求的普通人往往也买不到。于是学校的一位老师就把喜欢这些农产品的人加入一个社群，每次产出新鲜的农产品，就在社群里发起团购。由于学校的农产品口碑确实不错，慢慢地，他从只拥有一个团购群发展到多个群。而有了稳定的客户群，这个大学也就解决了富余农产品的销售问题。

很多人都建过这种群，因为能拿到好的货源，便组建了一个团购群，从而通过社交关系推荐好的商品或服务帮大家省钱。

1.6 ▶ 社群商业变现的底层逻辑是什么

很多人运营社群的目的是社群的商业变现。而社群能进行什么样的商业变现，取决于社群能够达成什么样的功能。社群的核心功能首先是社交，其次是传播，再次才是商业。社交产生信任，信任衍生传播，传播衍生商业。

这个逻辑意味着，我们不能在没有社交的社群里做商业，就像有的"社群"，沦为一个"丢链接"的地方，没有聊天，也没有讨论，这样的社群就丧失了社交功能。哪怕它的创建初衷就是传播或者商业，因为缺乏社交功能，传播功能和商业功能也都难以得到体现。

基于这个道理，要说明社群商业变现的底层逻辑，就需要从社群的社交特征和传播特征说起。

1.6.1 社群的社交特征

社群的社交特征主要表现在 3 个方面：强聚合力、情感认同以及多向交互关系。

1. 强聚合力

移动互联网为人们提供了随时随地交互的平台，让人的自由聚合变得非常简单。人们很容易找到志同道合、志趣相投的伙伴，从而便捷地建立各种基于兴趣图谱的圈子。因为是圈子，所以社群从建立之初就具有清晰的定位和明确的边界。

清晰的定位，意味着社群成员有比较明确的兴趣图谱，或情感交流，或信息分享，或娱乐休闲，或商业互利等。明确的边界则意味着社群有规范的加入机制，成员有清晰的身份认知、明确的认同感和较强的归属感。

因此，一个人一旦建立或加入特定的社群，就等于认同了他的社群身份，就会把自己看成社群的一员，具有与其他社群成员共享的兴趣图谱、价值观念和情感体验。这样的强聚合力，可以形成对社群的传播和商业化的强大的推动作用。

2. 情感认同

社群成员基于情感交流、兴趣图谱、价值认同聚合在一起，不断地参与交流，是希望得到情感共鸣和价值认同。因此，我们可以说，在社群交流中获得情感认同，是社群得以持续发展的动力——成员们为寻求情感和价值上的满足感，会主动参与社群互动；而成员们在社群内频繁地参与交流和互动，就是在维持社群的活跃度，社群若能保持较高的活跃度，将更容易吸引新成员；而新成员的持续加入，则会进一步壮大社群的规模。

3. 多向交互关系

社群的社交机制和互动机制不是自上而下、一对多的单向交互关系，而是社群成员之间的多向交互关系。其中包含群主对群员的一对多关系，也有群员互相连接的多对多关系。在这种交互关系中，由于社群成员有着不同的立场、不同的经历和经验、不同的知识结构，他们的信息、想法、创意等都能在交流中相互共享或激发，从而为社群创造或有形或无形的多元价值。

1.6.2 社群的传播特征

社群的传播特征主要表现在两个方面：裂变式传播和自组织传播。

1. 裂变式传播

一个社群成员往往并不只属于一个社群。因为人在不同的时间、地点和场景具有不同的社交需求，所以同一个人可能加入了多个不同的社群，甚至随意地在不同的社群间切换。这就使得，当一个信息在一个社群出现时，喜好分享的人就会将它分享到自己所在的其他社群；其他社群的人看到后，群内喜欢分享的人会再次将信息分享到更多的社群……

这意味着，社群和社群之间虽然有边界，但社群内的信息却会通过社群成员跨社群的、"一对多"的传播，实现跨边界的扩散，呈现出滚雪球般的裂变，让传播效果指数倍放大。

2. 自组织传播

自组织是指社群成员之间自发组织和协作的过程。社群成员通过自组织参与生产、传播和消费的整个过程，自组织参与和协作激发出的群体生产力和创造力，将直接促成商品服务和商业模式的创新。

移动互联网极大地提高了人的自由度和连接性。在社群中，人们在自发组织和自主参与的过程中，也会不断进行交互传播、协作生产和价值创造。

社群自组织传播能力，是衡量社群商业价值大小的标准。为什么"粉丝"社群商业价值大？就是因为"粉丝"自组织对明星代言商品的口碑传播和主动消费能力强。

1.6.3 基于社交和传播的商业价值

社群的商业价值是基于社群的社交和传播特征来实现的。基于这些特征，可以挖掘出社群的广告价值、品牌营销价值、交易价值等商业方面的价值。

1. 社群的广告价值

由于社群聚集了很多有共同需求、共同兴趣的人，因此在某种程度上，它可以被看作一个可以精准投放广告的媒体。

借助社群这个广告媒体，企业不仅能够精准地找到诸多消费者，将广告内容直接传递给这些消费者；还能实时地与他们互动，实时了解他们的身份、兴趣、情绪、偏好、状态、真实位置等信息；甚至还可以通过位置信息，让后续的营销本地化和场景化，满足这些消费者即时的消费需求，建立实时性的营销通路。

或者，企业可以借助社群，利用社群交叉和关联的特性，与某个消费者建立关系，进而去影响这个消费者所在的兴趣社群——与一个消费者展开互动，挖掘到他的社交关系，找到他所在的其他兴趣社群，从而精准地找到更多潜在的消费群体。

2. 社群的品牌营销价值

借助社群，企业可以构建全新的营销模式——品牌社群营销。品牌社群营销有助于企业将营销理论中的关系营销、情感营销、体验营销和口碑营销充分融合，重塑品牌、社群、消费者之间的关系。这种营销模式有几个独特之处。

（1）与消费者实时互动。

社群聚集了大量真实、活跃的消费者，体现了消费者的个性需求、兴趣图谱、消费体验和社会关系。通过社群平台，企业可以和消费者进行一对一、一对多的实时互动，让品牌成为消费者社群中的一员，在社群互动中增强消费者对品牌的情感体验和价值认同，提高他们的品牌忠诚度和持续消费力，从而提升品牌价值。

（2）激活消费者对品牌的情感认同。

在社群平台，社群成员可以作为消费者进行实时的、深入的社交分享。对于还未成为消费者的社群成员来说，群友的评价远比传统的广告公关更能影响他们的消费态度和决策。因此，企业可以通过策划社群活动，激励社群成员参与，激发社群成员的积极性和创造力，弱化自身的"管理者"意识，履行好"运营者""服务者"的职责，让社群成员自己"玩转"品牌社群。

（3）激活消费者的价值共创能力。

有了社群，有了消费者的信任、聚合、积极参与和情感投入，企业就可以找到品牌成长的最短路径。这意味着，移动互联网时代的品牌塑造，将不是企业单方主导的行为，而是企业和消费者在互动参与过程中的价值共创行为。

3. 社群的交易价值

顾名思义，社群的交易价值就是社群实现售卖商品或者服务的能力。社群电商就是基于社群的交易价值来搭建的。在此，我们通过介绍 4 种形式的社群电商来说明社群的交易价值。

（1）"粉丝"买单模式。拥有"粉丝"的名人可以在他的"粉丝"社群里直接推荐商品或服务，由"粉丝"买单。比如，罗辑思维就曾尝试过在"粉丝"社群卖书、卖年货。这种模式是一种直接的交易模式，其关键之处在于要引入或者生产高复购率的优质商品。如果商品口碑不好，可能会影响社群的口碑。

（2）预售消费模式。在一些商品社群或者兴趣社群，当企业生产出来或者市场上出现某种适用于社群成员的商品后，就可以通过预售方式来引导社群成员消费。在这种社群里，社群运营者应是商品所在领域内的专业"达人"，这样，社群运营者就可以利用自身的专业性对社群成员进行消费引导。

（3）商业联盟模式。一些行业社群会聚集掌握着有各种商品资源的成员。这些社群成员可以把各自的商品资源放到这个行业社群，并通过协助，将其整合成新的商品或新的合作项目，然后再通过每位成员在其他社群的销售通路，把商品推广、销售出去。

（4）渠道分销模式。社群在某种程度上也可以被看作一种分销渠道，社群内成员则可以被视为分销商或者合伙人。在得到商品信息后，作为分销商的社群成员再各自组建社群，推广和销售商品。这是微商常见的模式。

可见，社群可以促成直接或者间接的交易。

最后，要补充的是，以上所说的广告价值、品牌营销价值、交易价值，并不是社群商业价值的全部，因为由社群的社交和传播特性引爆的商业流量能让社群的商业价值无限放大——社交和传播能够打通线上、社群、线下三度空间并借助三度空间引爆商业流量。这意味着现在的社群还有很大的商业价值空间等待我们去探索、去发现。

1.7 ▶ 不同类型的社群如何变现

很多人做社群，都是期望能得到一些商业回报的。然而，盯着赚钱去的人，往往被别人赚了钱；而盯着关键资源的人，往往赚到了别人的钱。所以，社群运营目标不能仅仅是怎么让社群赚钱，还应该有怎么整合社群资源，提升支配资源的能力，从而打造出一个使大家都能获得回报的社群。不过，不同类型的社群整合资源的方式并不一样，变现的逻辑也大不相同。在此主要介绍以下 3 类社群的变现逻辑。

1.7.1 电商型社群的变现逻辑

电商型社群就是以完成电商交易为目标的社群。各个电商平台的商家、实体店铺建立的"粉丝"群或者会员群，都是电商型社群；有商品资源的人建立的团购群，也是电商型社群。不管是什么样的电商型社群，要成为一个能获得商业回报的社群，就需要具备以下 5 个条件。

1. 有精准用户

第一个条件是有精准用户，能实现精准推送，能将合适的内容推送给合适的人群。在这个条件中，"合适的人群"是比较重要的。社群聚集了合适的人群，就可以根据他们的需求编辑、制作内容。

运营电商型社群，并不是社群成员越多越好，而是招募的社群成员越精准，社群商业变现的潜力越大。

2. 有优质商品

第二个条件是商品优质，能受到社群成员的一致好评。

电商型社群在某种程度上是以"商品"来会友的。

电商型社群最核心的价值就是让用户复购。而高复购率的前提是商品好。很多人第一次购买某种商品，只是抱着试试的心理。如果商品足够优质，能让用户在尝试使用这种商品的时候感觉其价值超出预期，他们就会相信商品，相信购买商品的渠道，也就是社群，从而愿意再次消费，甚至愿意将商品分享给需要的亲朋好友。这样，用户就留下来了，新用户也被招引来了，商品的口碑就渐渐形成了。

因此，当我们开始运营一个电商型社群时，首先要考虑的是所经营的商品的质量或者所提供的服务的价值，因为这是电商型社群赖以生存的基础。如果没有对商品质量做好把关，那么电商型社群根本就无法做起来；如果商品质量非常好，那么商品的传播度就会呈几何级增长，品牌的影响力也会在短时间内快速扩大，因为将会有一群人帮我们做宣传。

其实不只是电商型社群，即使是别的类型的社群，要在社群内做商品团购，也需要先保证商品质量，这是电商模式得以存在的基础，因为无论时代怎么变迁，竞争如何激烈，商品质量都是用户选择商品时首要考虑的问题。我们只有保证商品的品质，才能赢得用户的信任和持久关注。

3. 有消费KOL

在电商型社群中，关键意见领袖（Key Opinion Leader，KOL）是一个非常重要的角色。

KOL是在一个群体中能左右多数人态度、倾向的少数人。在很多人的观念中，KOL往往有雄厚的资源、较高的威望和强大的影响力，知识丰富、有主见、善于社交，会不时发表一些深度的、具有感染力的看法。而在电商型社群中，成为KOL的条件相对来说要低一些。只要思维清晰，能够在社群内向大家分享个人的经验或者专业知识，获得社群成员的注意力，就可以成为某一话题的KOL。

有了消费KOL，电商型社群的诸多普通成员就可以在他们的带动下，活跃交流，积极分享，积极购买。

一般来说，电商型社群的KOL要尽可能多一些，要占成员的10%左右，因为KOL是连接诸多用户的节点，这些节点越多，连接的范围也就越广。这也意味着，电商型社群运营的核心思维是KOL的运营。服务好一个KOL，可以影响100个甚至更多的社群成员。

4. 有购买氛围

要刺激用户产生购买欲望，通常需要营造相应的氛围。这一点很容易理解。

在"618""双11"等电商节，我们经常会看到"限时""限量""秒杀""售罄"等文字。这些文字营造了紧张的气氛，提醒用户：不要对比了，这些商品不多、超值，有很多人在"抢"，不能犹豫，否则就可能被抢光了。

在电商型社群中，我们往往也需要借助一定的营销方法来打造这样的氛围，激起用户立即购买的意愿和行动。

5. 有传播激励

社群可以实现裂变式传播。电商型社群要实现裂变式传播，关键在于让社群用户喜欢社群和社群的商品。这就需要我们重视社群用户，给用户超出他们预期的东西，让他们在社群内感受到在其他地方所不能获得的优越感，从而激发他们传播社群信息的意愿。他们一旦愿意向他人介绍我们的社群，就会从普通用户变成合作伙伴，甚至成为分销商，我们的社群就可以不断地发展壮大。

关于给用户超出他们预期的东西，有以下两个建议。

（1）做好用户服务。我们可以将用户购买商品、使用商品的过程，分为挑选期、购买期、使用期、重购期。在挑选期做好商品推荐服务，在购买期做好用户体验服务，在使用期做好用户售后服务和跟进服务，在重购期做好老客户优惠服务。用周到的服务，使用户习惯在社群内购买商品。

（2）给足传播福利。我们需要让用户在他们自己的朋友圈推荐我们的社群和社群的商品，因而需要给予他们有吸引力的传播奖励，如有吸引力的销售佣金，以激励用户传播、扩散。

1.7.2 学习型社群的变现逻辑

学习型社群一般是课程运营者建立的，用户为了学习某个领域的知识而购买了相关的课程，进而加入了社群。学习型社群往往配置了丰富的教与学的内容，包括但不限于在线课程、作业练习、社群交流、实践活动等。由于运营成本较高，学习型社群多是付费型社群。目前主流的学习型社群，学习周期一般为 7 ~ 21 天，学习费用少则数百元，多则数万元。

那么，人们为什么会为学习型社群付费呢？因为学习型社群具备以下 3 个变现条件。

1. 有知识型商品

学习型社群要变现，必须有商品。在此我们需要有一个基本的认知：知识也是一种商品。在这一认知的基础上，学习型社群要变现，其号召大家学习的知识就必须符合商品的特质。因此，学习型社群中的知识型商品，必须具备以下 3 个特质。

（1）价值感。

价值感是人们为一件商品付费的主要原因。知识型商品也不例外。越是能让人们产生高价值感，人们的付费意愿就会越强。

在此补充一句，价值感的宣传要适度，不可夸大。有的知识型商品，宣传时让人产生了高价值感，用户为之付了费。但是，学完了课程，用户却没有得到想要的价值，就可能会对该社群感到失望，甚至认为其旗下的其他知识型商品也会"货次价高"，从而远离该社群所有的知识型商品。

（2）成长感。

人们之所以付费加入学习型社群，是为了获得成长。因此，很多学习型社群会让社群成员每天打卡，记录自己的成长。当学期结束时，社群成员们看到自己的变化，会对这样的学习型社群、社群的知识型商品以及社群内与自己一起打卡的群友产生更持久的认可。

（3）易学度。

不管知识有多难掌握，在学习型社群，知识型商品都需要做到简单易学、循序渐进。例如，秋叶系学习型社群中的"直播学习型社群"，直接向学员提供直播带货脚本，学员简单修改该脚本后即可使用，这降低了直播新手的直播难度。

2. 有用户策略

学习型社群的变现门槛比较高，在不同阶段，有不同的用户策略。

在推广期，学习型社群要注重吸收知识需求度高和活跃度高的用户，这样的用户加入社群后，会积极学习和交流，有可能帮助社群进一步扩大用户基数。

在发展期，学习型社群需要持续性地向成员输出有价值的内容和服务，同时要注意收集成员的好评。一个有"干货"的学习型社群自然会获得好口碑。

在成熟期，社群已经拥有了忠诚成员和良好口碑，就需要投入精力去打造知名度了。我们可以联合社群成员，借助各个媒体平台来共同打造社群知名度。拥有知名度后，社群就可以自然而然地吸引更多的用户加入，已加入社群的用户对社群的自豪感自然会更高，黏性也更强。

3. 有知识营销

所谓知识营销，就是通过知识型的内容来向大众传播社群的主题、理念、价值和商品，使大家逐渐对社群及其商品产生认同感，从而产生购买意愿。

那么，知识营销如何做呢？常用的实际操作方法有：社群通过免费的入门知识分享、资料包引流，微信公众号推送相关知识文章，短视频平台推送相关的知识类短视频，直播平台做销讲类直播，出版相关领域的图书，等等。

学习型社群需要通过这种态度中立、内容客观的递进式知识分享，让用户对社群产生正面的、专业的印象，对用户产生潜移默化的影响。

1.7.3 人脉型社群的变现逻辑

人脉型社群建立的初衷往往是利用社群对人脉进行强化，以实现社群成员之间的资源对接、技能互补。人脉型社群的核心价值就在于群内用户的价值，通过强化用户之间的连接，实现群用户自身的边界拓展。因此，人脉型社群的变现条件不在于销售商品或者输出专业知识，而在于筛选出同频的人，做好服务，建立大家需要的价值链接，从而发挥出社群的价值。

1. 有核心人物

要实现人脉的聚集和连接，社群需要有核心人物。也就是说，人脉型社群搭建和运营的关键是一个独具魅力的人，比如吴晓波企投会的吴晓波、秋叶个人品牌 IP 营的秋叶大叔。核心人物的存在，起到的就是凝聚社群的作用。

2. 有入群门槛

人脉型社群需要用高入群门槛来筛选出同频的人。设置高入群门槛有以下 3 个方法。

（1）收取会员费。会员费是最好的筛选器。越是高端社群，会员费越高。收费模式可以在圈子内外之间打造一个明显的界限，从而为圈内人营造一个安全的内部环境。

（2）老用户推荐。人脉型社群更需要注重维护社群的文化。由认同社群文化的老用户来推荐新用户，能够很好维护社群的文化认同氛围。很多高端社群的准入机制，除了高额的会员费外，还要求有内部核心成员的推荐或者一定比例的推荐人，就是这个道理。

（3）任务筛选。任务筛选的意义相当于面试。有的社群要求申请者先写一封字数不少、内容丰富的自荐信，然后由专门的运营人员与其进行一对一沟通，之后才会准许其进入社群。这样的任务筛选模式可以帮助社群运营者了解申请人的入群态度，从而筛选出合适的申请人。

3. 有明确的服务体系

人脉型社群要把人留在社群中，就需要有明确的服务体系，以提高对用户的吸引力。服务内容需要体现社群在增强用户连接上的优势，并非一定要直接产生商业价值。

例如，秋叶系人脉型社群"个人品牌 IP 营"中有一个活动叫"微访谈"，是组织群内的一部分人，对群里的另外一些小有所成的人进行访谈，挖掘他们的人生故事，并写成文字分享材料。虽然采访者不是专业的记者、编辑，访谈对象也不是名人、"大咖"，但这种形式却会让大家注意到身边有一些非常优秀的人，在社群内可以随时随地与这些优秀的人平等交流，从而更加认可社群的价值。

4. 有线下交流

人脉型社群的价值建立在人和人合作的基础上，而合作的前提是信任。

人与人之间建立信任最有效的方式，不是网上聊天，而是见面。在大部分人的观念中，线下见面总是要比线上来得实在，与其微信上聊十次，不如见面聊一次。对人脉型社群而言，让社群成员进行面对面的连接是建立信任的最好方法。

有了线上到线下的连接，有了信任，人脉型社群内部的商业合作就更有可能实现了。

5. 有项目合作

项目合作对于人脉型社群来说是必不可少的。而碰到对的人，合作就是自然而然的事情。

大家进入社群后，通过自我介绍和简单的交流，先建立价值认同，再建立情感连接，慢慢地就会从陌生人变成朋友。成为朋友后，大家就会自发形成各种深度连接，进而开始尝试各种合作。当社群中的两位成员或者多位成员开始利用手中的不同资源展开深度合作时，就会齐心协力去共同创造一个好的结果。这个好结果会吸引更多的社群成员进行更多的项目合作，以更多地实现合作共赢。而一旦社群成员形成持续的项目合作，这个社群就会形成优势互补、合作共赢的社群文化，就会开始拥有自己的中坚力量。

而从社群成员的角度看，因为在社群里能得到很多合作的机会，社群成员对社群的认可度也越来越高，也就更愿意年复一年地继续待在社群，在社群内与他人连接、合作。这样，社群就会进入良性循环。

第 2 章 如何运营电商型社群

电商型社群的运营宗旨并不仅仅在于"成交"。它更像一款互联网社交商品，其运营精髓在于"持续复购"。

在电商型社群的运营中，虽然"成交"很重要，但是其核心价值并不只是交易，还有人和人之间的信息交流和信任交流。运营电商型社群，不仅要提供能打造好口碑的商品，还要注意维护社群的信息价值和交流价值。

2.1 ▶ 什么是电商型社群

电商型社群是一种能够直接表现其社群经济的社群。因为仅社群内的交易额，就在一定程度上代表着社群的运营成果，代表着社群的商业价值。

2.1.1 认识电商型社群

电商型社群要在社群内做电商，不是颠覆电商模式，而是电商服务的自然延伸。它不仅用于普通电商领域，也可用于当下流行的直播带货领域，还可用于传统零售领域。

在电商型社群中，用户因为需要产品后续服务或者福利而被聚集在一起，形成社群，并在社群中被各种活动激活，促成更多交易，从而实现更多的商业变现。电商型社群从某种意义上来说是支撑用户管理的售后服务体系。

在移动互联网时代做商业，电商型社群可能算是"标配"。即使一个流动小吃摊，可能也会因为电商型社群而变得有趣。比如，很多人因为喜欢吃肉夹馍而加入了一个肉夹馍摊主建立的社群。每次摊主出摊的时候，都会在群里发一则公告："出摊了。"然后社群成员们整齐回复："收到。"摊主虽然没有时间管理社群，但热心的社群成员们会自发地维护群内秩序，让大家不要在群内发无关的干扰信息。

企业或者个人建立电商型社群，就是将喜欢某商品的用户聚在一起，通过一对多、多对多的互动充分调动用户的活跃度，激活用户价值。

2.1.2 电商型社群的运营思维

电商型社群运营的核心是用户思维：服务高价值用户，使得用户对社群产生黏性，进而创造更多的交易场景。以用户思维为核心的电商型社群，有以下几个运营要点。

1. 先找用户，后找商品

电商型社群虽然以商品交易为目的，但是运营的核心依然是用户，尤其是认可社群核心人物或者核心商品的高黏性用户。

因此，电商型社群运营的第一个重点不是"先做商品，后做社群"，而是先通过社群定位好目标用户，再通过对用户需求的充分挖掘，研究、生产（或者对接）用户真正需要的商品，这样才能最大程度地保证商品属性与用户需求的统一，而不是根据商品去定义用户。

例如，在某直播带货主播的官方"粉丝"群中，用户可以提出自己的商品需求，小助理会及时记录并反馈（见图 2-1），而之后的直播会根据用户需求来调整商品的结构。

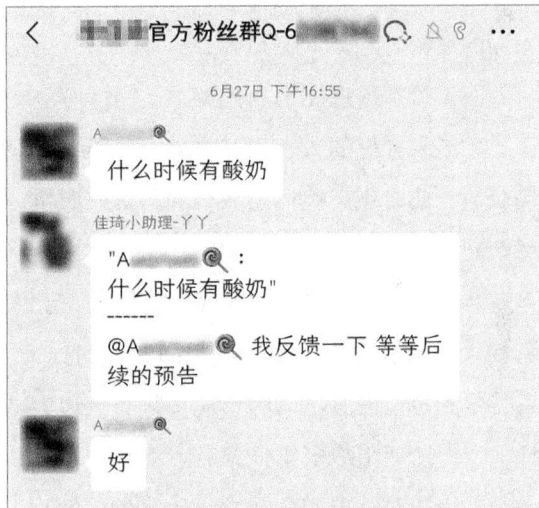

好商品是建立在用户需求上的。做电商型社群运营，必须先做用户画像，再根据用户画像找商品或者研发产品。很多企业围绕自己的产品构建社群，但是产品本身对用户缺乏吸引力，也缺乏话题性，这样的社群是做不起来的。

另外，要做好电商型社群，不管是找商品还是研发产品，都还需

图2-1 用户需求的记录和反馈

要在商品设计或商品包装中融入传播元素，如设计有特色的包装来引导用户主动传播分享、带动话题，从而真正发挥社群的裂变式传播价值。

2. 用户是我们的顾客，不是我们的"粉丝"

电商型社群运营的第二个要点是电商型社群内的用户不是"粉丝"，而是顾客。

"粉丝"因为认同社群的核心人物或者核心商品，所以对社群也有认同感，即使没有什么实质性的利益关系，也会留在社群。而顾客则不然。只有在社群运营者提供的商品或者服务满足他们的需求后，顾客才会认可社群或者社群运营者。只有

在建立起这一层认可后，他们才会愿意继续花钱购买商品。

可见，"粉丝"和顾客对社群的期待是不一样的。"粉丝"是出于对价值、对理念的认同而留在社群的，他们喜欢社群，不期望得到什么回报；顾客因为购买了商品或者服务，付出了成本，就会希望得到应有的回报。

在电商型社群里，用户不是"粉丝"，而是顾客，我们需要按照顾客的标准为他们提供诚恳且专业的服务。

3. 按用户需求分层运营

用户进入社群后，需求可能会发生变化，所以电商型社群运营的第三个要点是我们的运营方式需要随用户需求的改变而改变。例如，需要对新用户和老用户采用不同的运营方式。

（1）给新用户发福利。

刚进入社群的人，对社群本身、社群内的其他人都会有一定的陌生感，不会主动交流。此时正是我们发放福利的最好时机。通过发福利，可以促使新用户留下来、活跃起来。

当然，我们需要关注发福利的结果，了解什么样的福利能起到更大的激励作用，哪些人更喜欢什么样的福利。即使是同一天加入社群的人，也可能有不同的需求，对待福利也可能有不同的反应，只有一边尝试一边观察，才能得到准确的信息。

（2）给老用户安排任务。

当用户对社群和商品有了一定的了解后，一般的福利投放就不能再吸引他们的注意力了。此时，社群运营的重点就需要放在老用户专属的增值服务上。

我们可以为用户设置分享任务和回报，激励用户积极分享自己的社群体验和商品体验，以吸引更多的新用户加入社群、购买商品。当用户因为分享，从社群体验者升级为社群分享者，和社群站在一起时，也会更加认同社群和社群的商品。

2.2 ▶ 如何打造群主的高势能人设

每个人追随的都是比自己优秀的人，社群成员也是如此。因此，虽然我们组建的是电商型社群，但是群主依然需要打造自己的高势能人设。只有当群主具有比用户更高的势能时，用户才会相信群主的专业度和权威性，才会愿意认同群主的看法，认同社群的价值。特别是自营品牌的创始人做电商型社群，打造高势能人设会让社群运营变得更轻松。

那么，如何打造群主的高势能人设呢？

2.2.1 群主高势能人设的特点

势能高的群主，往往在价值观、语言风格、专业知识等方面有独特之处，因而更能获得用户的喜爱和支持。这样的群主人设，往往具备以下 3 个特点。

1. 有正向的价值观

有些群主为了博取眼球、吸引流量，会故意制造一些无聊的话题，谈一些偏激的观点当噱头，或者使用不当的言语来展示自己的"个性"。其实，很多社群用户并不愿意看到这样的内容。

事实证明，有正向价值观的群主更容易获得支持。一方面，在对一些热点事件进行点评或分享个人经历时，相比哗众取宠的偏激观点，符合正向价值观的观点更能展现群主的社会责任感，赢得用户的好感；另一方面，看到群主拥有正向的价值观，用户会更加相信群主及其团队是有责任心的，他们会做出优质的社群内容，群内推荐的是真正的好商品，售后会有充分的保障。

电商型社群的稳定发展需要建立在信任的基础上，正向价值观以及符合正向价值观的言行，更容易获得用户的信任和长期支持。

2. 有专业知识

如果群主的相关专业知识过硬，群主就更容易得到社群成员的信任，更容易说服大家。因此，群主要注意维护自己的专业形象，平时多了解相关领域的专业知识，在社群和朋友圈发布的专业内容要经得起考究，不要分享自己不太熟悉的内容，以避免因"翻车"而给社群成员留下不专业的印象。

3. 有亲和力

虽然群主最好建立起高势能的形象，但群主的人设不宜高高在上，应该有亲和力。群主需要时常与用户交流，让用户感受到其真实的存在；也需要在朋友圈分享自己的生活，以拉近和用户之间的距离。

2.2.2 群主人设的形象设计技巧

确定人设的策划要点后，就需要设计一些形象化的东西，比如头像、名称、标签等，让用户能够对群主的人设对号入座。

1. 头像

为了迎合高势能的人设，群主的微信头像可以使用自己的照片或根据照片设计的专属卡通头像。如果群主想要在微信中展示自己的公司，那么也可以将公司的Logo、名称设为自己的个人微信头像。

2. 昵称

群主的微信昵称可以包含社群名称，如"社群简称＋个人网名"。不建议在微信昵称中添加表情符号或颜文字①，因为表情符号和颜文字不利于他人记忆和搜索。

3. 标签

群主是谁？群主是怎样的一个人？群主在社群成员心中应该拥有怎样的形象？适当的标签可以回答这些问题。一般而言，群主的个人标签可以分为以下几种。

（1）个性标签，如幽默、木讷、执着、体贴、直率、内敛、温柔、豪爽、善良、低调、张扬、阳光、乐观、完美。我们可以从中选择一个或两个词语来作为群主的个性标签。

（2）兴趣标签，如听音乐、看电影、唱歌、摄影、旅游、爬山、看书、看动漫、玩游戏、吃美食、做美容、爱猫、打篮球、踢足球、游泳等。每一个兴趣标签都代表着一个庞大的群体。如果群主希望能就某些兴趣爱好与群友们交流，就可以挑选几个兴趣标签，加以利用。

（3）身份标签，如"70后""80后""90后""整理控""技术宅""宅男""宅女""背包客""购物狂""文艺青年""自由职业""乐活族""月光族"等。结合自身的角色，选择一个贴近自己实际情况的标签。

---

① 颜文字是利用特定字符编排其组合次序，形成的新型美术作品，多作为表情符号来使用。

（4）"超能力"标签，如超常记忆力、力大无穷、睁眼睡觉等。这些非比寻常的"能力"可以制造夸张的娱乐效果，若能选择一种作为群主的标签，可以更招人喜欢。

（5）"正在做什么"标签，也就是带"ING"的标签，如"恋爱 ING""交友 ING""幸福 ING""发呆 ING""加班 ING""学习 ING""失眠 ING""努力 ING"等。这些标签代表着一种生活状态，按需更改，可以与更多的群友产生共鸣。

在选择标签时，要注意选择个性鲜明，特点突出，让人一下子就能记住的标签。

用标签塑造群主的人设是一个动态的过程，不可能一劳永逸。我们可以预设标签，但贴签的最终权利掌握在用户手里。用户能否认可我们预设的标签，取决于群主在社群内给用户留下了什么样的印象。

2.2.3 群主人设的渲染

人设来自团队的精心策划，但人设的建立是以大家的评价和互动交流为基础的。换句话说，要成功打造人设，人设需要"立得住"；而人设是否"立得住"，就在于用户对群主的认知和印象是否与策划的人设一致。

要让人设"立得住"，需要通过以下 3 个方式积极渲染群主人设。

1. 策划一系列能够表现人设的故事

策划一系统能够表现人设的故事。这样的故事需要包含 3 个方面的内容：群主个人成长的故事、社群得到用户肯定的故事、社群运营团队的趣事。

（1）群主个人成长的故事。不是简单地宣传群主的事业做得有多好，而是告诉大家群主个人的曲折经历，让大家对群主的经历产生共鸣，进而对群主个人产生认同感，愿意主动去了解群主所做的事情。

（2）社群得到用户肯定的故事。这类故事告诉大家，群主和社群运营团队凭借什么原则坚持做了哪些事，过程中克服了哪些困难，才得到了用户的肯定；也告诉大家，社群信奉什么样的价值观，团队在用何种方式为这个世界创造价值。讲这样的故事，需要能调动大家的情感。因此，策划这样的故事，不是简单地描述真实的经历，而是要在真实经历的基础上加入能够感动自己、调动自己情绪的"行动意义"，从而让故事先打动自己，再打动他人。

（3）社群运营团队的趣事，即运营团队成员日常工作中的趣事。日常趣事是轻松的、幽默的，是能够引人发笑的。这样的故事对故事的主人公来说是"小尴尬""小错误""不完美"，但能让用户感觉到社群运营团队成员的真实和可爱。

这些故事可以以文章或者短视频的方式发布在微信平台上，以吸引平台用户的关注。

2. 在社群内和微信朋友圈讲故事

群主可以在社群内和微信朋友圈讲故事，讲从自己的角度看到的故事，并加入自己的观点，通过引起用户的情感共鸣来渲染自己在生活态度方面的人设。

基于此，群主可以在社群内和微信朋友圈讲以下4种故事。

（1）正能量的故事。当今时代，正能量的故事往往更有传播价值，而且能增加社群成员对群主和社群运营团队的印象分。例如，亲情、友谊、爱情、善心、励志、诚信、互助、忠诚、踏实等都是能够打动人心的正能量主题。

（2）生活化的故事。生活化的故事更"接地气"，能够让大家觉得真实，感觉和自己相关，也更能打动人。生活化的故事的核心是"真实"，细节可以做适当的调整，但故事的主要内容必须是真实的。

（3）有个性的故事。有个性，即有主见，不盲从，往往有自己的信念，且能坚持。有个性的故事往往能引人深思，引发讨论。有个性的故事，可以是"有个性的人"做的平凡事，也可以是平凡的人做的"有个性的事"。

（4）有情怀的故事。有情怀的故事讲述的多是对自己认为正确的事情的执着追求，展示的是内心的满足，而不是功利的得失。有情怀的故事自始至终都体现着对美好的期望，更容易打动人心，使听者赞赏和追随。

由于篇幅的限制，在社群内和微信朋友圈讲这些故事时，应该尽可能讲得简短一些。如果故事很长，可以分篇发布。

3. 打造新媒体的传播矩阵

群主人设的宣传，不需要局限在社群，与社群相关联的微信公众号、微博、抖音、快手等都可以为群主进行人设的包装和造势。

因此，在运营人才资源充足的情况下，可以在各个平台打造一个系统化的传播矩阵，定期输出符合群主人设的内容，提升群主的全网曝光度，为群主和社群积累品牌基础。

2.3 ▶ 如何运营个人微信号的朋友圈

虽然当前很多社群运营者都开通了企业微信，由运营者的企业微信拉用户入群，但群主还是需要运营好自己的个人微信号，同时运营好相应的朋友圈。因为在个人微信号上可以看到用户的朋友圈，了解用户的兴趣、习惯、生活，与用户互动，增强和用户之间的信任关系。

不仅如此，个人微信号发布朋友圈的次数没有上限，朋友圈内容可以展示给每一位微信好友，更容易实现信息的送达；而企业微信发布朋友圈则会受到一些限制。

2.3.1 不要推销式发布朋友圈

我们建议不要频繁在朋友圈里发布商品广告，因为微信是一个社交软件，人们用微信是为了与朋友交流，而不是来看广告的，也不是来买东西的。

要运营自己的朋友圈，就需要先抛弃推销思维，要认识到直接卖东西、发广告只能引起大家的反感。我们要按照微信设计朋友圈的逻辑，像普通用户一样发信息，先跟大家交朋友。

普通用户在朋友圈展示的是自己的生活轨迹、格调品位和情绪感想。我们在朋友圈发布的内容，需要与普通用户保持一致，带有强烈的个人生活印记。在此基础上，可以适当地发布一些含有社群或产品品牌信息的内容，潜移默化地宣传社群和产品。

大多数人的微信好友都维持在 50 ~ 500 人，人际关系并不复杂。这意味着，我们在朋友圈发布的内容，只要比用户自己的朋友更有趣、更有个性，就有机会赢得用户的注意和喜欢。

当我们通过经常在朋友圈发布用户认可的内容，赢得用户的认可和喜欢后，后续的营销就容易被用户接受了。

2.3.2 发布日常信息要简单有趣

打开某些人的朋友圈，我们会看到很多养生常识、心灵鸡汤、幽默段子、订阅号图文信息以及商品广告。这样的朋友圈内容很难得到他人的关注，甚至可能遭人反感。在朋友圈里发布的内容，最好是个人的生活轨迹、格调品位和情绪感想。因为这些内容，有助于我们和用户交朋友。

朋友圈是一个非常简单的社交场所。人们习惯在看到感兴趣的内容时，随手点个赞；看到有趣的东西时，用一张图（或多张图）和一两行文字的方式进行分享。而有的人为了展现自己的能力，喜欢发一大段数百字甚至上千字的长文，或者配上九宫格图片。这样的文字和图片，对于在碎片时间随意翻看朋友圈的人是不友好的，这种做法只能助长微信好友们的漠视和反感。

在朋友圈的内容规划上，我们可以尝试改变自己的发布风格，多发布简单有趣的内容。方法就是，文案限制在两行以内，其中包含一句互动的话，再配上一张有趣的能点题的图片。

改变自己的发布朋友圈风格其实是一件很简单的事，因为我们只需要摘选素材，并按照自己的方式进行二次创作。互联网上有很多素材，我们可以从微博、百度、知乎、今日头条等众多网络渠道中挑选，也可以直接从朋友圈里复制有趣的素材进行加工。

不管从什么地方看到让自己会心一笑的素材，都要先记下来，或者立即快速加工后发布，和微信好友互动。经过日积月累，我们的朋友圈内容就会变得越来越精彩。

在发布内容的时候，要注意以下两点。

（1）发问题而不是结论。只有好问题才能激起朋友们的讨论积极性。

（2）引导朋友们互动。从主题到内容表述，我们都要尽可能做到让朋友们一看到我们发布的图文信息，就不由自主地行动起来，或模仿，或比试。

人们浏览朋友圈，其实也是在进行碎片化的简单娱乐，其背后的心理机制是无聊和好奇。我们要用朋友圈的内容帮大家打发无聊时间，只有勾起大家的好奇心，才能不断强化用户关系。只有建立起信任关系，营销才能事半功倍。

2.3.3 发布广告要有策略

朋友圈能不能发布广告呢？当然能发布广告。不过，不能直接发布广告。直接在朋友圈里发布广告会被很多人屏蔽。这样，我们反而会丢掉在朋友圈链接用户、展现商品信息的机会。在朋友圈发布广告要有策略。

1. 发布"软广告"

不管我们的商品和服务有多好，都不能一下子把信息全部塞给用户。用户不会愿意接收太多跟自己无关的信息，即使对商品有需求，也不会愿意被人硬塞。我们可以发布商品信息，但是需要先将商品信息"打碎了"融进有趣的日常内容中，再发布。

比如，我们可以在朋友圈发布用户感兴趣的话题，在这个话题中糅进一点儿商品信息。这样的朋友圈内容就是精心策划的"软广告"，但从用户的角度看，则是轻松的生活话题。

2. 用好评代替广告

除了发布碎片式的不明显的"软广告"，还可以发布用户好评。

在朋友圈发布好评内容有以下几种方式。

● 直接发布用户的好评。

● 晒用户购买过程的所有细节，包括有关询问、下单、收货、使用等的所有内容，这些内容可以用截图的形式展示。这样的晒单，尽管没有直接进行评价，但用户购买就是一种天然的好评，而且能真实地展示和用户的对话内容，更加可信。

● 邀请用户在自己的朋友圈发布评价，然后直接对用户的好评进行截图后发布。用户的好评会影响到他自己的一批微信好友，我们的转发一方面会让用户感受到我们的诚意，另一方面可以让更多的用户看到我们的商品或服务，进而喜欢上我们。

晒好评是要借别人的嘴夸我们好，再从我们的朋友圈"炫耀"出去。我们可以通过送礼物、发放优惠券等方式，鼓励用户把好的使用体验写进自己的朋友圈，帮我们扩大影响力，带来更多的新用户。

2.3.4 朋友圈发布的节奏

如果希望用户喜欢看社群运营者的朋友圈，除了要策划好朋友圈的内容外，还要策划好发布节奏。按照一定的节奏发布朋友圈，用连续不断的精彩内容吸引用户关注、评论互动，就能成功地占领用户的碎片时间。

如果运营时间有限，可以一天发 4 次朋友圈，发布时间分别为：上班高峰期（7:00—9:00）、午餐时间（11:00—13:00）、下班高峰期（17:00—19:00）、睡前时间（21:00—23:00）。

如果运营时间充足，有充足的时间进行内容策划和编写，那么，在 7:00—23:00 的非睡眠时间，可以每 2 个小时发布一次；或者每个整点发布一次。

朋友圈发布得越频繁，越需要对内容进行系统的规划，尽可能地提升内容的吸引力。这样，当用户无聊时，就可能产生好奇心来参与互动。

当然，对于用户的评论，需要立即回复，以真正抓住用户在碎片时间内的注意力。

2.3.5 朋友圈的主动互动

朋友圈在社群营销中的作用，并不在于发布内容，而在于激发互动，产生沟通。只有基于沟通，才能完成了解、认可、喜欢、交易、信任这一完整的营销链条。运营者如果只是单纯地发布朋友圈，而不与用户互动，那么，不管一天发布多少条朋友圈，效果都是不明显的。

在朋友圈里，每一个人都在分享自己的工作、生活和人生感悟，同时也都在等待着别人来点赞和评论。我们不能只期望获得别人的点赞和评论，也需要经常主动给别人点赞和评论别人的朋友圈。即使是高势能的群主，如果能主动去群友的朋友圈点赞和评论，也能收获更多的喜欢和信任。

总之，微信上的朋友关系是双向的。我们要建立与用户的朋友关系，不仅要发布朋友圈，吸引用户来点赞、评论，还要主动到用户的朋友圈里点赞、评论，"刷存在感"，以及多跟用户一对一地聊天。只有这样有来有往的频繁互动，才能把弱关系变成强关系，与用户成为关系紧密的朋友。

2.3.6 在朋友圈发起小活动

运营朋友圈，除了发布日常内容外，还可以发起一些能激发用户兴趣的小活动。这些小活动的特点是活动规则简单，文字描述不超过 100 字，图片不超过 9 张。因为太复杂的活动规则和太长的活动说明，违背"简单有趣"的原则，容易被用碎片时间浏览朋友圈的人忽略。

小活动的意义在于提高电商型社群的运营者与用户之间的关系黏性。与单条内容相比，小活动更容易吸引大家参与和转发，也就更容易沿着用户的朋友圈，实现裂变式的传播。

那么，我们可以在朋友圈发起什么样的小活动呢？

1. 各式各样的选拔赛

我们可以推出"女神选拔赛""男神选拔赛"" '吃货'选拔赛""宠物选拔赛"；也可以根据各种节日做小活动，比如在六一儿童节做"萌宝宝选拔赛"，在父亲节做"最潮老爸选拔赛"，在母亲节做"最美老妈选拔赛"，在中秋节做"最有爱家庭选拔赛"，在春节做"丰盛年夜饭选拔赛"等。

每一个活动都需要设置相应的奖品作为"互动激励"。

对于电商型社群来说，商品是现成的，我们只需要选择符合活动参与者需求的商品作为奖品即可。而且，随着社群规模的扩大，当活动的参与人数很多时，我们就不再需要自己准备奖品了，因为会有大量商家找上门来寻求合作，免费提供奖品。

2. 商品类活动

我们可以围绕商品做限时促销活动，如 1 元限时秒杀、限时抢购、拍卖等。我们运营的是电商型社群，不管是自有商品，还是整合各种资源而得到的商品，我们都是不缺商品的，因而比较适合用商品来做活动。

无论是选拔赛还是商品类活动，活动的操作流程都是越简单越好。所有操作尽可能只在微信生态内完成，不要跳转到其他平台；在微信生态内也尽可能少使用其他工具。这是因为每一次跳转都可能会让用户感到麻烦，一部分想要参与的用户会流失。

2.4 ▶ 如何为电商型社群引流

虽然我们提倡注重社群的用户留存运营，但是，还是要尽可能持续为社群引流。社群规模越大，成交量就越大。下面介绍一些常用的社群引流方法。这些方法不仅可以用于电商型社群，也可以用于其他类型的社群。

2.4.1 实体店铺引流

如果拥有实体店铺，可以利用已有的实体店铺进行转化，这是最靠谱的引流方法。

可以在店铺的门口和店铺内的墙壁上张贴海报，海报里印上店主个人微信号或者社群的二维码。为了吸引用户扫码，可以进行适当的物质刺激。比如，只要用户扫码，就送一瓶饮料或者第 2 件商品 5 折。

总之，只要用户与运营者建立了微信联系，运营者就能知道用户是谁，通过查看其朋友圈了解其偏好，从而借助在朋友圈以及个人微信的沟通，将其引入微信群，把潜在用户转化为实际购买用户。

2.4.2 网上店铺引流

相比在地理范围上存在局限性的实体店铺，网上店铺有更多的机会接触用户（已产生购买行为）、意向用户和访客。如果拥有网上店铺，比如淘宝店铺、拼多多店铺、京东店铺等，也可以邀请用户加入微信群或添加运营者的个人微信号为好友。

网上店铺如何引流呢？店铺的客服可以在意向用户咨询时通过赠送优惠券等方式引导其加入微信群；店铺运营者可以在用户下单购买后引导其加入微信群；还可以在商品详情页、店铺主页等位置用无门槛优惠券引导意向用户或者访客加入微信群。

2.4.3 线下场所引流

在目标人群所在的线下场所开展引流工作也是非常好的引流方法。

我们可以在目标人群聚集的场所张贴有吸引力的引流海报，明确标出扫二维码添加好友或者进微信群的福利。比如，扫二维码进微信群参加抽奖，群内满多少人抽奖一次；用户扫二维码将运营者添加为微信好友后，直接赠送用户某些昂贵新品的试用装，或者赠送饮料、玩偶等小礼物。

线下场所引流的优势在于人气旺，用户群体相对精准。我们只要让扫码活动吸引更多关注的目光，给予用户一些福利，就可以快速聚集人群，与用户互相加为微信好友。等用户了解情况后，再引导他们入社群谋求交易。

2.4.4 他人社群引流

有一些人构建了自己的社群，用户质量很高。如果我们能找到他们所在的社群，取得其信任，就可能将其社群用户引入我们自己的社群。这种方法就是他人社群引流法。

借他人社群为自己的社群引流，有两个关键环节：一是"找群"；二是"混群"。

"找群"就是找到目标人群所在的社群，尤其是微信群。不管我们社群的主题是什么，我们的目标人群都可能已经集中在某些微信群。我们要做的就是根据我们目标人群的属性，找到他们聚集的微信群，然后进入那些微信群，和他们产生联系。

加入这些微信群之后，我们就要好好"混群"——在群内提高自己的曝光度、可信任度，从而添加别人微信群的成员为自己的微信好友，进而将他们引入自己的社群。

2.4.5 新媒体引流

我们可以在微博、小红书、知乎、豆瓣等平台，发布与电商型社群相关的短内容，发布的内容需要以用户为中心，紧密围绕用户来组织。比如，我们可以通过微博收集用户喜欢的商品、用户购买商品和使用商品过程中遇到的问题，然后编辑成相关的微博文案发布出来。只有关注用户在意的问题，才能吸引他们的关注。

同时，我们还可以策划一些抽奖小活动，来吸引新媒体账号订阅者注意和参与，增加社群的曝光度。

以微博平台为例，常见的抽奖小活动有如下几种。

（1）有奖转发。在有奖转发模式中，微博用户只要"转发 + 评论"或者"转发 +

提醒好友"，就有机会中奖，这也是较为简单的抽奖活动模式。

（2）有奖征集。有奖征集即通过征集某一问题的解决方法吸引微博用户参与。常见的有奖征集主题有祝福语、广告语、小故事、观后感、书评等。

（3）有奖竞猜。有奖竞猜即运营者策划一个问题供微博用户解答，然后在指定时间揭晓谜底或答案，最后抽奖。常见的有奖竞猜模式有猜文字、猜图、猜结果、猜价格等。

（4）有奖问答。有奖问题的模式是发布一条微博，提出一个有一定知识难度的问题，微博用户在此微博下回答该问题并转发微博，即可参与抽奖。微博抽奖平台自动从回答正确的用户中随机选出获奖用户。

2.4.6 老用户转介绍引流

老用户转介绍引流，即通过已入群用户的推荐来吸引更多的新用户。

老用户转介绍引流有很多好处，在此列举3条：首先，推荐人可以向被推荐人解释社群的作用，使后者对社群有所了解，避免盲目加入；其次，推荐人和被推荐人在一个社群里，更容易互动起来，避免新人入群时讲话没有人理会的尴尬；最后，由于老用户推荐有情感层面的连接，所以能够降低入群后不久就退群的可能性。

一般情况下，用户只有对社群感到满意，才会去介绍其朋友加入。而能较好地体现用户对社群满意度的方式，就是用户的购买次数。因此，对于多次在社群内消费的用户，我们要注意及时收集和筛选他们的信息，要尽可能地获取他们的姓名、手机号、微信号、所在地区、收货地址等更详细的信息，更精准地为他们带去价值，并时不时地给他们寄送小礼物，以提高他们对社群的认可度和黏性。这样，当有需要时，只要给予他们一些小福利，他们就会帮我们介绍新用户。

2.5 ▶ 如何给社群成员加标签

电商型社群不好做，很大一部分的原因在于用户运营没有做到位。如今的社群运营是精细化的用户运营，运营者如果不能为社群里的用户提供有价值的服务，用户将很容易流失，更不用说社群变现了。

精细化的用户运营，意味着我们需要了解并挖掘每一个用户的真实需求，知道他们的兴趣爱好、他们偏好的内容，知道他们对商品的喜好，和他们建立起长期关系，在恰当的时候精准地为他们提供商品或者服务。

我们不可能将一个商品卖给社群里的所有人。我们需要根据用户的喜好、兴趣、需求为用户添加标签，根据他们的标签与他们沟通，一步一步与用户建立起情感关联，这样才能提升用户黏性，实现社群的变现甚至口碑裂变。

2.5.1 添加标签的方式

微信中有 4 种添加用户标签的方式，或者说备注用户信息的方式。这 4 种方式足够我们进行简单的用户标签化管理。

（1）备注。"备注"中可以写 32 个字符，16 个汉字。一般情况下，我们最常使用的添加用户标签方式就是备注。16 个汉字基本能满足备注姓名、年龄、性别、聊天进展等的需求。

（2）标签。我们可以自建各种标签，对不同类型的用户进行分组管理。

（3）描述。"描述"中可以写 200 个汉字，基本能满足用户信息备注的全部需求。

（4）添加名片或相关图片。我们可以把与用户相关的聊天截图、货单号照片等上传到"添加图片"里。

当然，给用户添加的标签是需要持续跟踪和及时优化的。每一次互动之后，不管有没有取得新进展，都要及时更新用户的备注信息。

2.5.2 将微信朋友分类

我们可以根据用户在社群内的表现，将用户分为以下几种类型，并加上相应的标签。

（1）潜在用户。潜在用户就是看到我们社群信息，但还没有加入社群的人。我们可以为这类用户加一个"潜客"的标签，对应的运营动作是设计进群福利，以吸引他们加入社群。

（2）试用用户。在电商型社群，试用用户往往指完成了第一次购买的用户，其购买时的心理是"试试，如果不好用就退群"。我们可以为这类用户加上"试客"的标签，对应的运营动作是跟踪、了解他们的使用反馈，邀请他们对购买过程及商品提出建议，并给予福利奖励，以表达感谢。

（3）真实用户。在电商型社群，真实用户是二次回购的用户。如果用户第一次购买后感觉很好，就可能会有第二次购买。第二次购买后，他们就会成为真实用户。当用户成为真实用户后，他们对社群的信任度会大幅提升，接下来可能还会购买。我们可以为这类用户加上"真客"的标签，对应的运营动作是给予优惠券，刺激他们后续的购买行为。

（4）忠诚用户。多次复购的用户会渐渐养成在社群内购买的习惯。长期重复购买，用户就会对社群产生黏性。我们可以为这类用户加上"忠客"的标签，对应的运营动作除了提供更多的优惠政策外，还要进行情感维护，例如赠送具有一定价值的实物礼品表达感谢。

（5）核心用户。核心用户是指对社群已经非常信任的用户，他们会基于对我们的信任，将他们的朋友介绍入群。这样的用户是真正的"贵客"，对应的运营动作是给予足够的激励，鼓励他们进行转介绍。

经过这样的标记，我们就可以清晰地了解不同用户的价值并设计对应的运营动作，推动社群的商业转化。

当然，用户标签的创建并不是一劳永逸的，需要持续地跟踪和优化，这样才能把握好社群内各类用户的需求变化，精准地为用户带去价值。

2.6 ▶ 如何策划一场社群团购活动

社群团购即在社群内发起一场拼团活动，邀请群内用户一起购买商品。这是一种经典的电商型社群商业变现模式，其原理是通过向用户销售商品来获得收益。这里的商品可以是自己生产的，也可以是代理的。

策划一场社群团购活动，至少需要做好两个方面的工作：一是选择合适的商品；二是规划销售环节。

2.6.1 选择合适的商品

交易变现的前提条件，是选择适合在社群内销售的商品。并不是所有的商品都适合在社群内销售。就目前大多数社群用户的兴趣来看，适合在社群内销售的商品有以下两种。

1. 可玩度高的商品

一款商品如果可以带上"控""粉""DIY"这样的词，就可以在社群内推广和销售，因为这样的商品可玩度高，很会玩的超级用户可以创造并在社群里分享各种玩法，从而增强商品的吸引力，吸引其他用户追随。

因此，如果想在社群内集中推广一款商品，可以先问自己几个问题：这款商品的可玩度高吗？网上有关于这类商品的社区吗？如果答案是肯定的，这款商品基本上就可以在社群内推广。例如，精油、手账、摄影等相关商品和服务，在不少网络平台都能引发很多话题，自然也可以吸引感兴趣的人在社群里互动。

不过，推广这种可玩度高的商品时，可以在社群里安排几位超级用户。超级用户就是超级玩家。如果其他社群用户觉得超级用户特别会玩，"脑洞"百出，就会希望自己也能成为这样的超级用户，就会愿意跟着超级用户一起玩。在这样的充满乐趣的互动中，大家对商品的认可度会越来越高，甚至还会很自然地接受超级用户推荐的好物。这有助于促成社群的商业变现。

2. 迎合需求的商品

一款商品能否销售出去，关键是它能否满足目标人群的需求。换句话说，能满足社群成员需求的商品，就适合在社群内推广和销售。

如果社群成员主要是年轻女士，那么年轻女士们喜欢的商品，如口碑较好的化妆品、鲜花、巧克力、珠宝首饰、有设计感的小型家居用品等，就可以在社群内推广和销售。

如果社群成员主要是"宝妈""宝爸"，那么孩子看的书、家居用品、学习用品以及亲子装、亲子旅游等亲子类商品，就比较适合在社群内推广和销售。

如果社群成员主要是拥有一定资产的人，那么兼具设计感、质感和品位的商品，或者有投资价值的商品，显然更有吸引力。

不同的人群有不同的需求。选择要在社群内推广的商品品类时，要先研究社群成员的消费习惯和消费需求，再进行选品。

2.6.2 规划销售环节

选品完成后，即可进入正式的销售环节。

销售环节的工作并不是单纯地在群内推销商品，而需要一套循序渐进的步骤：售前的朋友圈预热、售中的交易氛围营造以及售后的朋友圈播报。具体操作如下。

1. 售前的朋友圈预热

售前的朋友圈预热，就是在朋友圈发 4 条信息，分别是活动调查、有奖竞猜、拼团预告、引导进群，以便让更多的人关注活动信息，主动申请入群。朋友圈的预热信息如表 2-1 所示。

表2-1　朋友圈的预热信息

信息	话术
活动调查	很多小伙伴问我最近有没有拼团活动，要不你们留言告诉我，最想要什么商品，我们去申请留言量最高的商品
有奖竞猜	上一条朋友圈，好多朋友回复呀。没想到，大家最期待的竟然是它！（配图）点赞超过 66 人，我们就去跟品牌方商谈。这款商品能不能做拼团活动，就看你们啦！ 追评：才发了一会儿，就有那么多人点赞了
拼团预告	好消息，这次呼声最高的 ×× 商品，我们跟品牌方商谈了两天，终于拿到了优惠。不过，优惠多少要看你们的点赞量。点赞越多，优惠就越大。大家快快动动手指头点个赞吧！ 追评：仅仅过了半天，朋友圈已经超过 100 人点赞了。这次拼团活动将于明天 10 点开始，价格是官方价的 7 折
引导进群	对 ×× 商品感兴趣的朋友，请在明天早上 9 点前，私信我或者在本条朋友圈下留言"我要进群，我要参与 ×× 商品的拼团活动"。我看到留言后，会在明天早上 9 点之前拉你入群。本次活动仅限入群的小伙伴参加，没有申请入群的小伙伴，我就不打扰了

2. 售中的交易氛围营造

售中的交易氛围营造，是指通过在群内营造活跃的交易气氛，激发社群成员的从众心理，引导社群成员完成交易。交易氛围营造有 4 个关键环节。

（1）发签到红包，激活氛围。

在拼团开始前 10 分钟，社群运营者可以先在群内发一个签到红包，提醒大家"还有 10 分钟，拼团活动就要开始了，在线的小伙伴请扣 1。扣 1 人数达到 30 人，我们就发一个大红包，以感谢小伙伴们在线等待"。这样，当社群成员接二连三地发送"1"时，社群内就会出现"刷屏"的效果。此时，运营者再发一个很多人都能抢到的红包，就可以第一次点燃社群氛围。这样接连操作几次，社群的氛围就会被激活。

（2）发拼团接龙，打造争相抢购的场面。

当氛围被激活后，到了拼团时间，即可开始拼团接龙。可以以这样的话术开启接龙："这次活动的价格特别优惠，因此商品数量有限。确定要买的小伙伴，请先接龙；想要多买一些的小伙伴，也请在接龙中说明你要的数量。接龙格式看示例。好，开始接龙！"每个人填完接龙信息后，接龙信息都会自动返回群内，其他人能够立即看到。有购买意愿的人因为担心商品被抢光，也会减少犹豫时间，加入接龙。这样，群内很快就会出现争相抢购的热闹场面。

（3）赠送惊喜福利，引导晒单。

拼团接龙并不意味着交易成功。要引导社群成员果断完成交易，还需要再给大家一个惊喜刺激："这次活动只对 ×× 群开放，请大家把已支付的订单截图发到群里，我们好做登记。为了感谢大家的配合，我们会多赠送两个赠品给晒订单的小伙伴，赠品是 ×× 和 ××，价值 ×× 元。"

在额外福利的刺激下，已下单的社群成员们就会把订单的截图发到群内，这样，社群内会下一场"订单雨"。没有完成支付的社群成员看到这么多社群成员都下单了，也会尽快支付，完成交易。

（4）巧用倒计时，促进交易。

还有一个促进交易的小技巧：倒计时。倒计时有以下两种玩法。

第一种是库存倒计时，适用于限量销售。例如 500 盒商品的限量抢购，可以在销售开始后，在群内提醒"还剩 200 盒""还剩 100 盒""还剩 50 盒""还剩 10 盒""已经售完了"。

第二种是时间倒计时，适用于限时销售。例如 8 小时的限时抢购，可以在销售开始后，按时进行倒计时提醒："还有 6 小时，需要购买的请尽快""还有 4 小时""还有 2 小时""还有 1 小时""还有半小时""最后 10 分钟""时间到，本次活动结束，感谢小伙伴们的支持！这次没有买到的小伙伴，如果感兴趣，请关注我们的社群公告和小助理朋友圈。"

3. 售后的朋友圈播报

售后的朋友圈播报，即在朋友圈播报物流进度、用户的正面评价，并进行下次活动的预告。

通常情况下，如果选品选得好，一次活动结束后就会有人问：还有没有活动？什么时候有下一期活动？这时，运营者就需要根据咨询量来判断是否要做这款商品的第二期拼团活动。

如果要做第二期，就需要尽快预告："这两天有很多朋友说没有抢到 ×× 商品，也有很多抢到的朋友说还想要，希望我们再办一期拼团活动。我们团队决定尽快跟品牌方商谈，请朋友们关注我的朋友圈！"这样，几天后即可趁热打铁发起下一期拼团活动。

2.7 ▶ 如何为社群团购选品

要做好社群团购，需要先做好选品。

适合社群团购的商品品类有很多，不仅包括零食、服饰、文体用品、手机、电脑、小家电等实物商品，也包括旅游、美容、健身、休闲、健康体检、保险、教育培训等服务商品。虽然这些商品都适用于社群团购，但这并不是说我们从中随便选一些商品就可以在社群内发起团购。

为社群团购选品，有两种思维，一种是用户思维，即根据用户群体来选品；另一种是运营思维，即根据运营能力来选品。

2.7.1 根据用户群体来选品

由于社群团购的商品是需要用户来购买的，因而运营者需要站在用户的角度，选择符合用户消费偏好的商品。

不同的用户群体有不同的消费偏好。把握用户的消费偏好，按需选品，才更容易实现营销目标。

1. 不同属性用户群体的消费偏好及相应的选品方式

根据用户的年龄、职业、家庭情况等基本属性，我们可以把用户分为大学生、职场青年人、职场中年人和退休老年人 4 个群体，其各自的消费偏好如下。

（1）大学生。

大多数大学生基本上没有赚钱能力，几乎所有的消费需求都要用自己的生活费来满足，或者由父母代为购买。他们有自己的消费偏好，喜欢追随同龄人的购买行为，并且受视觉化宣传的影响较大。选购商品时，他们不太考虑实际需求，更看重商品的外观，认为新奇、独特的商品更有吸引力。

如果社群成员主要是大学生，那么需要多选择一些新奇、独特的商品，并在社群内用图文或者短视频的方式进行具有视觉美感的展示。

（2）职场青年人。

职场青年人追求时尚和新颖，喜欢购买能代表新生活方式的新商品。他们的自我意识较强，很多时候都力图表现出自己的个性，因此喜欢购买一些具有特色的、能体现个性的商品，而对"一般化"的商品不屑一顾。青年人为人处世更偏重感情，体现在消费行为上，就是感情因素占主导地位，容易产生冲动型消费。

如果社群成员主要是职场青年人，那么需要多选择一些能够展示个性、有时尚感的商品。

（3）职场中年人。

职场中年人的心理已经相当成熟，不容易被外观因素诱惑，在购买商品时，更注重商品的质量和性能。虽然他们已经在职场中多年，拥有比较稳定的收入，但是由于家庭负担重大，他们很少进行冲动型、随意型消费，多是经过分析、比较后才做出消费决定。在实际消费前，他们会对商品的品牌、价位、性能、消费时间、消费场景进行妥善的计划；在实际消费时，他们往往会按照计划购买，很少有计划外消费和即兴消费。

职场中年人更关注其他人对商品的看法，偏爱大众化的商品，而不是个性化的商品。他们有时也会被新商品所吸引，但会考虑新商品的实用性。他们对商品的推荐有一定的判断和分析能力，不会轻易被广告、导购诱导。

如果社群成员主要是职场中年人，比较实惠、有口碑、大众化的日常用品可能更受欢迎；偶尔也可以推出一些有特点、有情怀感、口碑非常好的新商品。

（4）退休老年人。

退休老年人由于生活经验丰富，很少感情用事，消费也更理性。他们量入为出，崇尚节俭，会在购买前对商品的用途、价格、质量等方面进行详细的了解，而不会盲目购买。他们已经养成自己的生活习惯，保守且怀旧，更加信任使用过的商品和品牌，因而会重复购买。

如果社群成员主要是退休老年人，质量可靠且价格实惠的商品更容易赢得信任，促使他们重复购买和引荐他人购买。

2. 不同性别用户群体的消费偏好及相应的选品方式

根据性别，可以把用户分为男士和女士两个群体。这两个群体的消费偏好分别如下。

（1）男士。

男士更善于控制情绪，处理问题时更能够冷静地权衡各种利弊因素。他们能够从大局着想，而不愿意纠结于细节。这种特点体现在消费上，就是他们基本上没有"选择困难症"。一旦产生购买需求，他们往往会立即做出购买行为。即使影响购买的因素比较复杂，他们也能够果断处理，迅速做出选择。

男士的自尊心往往比较强，不愿给人留下"斤斤计较"的印象，因而购买商品时也只是询问大概情况，不喜欢研究细节，更不愿意花很多时间去比较、挑选，即使买到的商品他们不太满意，只要"不影响大局"（能用），也不愿意计较，很少退货。

男士的消费行为不如女士频繁，购买需求也不太强烈。在很多情况下，他们的购买需求是被动的，例如受家人嘱托，受同事、朋友的委托或者工作需要等。因此，他们的购买行为不够灵活，往往是按照既定的要求（如指定的品牌、名称、式样、规格等）来购买。

此外，男士的审美与女士不同。对于自己使用的商品，他们更倾向于购买有力量感、科技感的，一般认为更具男性化特征的商品。

如果社群成员主要是男士，那么质量可靠、有科技感、极简风格的商品可能更容易让他们做出购买行为。

（2）女士。

女士是诸多行业商品的主要消费群体。很多行业的从业者都非常重视女士的消费倾向。

女士大多喜欢有美感的商品。女士的爱美之心是不分年龄的，每个年龄段的女士都倾向于用商品来将自己打扮得更美丽一些。她们在选购某种商品时，首先考虑的是这种商品能否提升自己的形象美，能否使自己显得更加年轻和富有魅力。因此，她们更喜欢造型新颖别致、包装华丽、气味芬芳的商品。她们大多认为，商品的外观（色彩、式样）与商品的质量、价格同等重要。

女士购买商品，并不太关注商品的实用性，而是更关注其情感价值。她们会受到同伴的影响，购买同伴们都在购买的商品；也会受到"榜样"的影响，购买高档的商品，以彰显自己的身份和地位。她们容易被说服，经常做出计划外的购买行为。

如果社群成员主要是女士，那么做任何品类的选品都要尽可能选择包装华丽、造型新颖、外观精致、色彩明净、气味芬芳的商品。

2.7.2 根据运营能力来选品

团队运营能力不同，选品的方式也不一样。根据运营团队的规模，我们可以将电商型社群的运营团队分为 1 ~ 5 人的小型团队、6 ~ 20 人的中型团队、20 人以上的大型团队。这 3 类团队的选品方法如下。

1．小型团队的选品方式

小型团队可能只有 1 ~ 5 人，建议这样的团队做无法量产的定制化手工商品，比如手工泡菜、手工工艺品等，这些个性化的商品可以作为小团队在起步阶段的尝试。此外，从商品的用料、包装，到销售活动中的服务、快递，再到宣传工作中的海报、配图、文案等，最好都能精心定制。因为运营团队的规模较小，社群的规模也不大，订单量小，所以可以用"个性化"来凸显社群优势。

小团队能不能做标准化、规模化的商品？不建议做。因为对于电商型社群而言，运营团队规模越大，越有可能拿到更优质、更低价的商品。小团队很可能没有能力竞争。

所以，对小团队而言，不管是服饰还是家居用品，甚至零食，都倾向于定制化。

目前的小团队比较常用的选品模式是分销和代发等，这些模式虽然成本较低、门槛较低，但"天花板"也低。如果想将电商型社群作为一项事业来做，就需要找到个性化、定制化的商品，体现自己的差异性。

个性化、定制化的商品，中型团队和大型团队可能不愿意做，因为定制化的成本较高，不利于抢占市场份额。因此，这种商品形式反而可能成为小团队的优势。

2. 中型团队的选品方式

小型团队成长后，就会成为中型团队。

中型团队容易陷入瓶颈，一是因为它们还没有大型团队的规模，二是因为扩张后它们失去了一定的灵活性。做规模化的商品，它们不如大型团队；做定制化的商品，它们不如小型团队。

这时，电商型社群运营团队就需要具备一定的商品制造或研发能力。对于商品，可以尝试一部分采购，一部分自己开发设计。一些通用商品采购回来后需要优化调整。例如，食品类商品采购回来后，可以在克重、包装、名称等方面做一些修改，并使用与市场上不同的宣传文案。

需要注意的是，不要一把商品采购回来就直接开售。尤其是标准化的商品，一定要修改后再宣传和出售。

3. 大型团队的选品方式

当小型团队逐渐成长为大型团队，获得了知名度和口碑，社群规模自然也已壮大。这样的大型团队应该已经有成熟的运营方式，也有流量、有知名度，还拥有一定的采购谈判议价能力。

一般而言，大型团队有两种选品方法。

（1）高客单价的精品。

对这样的团队而言，最佳的选品方法是利用团队优势和社群优势，在品类上做取舍，先只做其中一种或一类商品，比如图书市场的高中教辅书，服装市场的裤子，化妆品市场的卸妆水，等等。这些商品类型有个共同的特点，就是不大不小，不需要太强的品牌识别度，可以发挥最大的优势，即灵活、少而精，可以量产、采购、自主设计，越是规模大的运营团队越可以通过单一的小类目引导出一个潮流。

大型团队的选品，要提升客单价，而不是单纯打价格战，不能相互抄袭。

（2）高性价比的日常用品。

大型团队得到发展壮大后，就可以挖掘供应链的整合优势，操作购买频率高的基本需求类商品。

基本需求类商品，即用于满足每个人的生活需求的商品，比如衣服、本子、笔、食物等。这个层级的商品，谁的性价比高，谁就能抢占市场。高性价比意味着背后有强大的供应链体系。大部分标准化商品的竞争都是如此。

而为了创造性价比优势，社群运营团队不必在每一款商品上赚到期望的利润，而是用相对更低价的几款商品吸引用户、聚集用户，提升社群的影响力和品牌力，然后通过其他方式赚钱。

选品能力决定了电商型社群的发展潜能和发展速度。在发展的任何一个阶段，电商型社群的运营团队都需要知道自己的相对优势，根据自己的优势去选择差异化的商品，持续巩固自己的优势，循序渐进地提升。

2.8 ▶ 如何为社群团购商品定价

社群团购中的商品销售，与传统营销中的短期促销模式相似。这也意味着，团购商品的价格只有比实体门店、电商平台旗舰店等零售渠道的商品价格更低，才能吸引用户在社群内参与拼团。在社群团购中，商品越常见，价格越低，用户的购买决策过程越短，越容易触发冲动型消费。但商品价格又不能过低，毕竟还要考虑运营成本，不能做赔钱的买卖。因此，我们需要为社群内的商品定一个合理的价格。

社群中的商品，有时候是单品销售的，有时候是组合销售的。不同的商品销售模式，需要配合不同的定价策略。

2.8.1　单品的定价策略

单品应该设置什么样的价格？在此介绍几种定价策略。

1. 价格锚点策略

价格锚点策略，即根据其他商品的价格来设定所推介商品的价格。

从用户的角度看，用户在不确定一款商品是否"划算"时，就会参考其他同类商品的价格。如果有 3 款同类商品，价格各不相同，用户就会倾向于选择价格居中的商品。因为对于最便宜的商品，用户会担心其质量或者性能不好；而对于最贵的商品，用户会觉得缺乏性价比，若购买就"吃亏"了。

因此，如果一款商品也在其他平台销售，运营者要注意收集它在其他平台的实际销售价格。在没有获得足够的用户信任和支持时，不能设定"全网最高价"，也不宜设定"全网最低价"，而应该设定稍低于主要销售平台的商品价格，这样既能吸引用户的注意力，又能在用户购买使用后增加用户的信任度和黏性。

如果一款商品是社群独有的，品牌还没有什么知名度，用户无法做出价格判断，那么可以根据知名品牌的同类商品来设定价格。此时，由于新品牌缺乏品牌影响力，需要设定低于知名品牌的价格，以吸引用户尝试。

2. 要素对比策略

人们考虑是否要购买一款价格更高的商品时，往往会比较各种因素。因此，若要为商品制定更高的价格，就需要为用户提供一张直观的关键要素比较图表。例如，对于手机、电脑及其他生活电器类商品，可以提供硬件配置比较表；对于服饰类商品，可以提供用料比较图、工艺比较图等。当人们看到差异时，就会倾向于购买"更好"的那款商品。

3. 非整数定价策略

非整数定价策略，即采取以 9 或者 8 结尾的价格，而不是以 0 结尾的价格。非整数价格对用户有 3 个方面的心理影响。

（1）非整数定价会让用户觉得价格是经过精确计算的，是有依据的，而不是

"漫天要价",因而更容易心生信任。

（2）非整数价格虽然与整数价格实际差别不大,却会给人一种便宜了很多的感觉,迎合用户追求便宜的心理愿望。例如,99 元和 100 元实际只差 1 元,但前者容易被说成"几十元钱",后者却会被认为属于"百元"的范畴。

（3）很多用户看到价格时并不会认真思考,多是"瞄一眼",就会进入是否购买的决策环节。这种"瞄一眼",很可能只能看到左边的数字,但会自动忽略右边的末位数字。例如,一款商品的价格为 99 元,用户在"瞄一眼"之后可能会认为这个数字"更靠近 90 元",而不是理性思考后觉得"已经接近 100 元"。

不过,如果折扣后的价格是非整数,就需要抹去"零头"。例如,199 元的商品,其三折的价格是 59.7 元。若是能够"先打三折再抹零,一口价 59 元",更能让用户感觉实惠,强化用户的购买意愿。

4. 阶梯定价策略

阶梯定价,即用户每增加一定的购买量,商品的价格就降低一个档次。这种定价方式可以吸引用户增加购买数量。

阶梯策略适用于食品、小件商品和其他快消品。例如,某商品在其他渠道的价格为 59 元,而在社群的团购价格是:第 1 件 39 元、第 2 件 29 元、第 3 件 19 元、第 4 件 0 元。在这样的阶梯价格模式下,用户会觉得买得越多越划算,从而直接选择购买 4 件。

采用这种定价策略时,运营者可以使用这样的话语进行引导。例如,"建议数量填 4,4 件一起拍更划算""4 件一起拍,总价 87 元,平均每件不到 22 元",这样会带给用户更强烈的冲击。

此外,商品价格不是一成不变的,运营者需要时刻分析市场动态,根据市场变化及时改变价格。

2.8.2 组合商品的定价策略

组合商品定价,即将两种或两种以上的相关商品捆绑起来销售,并制定一个合理的价格。

组合商品定价有两个常用的模式：买赠模式和套装模式。

1. 买赠模式

买赠模式，即为所销售的商品设定一个价格，同时赠送一个其他商品。最适宜的赠品是用户使用正品时会用到的附属商品。

例如，在社群内销售卸妆水，可以将卸妆棉作为赠品；销售毛衣，可以将毛衣链作为赠品；销售手机，可以将手机壳和保护膜作为赠品；销售咖啡，可以将咖啡杯和勺子作为赠品；等等。

这样的定价模式，可以给用户一种贴心的感觉。因此，即使在买赠模式下，商品价格更高一点，用户一般也能接受。当然，高出来的"差价"不可超过赠品的价格。

2. 套装模式

套装模式，即将不同的商品放在一起组成一个套装，为套装制定一个价格。

例如，在社群内销售的某品牌的速溶咖啡为59元一盒，某品牌的奶茶为59元一盒。为了提高客单价，可以再增加一个选项，即一盒咖啡和一盒奶茶的套装，并赠送一个杯子，价格是99元。这样，本来只打算买奶茶或者只打算买咖啡的用户，可能会因为觉得套装更划算，而选择购买套装。

套装模式虽然降低了单一商品的价格，但是增加了销售量，提高了客单价，有利于降低采购价格，最终利润可能更高。

此外，在确定商品套装后，我们还需要为之设计一个精美的包装。因为套装商品的客单价一般较高，要激励用户做出购买决定，除了商品本身要让用户感觉实惠、划算之外，还需要通过包装来提高套装商品的价值感。

人们大多喜欢精美的包装。我们可以对套装的包装和相关辅料进行设计，比如对包装盒、使用说明书进行设计，等等。在包装上加大投入，用精美的设计打造与众不同的感官体验，可以赋予套装商品独特的价值。

最后，需要注意，不管是买赠模式还是套装模式，组合中的所有单品需要具有一致的用户定位，不可因为附带赠品而随意降低单品的品质。

2.9 ▶ 如何编写社群团购文案

团购文案需要解决用户的一个疑问："这个团购对我来说值不值？"为此，我们需要根据用户的消费习惯，介绍清楚团购活动的特色，写出团购商品能够为用户解决什么问题。在此基础上，通过促销、制造紧张感和稀缺感，引起用户在社群内拼团的兴趣。

因此，在团购开始前，我们需要准备两个方面的文案：商品介绍文案和团购活动介绍文案。

2.9.1 商品介绍文案

在团购预告和发起团购活动的过程中，都需要介绍商品。介绍商品，就需要准备商品的介绍文案。这样，在团购预告和发起团购时，运营者就可以将准备好的文案按需改编后使用，也可以直接使用。

商品介绍文案主要包括商品卖点文案和相关知识介绍文案两个部分。

1. 商品卖点文案

商品卖点文案要说清楚一款商品的卖点，即这款商品和同类型商品相比，有什么突出的优势。一般情况下，我们可以编写以下 3 种形式的卖点文案。

（1）场景化文案。

场景化文案即将商品的功能与用户的使用场景结合在一起描述，将商品的功能描述成一幅生活场景。这样，用户在看到文字的时候，就能想到一幅画面。通过对使用商品时的场景的想象，用户就可能产生购买商品的需求。

例如，以下是一段关于榨汁机的场景化文案。

早晨起床后，不用再下楼买豆浆了。你可以剥开一根香蕉，切开软糯的果肉，把它丢进榨汁机，加入一盒鲜牛奶，按下启动键——10 秒后，你就能喝到冰鲜爽口、营养丰富的香蕉牛奶。

如果你不喜欢香蕉牛奶，你还可以做草莓奶昔、红枣牛奶、柳橙奇异果汁、柚子葡萄汁……冰箱里有什么水果就做什么果汁。

还有，夜里口渴了，不想喝水又不敢喝饮料的时候，你可以打开冰箱，随便拿出两三样东西，榨出一杯五彩缤纷的美味果汁。这样的鲜榨果汁不但口感好、营养健康，最重要的是热量不高，喝满满一杯也没有愧疚感。

这样的文案将商品的使用场景详细地描写出来，能让用户感到"有了这款商品，我的生活就不一样了"，从而产生购买需求。

在写场景化文案时需要注意，场景应为社群成员的使用场景。用户不同，使用场景就可能不同。还以榨汁机为例，榨汁机的使用群体有健身人士、"宝妈"等，他们的使用场景可能完全不同。健身人士使用榨汁机的核心诉求可能是减脂瘦身；"宝妈"购买榨汁机，可能是为了给孩子做辅食。

如果社群成员使用商品的场景不同，我们就需要根据商品的特点和目标人群的使用场景，多编写一些场景化文案。

（2）对比文案。

对比文案可以突出商品的优势。常用的对比方法有 3 种：价格对比、效果对比、品质对比。

如果社群团购的商品有价格优势，就把其他渠道的价格截图发出来，放在一起对比；如果使用商品后效果明显，那么可以呈现商品使用前后的情况对比图；如果商品与竞品有明显的品质差别，那么可以制作原料对比图和品质对比图。

这样的对比方法更容易让用户相信商品的价值。

（3）推荐文案。

我们需要为商品策划一个推荐文案，也就是推荐理由。它也是用户购买该商品的理由。如果这个理由无法打动用户，用户可能就不会花费时间和金钱参与社群团购。

不管是什么商品，我们都需要先倒过来想，为什么我们要将这款商品推荐给朋友呢？然后顺着这个思路做内容。

这 3 种文案的篇幅是有差别的。场景化文案可能是一篇篇幅比较长的文章，内容应详细，能让用户感受到画面；对比文案是对比图的补充，需要简洁明了；推荐文案只需要 1 ~ 2 句，需要站在用户的立场上编写，打动人心。

在时间等条件允许的情况下，应该准备好以上的所有文案。

2. 商品相关知识介绍文案

除了卖点文案，我们还需要准备商品相关知识文案。

比如，销售羽绒服，要准备一些羽绒和布料的知识；销售手机，要准备手机屏幕、处理器、摄像头等方面的知识；等等。

我们要思考每一款商品中有哪些专业问题是我们知道而用户不知道的，并提前准备好知识介绍文案。如果条件允许，可以把这些知识编入"商品说明书"中，方便用户查看；同时，在团购活动中介绍商品时，也应提及这些知识，以打消用户对成分的疑惑，或者提高用户对商品的认可度。

2.9.2 团购活动介绍文案

准备好商品文案后，我们就可以根据商品和目标人群，来编制团购活动介绍文案。编制团购活动介绍文案需要做好以下 3 个方面的工作：策划团购主题、策划团购预告和编制团购活动的发起文案。

1. 策划团购主题

团购主题的策划可以从 3 个角度进行，即根据用户来策划、根据时节来策划以及根据消费活动来策划。3 个角度的策划要点如表 2-2 所示。

表2-2　团购主题的策划角度和策划要点

策划角度	策划依据	策划要点	举例说明
用户	用户的标签及消费需求	突出用户群的需求热点	提升幸福感的办公室神器三折购
时节	特定时节的消费需求	突出特定时节的消费亮点	暑假读物全场半价
消费活动	消费活动背后的心理	突出促销力度	"618"预售　6.18 元开抢

2. 策划团购预告

社群团购的预告，可以是一张海报，也可以是一篇详细的公众号文章。预告形式不同，相应的文案就不同。

（1）海报文案。

海报文案上需要包含社群名称、团购时间、团购商品的详细名称、商品数量、团购价格、商品原价以及商品图片等元素。在一场团购活动中，有多少商品，就需要列多少商品的图文简短介绍。

（2）公众号推文文案。

对于需要用详细文字进行介绍的商品，可以用"大篇幅文字＋少量配图"的方式来写团购活动推文。

相对于海报文案来说，公众号推文更容易看到触达用户的数量。只要编写好公众号推文，将推文转到社群里，引导社群成员阅读，就可以看到有多少社群成员看了这篇推文。如果在推文中加以引导，比如通过"留言说你最期待的商品"来引导用户评论，我们就可以预测群用户对团购活动的反应，从而对商品数量、价格、文案等做出优化和调整。

除了"大篇幅文字＋少量配图"的方式外，如果一场团购活动涉及多款商品，我们也可以将商品信息做成一张海报，将海报嵌入公众号推文中。而如果一场团购活动只是基于少量"爆款"商品，那么我们可以只发一篇与商品相关的公众号文章，将其做成一篇商品"软文"。

相比其他方式，公众号推文的传播范围更广，不在社群内的微信用户也可能会通过微信中的"搜索"等入口搜索到推文。因此，不管是什么形式的推文，我们都可以在文章的结尾处加上一句宣传社群的文字，比如，"进入××群，获取免费试用的机会"，并附上群二维码或者群主个人微信的二维码。这样，推文还可以发挥为社群引流的作用。

3. 编制团购活动的发起文案

由于团购是在社群内发起的，因此，在正式发起社群团购的时间，我们需要发出一段团购活动发起文案。

团购活动发起文案是小篇幅的短文案，可以直接发在社群内。这类文案需要具备6个要素：团购计划、商品卖点、用户反馈、价值锚定、商品知识、商品稀缺性。

我们以某个电商型社群的团购活动发起文案来说明文案中如何呈现这6个要素。

亲爱的小伙伴们，告诉大家一个好消息：应小伙伴们的强烈要求，我们这次终于上架了会员群专属团购商品——××食品！

刚进群的小伙伴可能不太清楚，××食品是由……（在此依次介绍该食品的制作材料、制作工艺和相关的饮食文化）。

品尝过 ×× 食品的小伙伴的反馈都很好, 群内的 ×××（需为一个知名人士）更是逢人就推荐。每次问群内小伙伴想要什么的时候, ×× 食品都是最受欢迎的 3 种商品之一。

×× 食品在前几期活动中的价格是：39 元 1 盒, 1 盒 6 个。近期原料价格大幅上涨, 每个 ×× 食品的成本就上涨了 1 元多, 但我们不愿意给群内小伙伴涨价, 依然只收 39 元。不过, 相应地, 这次快递包装只能使用普通的快递盒了, 好降低一点儿成本, 希望大家见谅。

食用方法：拆下真空袋后, 隔水蒸 5 分钟以上, 更软糯, 口感更佳。

保存方法：收到后请放冰箱冷藏, 建议在 7 天的最佳赏味期内食用, 最多 15 天内吃完。

短保商品：路途远的 ××× 地区、××× 地区, 需加邮费 5 ~ 20 元发急件, 这些地区的小伙伴慎拍。

特别提醒：这次依然是一共 300 盒, 不限购, 只要你的手速够快, 多买多得！来不及解释太多了, 快下单吧！

按照 6 个要素拆解这篇文案, 如表 2-3 所示。

表2-3　团购活动发起文案的6个要素

要素	文案内容
团购计划	亲爱的小伙伴们, 告诉大家一个好消息：应小伙伴们的强烈要求, 我们这次终于上架了会员群专属团购商品——×× 食品
商品卖点	×× 食品的制作材料、制作工艺和相关的饮食文化
用户反馈	小伙伴的反馈都很好, 知名人士逢人推荐, 还是群内小伙伴的心愿商品
价值锚定	前几期活动中的价格都是 39 元 1 盒, 近期原料价格大幅上涨, 成本增加, 但这次活动不涨价, 只是降低了快递包装档次, 以节约成本
商品知识	食用方法、保存方法以及保质期
商品稀缺性	限量 300 盒, 不限购, 要抢到得拼手速

可见, 按照团购计划、商品卖点、用户反馈、价值锚定、商品知识、商品稀缺性这 6 个要素来编写团购活动发起文案, 可以在确保信息全面的基础上, 让文案更有说服力。

2.10 ▶ 如何发起团购接龙

社群团购活动并不仅仅包括团购接龙。要发起一场人人积极参与的团购接龙，我们要做好整个流程中的各种工作。

一场团购接龙的流程如图 2-2 所示。

图2-2 团购接龙流程

2.10.1 预热

团购当日，我们可以每隔一个小时发一次团购信息的"刷屏公告"。如果气氛不够活跃，可以在发公告之前先发红包，同时让运营者在群内与大家互动，带动气氛。

团购信息的刷屏公告怎么发？需要关注以下 5 个细节要点。

（1）刷屏公告要将团购信息写清楚，用词简明，尽可能使用户不需要追问。比如，"××群团购'剧透'来啦！今晚会有×××、×××、×××、×××，晚上 8 点开始！"

（2）在公告结尾设计能起到情绪带动作用的"刷屏语句"。刷屏语句不建议使用"收到请回复 666 或者 1"，因为回复内容没有指向性；可以使用"收到请回复：今晚 8 点有团购"之类的语句。

（3）刷屏公告发完后，再发一个小红包，红包备注写上几个字，比如"今晚 8 点有团购"。

（4）刷屏公告和红包发完之后，自己再发两遍回复内容，以方便别人复制粘贴。

（5）在团购开始前 15 分钟，可以做一些预热的活动，比如红包手气王、问题抢答、成语接龙、猜歌名等，尽可能激活社群人气，让人们看到团购活动。

2.10.2 开场

在约定的团购时间，社群运营者需要开始扮演团购主持人的角色。一般情况下，运营者应先给大家打个招呼，例如，"各位小伙伴们，晚上好，我是 ×× 群的 ×××，很高兴主持今天这场团购活动。"随后就可以正式开场了。

正式开场时，主持人可以先向用户透露与用户相关的"利益"，从而留住用户。可以参考以下两种话术开场。

（1）福利引导，即用福利点燃大家待在社群、参与团购活动的兴致。例如，"团购开始前，我们先来抽一波奖，中奖的小伙伴可以得到 88 元红包。"

（2）内容引导，即用团购商品来吸引大家的注意力，让大家守在社群中抢购。例如，"今天的团购时间是 30 分钟，我会给大家介绍 3 款商品，×××、×××、×××。"

2.10.3 商品介绍

做完开场后，就可以正式开始介绍商品。如果一场活动中要介绍多款商品，可以每介绍一款商品，就发起一次团购接龙；也可以在介绍完所有商品后，集中发起团购接龙。

一般情况下，我们建议选前者，因为很多用户可能并不是对所有商品都感兴趣，可能仅对其中一个或者两个商品感兴趣。采用前者，对部分商品感兴趣的用户，只需要看完部分商品的介绍，直接参与团购接龙即可。

在介绍商品时，我们可以用一段简单的话术进行引导。例如，先说一说最近买了什么商品，怎么好用，为什么好用。在说"为什么好用"时，就可以介绍商品特点、功效等与同类商品的不同之处，同时发一些商品图、细节图以及用户好评截图。

做完这些图文介绍后，就可以说价格了。例如，"因为觉得这款商品好用，团队找到了这款商品的供货商，谈了 3 次，才谈成了一个合作价——零售价的五折。这个价格是比较划算的。京东一般卖八折，也就是 ×× 元；天猫旗舰店的价格是 ×× 元，比我们贵 ×× 元；线下超市一般卖 ×× 元，比我们贵 ×× 元。"

如果条件允许，可以将这些价格做成一张对比图，直接放在社群里，更有说服力。

说完价格，就可以邀请大家进行团购接龙："如果大家有需要，可以进行团购接龙，我们和供应商定量。"这时，就可以进入下一步——正式发起接龙活动了。

2.10.4 发起接龙

在微信群里进行接龙的一种十分简单的方式，就是直接使用微信群的内置接龙工具（见图2-3）。打开接龙工具后，即可填写接龙内容，如图2-4所示。

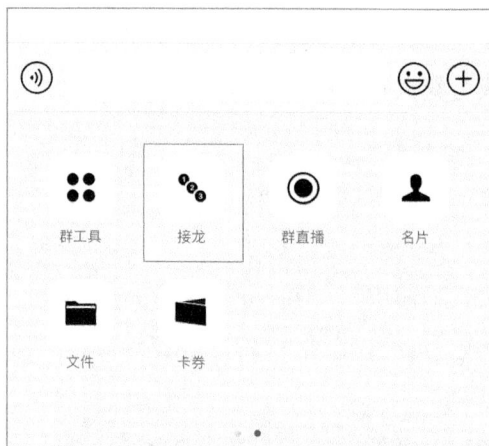

图2-3 微信群的内置接龙工具

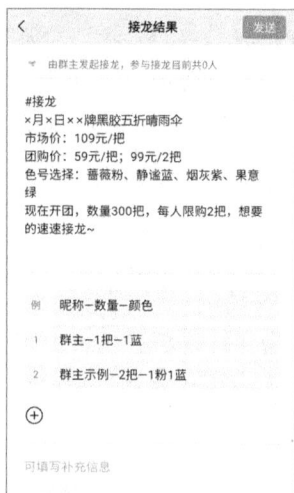

图2-4 微信群中的团购接龙

填写接龙内容时需要注意，由于能填写的信息有限，我们只需要写清楚商品的属性，如商品的品牌、型号、特征、市场价、团购价、颜色、样式、大小、限购条件等。

2.10.5 催单

催单也是社群团购的一个环节，是用话术告诉用户，为什么要买这款商品，为什么现在就要下单。可参考的催单话术如下。

- 突出商品亮点。例如，"果肉很新鲜，不是风干的那种，口味酸酸甜甜，你们肯定会喜欢的。"
- 突出用途。例如，"你可以买一份自己吃，也可以送家人一份。这款水果干零食完全不会有腻腻的感觉，性价比也很高，你买回去，你妈妈肯定会说你非常会买。"

- 突出安全。例如，"这一款，小宝宝也可以使用，大家可以放心！"
- 突出销量。例如，"这个是××（名人"大咖"）推荐的，旗舰店已经销售2万份了！"
- 突出好评。例如，"这是在小红书有10万篇'种草'，只要你买过，就会想给身边的人推荐的商品！群主一直在用，真的特别好用！"
- 突出优惠。例如，"超市49元1盒，××群内今天39.8元2盒，在群里买真的很省钱啊！比超市便宜了一半多呢！"
- 突出紧迫感。例如，"这一款数量有限，如果看中了一定要及时下单，不然等会儿就抢不到啦！这次团购后，×××最近都没货，可能下个月才会再办团购！"

催单后，视群内反应，短暂停顿 1 ~ 3 分钟，随后使用过渡话术，如"我们就不在线等了，有需要的小伙伴请自己接龙，接龙完后私聊我转账，转账后请把截图发群里。我们开始介绍下一个团购商品。"然后开始介绍下一款商品。

2.10.6 团购结束

在所有商品介绍完毕并发起过团购接龙后，这场团购活动就可以进入结束阶段了。

在结束阶段，主持人需要感谢用户的关注和参与，也需要预告下一场团购活动，还需要感谢运营团队的辛苦配合。这个阶段可以采用以下 3 个方面的话术。

（1）表达感谢。例如，"非常感谢各位朋友的陪伴，谢谢你们的关注、互动和参与！"

（2）售后承诺。例如，"我们会在 48 小时内为大家发货，请大家注意查看物流信息。如有需要，请私聊联系客服小助理。"

（3）下期预告。例如，"下一场团购活动的商品有哪些呢？有 ××、××、××，我们暂时先预告这些给大家。如果有朋友有想要的商品，也可以在群里留言，我们团队会想办法去洽谈合作。"

当然，在发货后，还需要给相应的买家发送一条短信或者一条微信，例如，"尊敬的 ××，您好！您定的宝贝已经发出，快递公司为 ××，快递运单号为 ××××××，请您注意查收。如有问题请及时联系我们哦！感谢您对 ×× 社群的支持！"方便用户了解物流信息。

2.11 ▶ 如何引导用户完成交易

社群营销并不同于线下场景中的营销，也不同于电商交易。很多时候，用户虽然有购买意愿，但并不是很强烈，因为他们并不是很相信社群。此时，我们就需要用一些小技巧来消除用户的戒心，引导用户完成交易。

2.11.1 引导活跃用户互动晒单

社群中，多个活跃用户的互动、购买和晒单，能够影响更多相似的人做出最终决策。

人们都希望在自己的圈子里向朋友们分享和"炫耀"，也会被圈子里其他人的行为影响。一个社群就是一个圈子，即使用户和用户之间的其他属性差别很大，但当一个人进入这个圈子，就与其他用户有了一个共同点。在这个圈子里，当有很多人在分享和"炫耀"同一个事物时，就会产生一种强烈的号召力，其他的人会不由自主地跟随。

因此，在社群内销售商品，最好的方式不是直接向一个用户推销，而是通过他的两三位好友的互动行为和消费行为去影响他。当然，如果群内用户相处得十分融洽，已经处于强关系阶段，那么，当在社群内销售商品时，只要群内 20% 的用户购买，就可能带动其他大部分用户跟风购买，群内的营销氛围自然也就形成了。

同样，社群引流，也就是招募新用户的时候，也可以使用这种方法。过去的引流方式，是告诉大家这里有多少"大咖"、牛人，有多少好内容，有多少福利；而如今，我们只需要说这里有多少具有相似特征的人，就能吸引很多人进群。

2.11.2 引导已购用户分享心得

普通用户对商品的评论往往更能够体现商品的价值，从而影响用户的最终决策。

这是因为，任何一个行业，与用户并排而立的都是用户，而不是专家，用户信任的自然也是用户，尤其是会精打细算的用户。购物时，我们可能不会相信精美的海报、有吸引力的广告，不会相信商家的各种营销手段，但会相信其他用户购买后的评价。

这意味着，在社群内，相比主持人的介绍或者群主的推荐，来自已购用户的反馈也会更有信任价值。

因此，我们要尽可能鼓励用户推荐自己觉得好用的商品，将这些信息收集起来后，再去与供应商谈价。这样，在商品的"种草"已经由用户自己完成后，我们再按照他们的需要去整合商家资源，自然就更容易获得用户的信任，提高用户的黏性。

从这个角度看，电商型社群的商业模式并不是过去我们常说的"商品找人"，而是"有人推荐商品，影响其他更多的人，大家产生需求，我们再去找商品"。这才是高效的电商型社群运营模式。

当然，有自己商品的电商型社群就不能用"人找商品"的方式了。这时，我们就需要引导用户分享自己的购买经验和使用心得。即使用户的购买经验和使用心得写得比较粗糙，也可能会因为真实且和其他用户立场相同而得到更多的信任，带动大家互动。

2.11.3 引导普通用户现场提问

在电商型社群中销售商品时，用户看到的并不是真实的商品，而是一张张图片；也看不到运营者本人，看到的只是运营者的微信。这就导致用户因为觉得自己并不了解实际情况，所以对社群运营者和社群内的商品产生距离感和怀疑。

此时，如果我们能够引导用户提出问题，与运营者交流，我们就可以让用户感受到运营团队的服务质量和态度。及时回应用户的问题，可以让用户觉得自己不是在和电脑、手机或者网线打交道，而是在和一个真实的人沟通，从而放下之前的戒备。

当用户放下戒备，开始询问自己不太清楚的商品知识、优惠措施的时候，我们若能及时回复，就能让用户感觉自己被帮助了；当他们觉得已经了解了自己想要了解的内容后，就很可能会下单。

有时候，用户在社群内留言互动，并不一定是对商品本身有什么疑问，可能仅仅是想确认一下实际的商品或优惠是否与宣传相符。这时，我们若能及时、肯定地回复，就能打消用户的很多顾虑，促成交易。

有的习惯潜水的用户，可能不喜欢在群内发言，但这并不代表他们对商品不感兴趣。对于这一类用户，如果我们能汇总其他用户的提问和答案，将它们与宣传海报上的内容整理在一起，做成推文推送给他们，可能就会促成他们的购买行为，提高电商型社群的成交率。

所以，在电商型社群，当我们介绍商品和发起团购时，要鼓励普通用户发声，鼓励他们提出疑问，鼓励他们和他人交流，并及时回应和总结。这样能让用户放下戒心，消除疑虑，促使用户完成交易。

2.12 ▶ 如何用小游戏来激活社群的购买氛围

人们自幼喜欢玩游戏，社群运营者可以通过一些游戏来激活社群氛围。适合在电商型社群中玩的小游戏有以下几种。

1. 猜价格

猜价格适合在新品发布之前或者第二天有限量秒杀的商品时使用。

猜价格的规则是，社群运营者发出某款商品的图片，让用户在群中猜售卖的价格，猜对的用户可以免单，或者优先体验该商品。活动中奖者的筛选主要依据速度和准确率，即最早答对的用户中奖。如果所有用户都没有答对，那么，最接近标准答案的用户获得奖赏。

猜价格可以提高社群活跃度，有利于群主在社群内的正式"种草"。猜价格比直接介绍商品更容易获得用户的关注。

2. 寻宝日

在电商型社群中，群主可以每天在社群中发一些商品，数量不限，然后带领大家做一个"寻宝日"的游戏。

寻宝日的玩法很简单，只需要群主在群里发布一则公告，其他人即可按照公告中的活动模式开始游戏。公告示例如下。

寻找今日群主发的价格最高和价格最低的商品。大家可以在群聊记录里找，或者凭借自己的记忆去猜。说对者有奖，奖品是××商品，包邮。

活动时间20分钟，公告发布后立即开始。

请小伙伴给群主发私信，告诉群主答案。从现在开始，30分钟后公布中奖者，奖品是××商品，包邮。还没有添加群主微信的小伙伴，记得先添加群主为好友。

这样，群内用户为了参与活动，就会认真查看群主在群内发布的商品。有需求者自然也会购买。

3. 机智抢答

机智抢答，即通过问答的形式来介绍新商品、新品牌或者传播品牌的价值，是培育用户的一种有效方式。机智抢答的游戏过程，其实也是用户主动了解商品的过程。这样的主动了解，可以让用户建立起对商品的清晰认知，消除他们对商品的怀疑，降低他们的决策成本，增大转化的可能性。

社群运营者可以每天准备5～10个问题，在每天的特定时间段抛出问题，并向答对者和参与抢答者赠送小礼品。

这个游戏需要提前制定好奖励机制、表彰机制、互动时间等游戏规则，提前让社群成员了解，以免通知不到位，导致活跃度低、参与度低。

4. 集赞有礼

集赞有礼是一些线下店铺常用的宣传方式。这些店铺准备了一系列奖品，让用户转发一些图文信息到朋友圈集赞，凭赞赢取奖品。这种方法一方面可以提高店铺的知名度，另一方面可以激励用户和自己微信中的好友互动，实现低成本的品牌或者商品传播。

我们也可以用这种方式来提高社群的知名度。具体玩法是，我们可以让群友在朋友圈发布一张图片或转发一个商品链接，并召集朋友点赞。如果在指定的时间内，点赞数量达到33个、66个或99个，那么可获得相应的礼品。

5．掷骰子

掷骰子适合用来活跃社群氛围，也可以在推荐商品前的几个小时用来进行短时互动，还可以用来抽奖。

掷骰子是一个参与门槛极低的小游戏，几乎所有的微信用户都会玩。用户只需要在微信表情中找到骰子的图标并点击，即可在群里掷骰子。

在电商型社群中，玩掷骰子的游戏需要先准备好奖品，一般情况下，红包和优惠券都适合用来当奖品。在游戏开始之前，群主可以指定某个点数，最先抛出这个点数的人获胜。获胜者可以获得群主发出的红包或特意准备的大额优惠券。

6．故事征集

故事征集，与其说是游戏，不如说是活动。

故事征集是征集指定主题的图文故事或者视频故事。故事的主题需要能够迎合用户内心的分享欲，直击用户内心深处的痛点，比如，"80后"的回忆，"90后"的爱好，温馨一家人，等等。

故事征集参与门槛比较高，不管是以写作还是以制作短视频的方式来准备内容，都不是马上就可以完成的。因此，故事征集的活动时间可以设置为一个月，周期可以是半年或者一年举办一次，设置的奖品价值当然是越大越好。

活动开始前要做好造势，活动过程中要及时通过微博和微信公众号对外推广，活动结束后可以把社群成员提交的作品收入社群的文化手册中。

这样的游戏，主题若能打动人心，即使参与门槛较高，社群成员往往也会踊跃参与。故事征集活动有助于构建社群文化。虽然电商型社群的运营更注重转化，不太注重文化，但举办这样的活动，有助于提升社群品牌的"人文"感，增加用户对社群的黏性。

2.13 ▶ 如何激发群内用户的购买情绪

有时候，用户迟迟不下单，可能是因为这款商品不是他们迫切需要的，可买可不买，所以他们才犹豫不决。此时，我们需要使用一些方法来激发用户的购买情绪。

2.13.1 群分享

群分享是学习型社群常用的方式，在电商型社群中也可以使用。

在电商型社群中，我们可以邀请"大咖"、专家在群里做分享，使群内用户对商品、社群运营团队更加信任。

例如，如果群内用户主要是"宝妈"，我们就可以邀请育儿专家在群内做育儿知识分享，同时推荐一些母婴用品，在知识分享结束后直接做相关商品的"秒杀"活动。如果知识分享深得人心，用户很可能会在分享后直接购买商品。

2.13.2 对比式介绍

对比式介绍就是用各种对比方法增强用户对商品价值的感知。在社群中介绍商品时，我们可以使用以下几种对比方法。

1. 购买前后对比

购买前后对比是指对比用户购买商品后所得到的好处和不购买商品的坏处，并一一列出，通过列举两方面的事例来增强商品价值的说服力。

2. 同类商品对比

同类商品对比，即选择合适的同类商品，经过拆解，找出商品的差异化优势。

在这种对比方式中，首先要找到合适的同类商品。尽量找用料、使用场景、价格等属性相差不大的竞品。然后，在竞品的评论里了解其优缺点，优点可以借鉴学习，缺点可以解决之后作为卖点进行宣传。这样，竞品的用户如果知道我们的商品能够弥补那些缺点，就会倾向于选择我们的商品。

在商品和竞品的品质和服务等都差不多的情况下，如果我们的商品价格更优惠，就可以将"性价比"作为宣传的重点。当然，为了营造"物美价廉"的感觉，我们也可以罗列出商品的成本，从而让用户相信我们是让利销售，并没有降低商品的品质。

3. 渠道价格对比

渠道价格对比，在此主要指社群渠道与其他渠道的价格对比。渠道价格对比的核心在于让用户感觉自己占了便宜。要做到这一点，需要使用一些技巧。

让人感觉商品实惠的技巧有以下两种。

（1）直降。对于价格不高的商品，可以使用"打几折"的说法；对于价格较高的商品，可以使用"立减多少元"的说法。例如，对于 10 元的商品，"8 折优惠"比"立减 2 元"的效果好；对于 1000 元的商品，"立减 200 元"比"8 折优惠"感觉上更划算。

（2）买赠。买赠模式很好理解，就是买 A 商品送 B 商品，或者直接购买 A、B 组合装。这种模式的实质是一款商品卖低价甚至免费送，在另一款商品上赚钱。例如，买手机送视频网站会员，这样用户很难计算清楚自己到底各为手机和会员付了多少钱。

在与其他渠道的价格对比时，我们就可以按需使用这些技巧：如果用户经常在天猫旗舰店购买某款商品，而天猫旗舰店一般是买赠模式，买正装送小样，那么我们就可以使用直降的模式；如果用户常用的购买渠道是线下超市，由于超市主要采用直降优惠，那么我们可以使用买赠模式来吸引用户。

4. 服务对比

电商型社群中销售的商品一般是实物商品，用户购买的往往是一个实体，不包含任何服务，比如一瓶矿泉水、一套护肤品、一包零食。如果硬要说这些商品包含一点服务，那可能是商品说明书。

如果我们能够加入一些贴心的服务，就更容易让用户放心在社群消费。

在电商型社群中，我们可以为用户提供的服务有以下几种。

• 负责售后服务的运营者24小时轮流在线，以便及时回答用户问题。

• 设立首席惊喜官。首席惊喜官负责每天在社群的互动交流中寻找潜在的锦鲤用户，找到之后给对方寄出包裹，为这个活跃用户制造惊喜。

• 缩短从下单到发货的时间，提高发货效率。

• 在发货后的30分钟内给用户发私信，提醒他们关注物流信息，让他们感受到社群运营团队的效率和关怀。

• 运营团队在每天的特定时间段集中跟踪了解物流状态，如果出现派送延迟、失误的情况，及时与快递和用户沟通解决。

• 缩短从用户申请退换货到实际操作完成的时间。我们应该相信群内用户，相信他们不会随意退换货，如果用户因为商品问题申请退换货，很可能已经对商品感到失望了。此时，若是再拖延、耽搁，很可能会让用户更不满意。因此，我们不但要快速完成退换货的审批，在涉及退款时，还需要在审批完成后尽快退款。

当不同渠道的商品本身及其价格都相差不大时，贴心的服务可能是用户追随的最大理由。在电商型社群中，可以使用的服务方式并不局限于上述几点。运营者需要从细微的用户需求入手，贴近用户心理，在用户的参与和反馈中逐步改进。

2.13.3 "晒"出用户好评

用户的好评就是商品的口碑。当用户对是否要购买社群内的商品犹豫不决时，"晒"出商品口碑，尤其是群内用户发布的商品好评，更容易打消其他用户的顾虑，促成交易。

因此，平时，我们需要引导已购买的用户在自己的朋友圈和社群里发布图文好评。

引导已购买的用户发布图文好评，首先要保证商品的品质和贴心的服务。在此基础上，我们可以使用一些技巧来激发用户分享和评价的欲望。

● 希望得到用户的好评，先要让用户感到高兴。我们可以在邮寄商品时随机赠送一些实用的小礼物，给用户一个惊喜。

● 引导用户"晒"好评时，需要为用户着想。我们需要将商品的外形和包装做得精美一些，这样可以激发用户的分享欲；我们可以提供一些评价文案或者评价模板，这样用户只需要简单修改，即可配图发群和发朋友圈。

● 及时回复用户好评，不让用户失望。看到用户在朋友圈、微博或者其他社交平台发布的好评内容后，要及时回复。回复内容可以这样写："小××（运营者昵称）每天最开心的事就是看到您的好评，您的好评就是对我们最大的肯定和鼓励，我们会更加珍惜您的好评，不断地改进自己、完善自己。"

将这些用户好评截图保存下来，下次办团购活动时可以发到群里，供用户参考。

2.13.4 引导用户"晒单"

对于单价较高、用户犹豫时间较长的商品，我们可以在接龙发起后，引导用户支付后"晒单"。我们可以对用户说："接龙的用户记得先领优惠券再支付，支付完成后，如果晒单到群里，还可以获得额外的奖励。"

当有很多用户将付款成功的截图发到群里后，其他本有意愿购买商品但还在犹豫的用户，可能就会放下顾虑，果断下单。这种方式利用的是用户的从众心理。

2.13.5 下单后抽大奖

如果想进一步活跃气氛，在营销预算充足的情况下，我们可以借助抽奖小程序，让用户完成订单后获得"幸运锦鲤"的抽奖资格。要设置这样的活动环节，奖品本身和奖品的数量都要有吸引力。比如，"幸运锦鲤"有 3 名，抽中者皆免单，所下订单全额返现；或者抽中者可以用 0 元得到某款价值 ××× 元的实物。

对于用户来说，只需要正常购物，不需要付出什么额外成本，就可能成为最幸运的人。这样的可能性，可以极大地增大用户尽快下单的意愿。

需要注意，这种方式有一个操作要点，即抽到奖品的人需要在群内"晒一晒"，以证明活动的真实性。当社群成员们看到活动中奖是真实的，即使这次没有参与，下次也会踊跃参与。

2.14 ▶ 如何收集下单用户的使用反馈

社群运营者需要考虑用户的反馈和需求，这样能激发他们留在社群的意愿，提升他们对品牌的忠诚度。

一般情况下，有反馈的用户是对社群最有感情、最有需求的人。因为有感情、有需求，他们对商品比普通用户更敏感，会更用心地给予反馈、提出建议。这些建议往往是其他用户隐藏的痛点，我们如果能够采纳这些建议，进行改善与优化，将更有可能使社群品牌、商品和用户体验处于领先地位。

2.14.1 主动获取 4 种反馈

我们可以把寻求反馈作为每天必须进行的运营工作之一。

寻求反馈时，我们要主动收集用户的 4 种反馈：投诉、赞扬、质疑和建议。用户在提交这些反馈信息时，可以选择匿名。

对于提出投诉和质疑的用户，我们需要进一步询问：为了解决或缓解现存问题，您希望公司做出什么样的努力？这样，用户就会被引入一个表达意见的情境中，并与社群运营方形成一种紧密的联系。经过长时间的沟通和反馈，用户会在不知不觉中站在社群运营方这边；而社群也会因为用户的建议而日益强大，面对竞争将更有信心。

寻求建议时，我们需要做的仅仅是倾听用户的意见，以此来掌握那些之前并不了解的用户需求。我们可以提出一些开放性问题，促使用户分享他们的想法，以此来获取尽可能多的信息。同时，我们需要营造一种氛围，在这种氛围之下，用户知道无论自己说了什么，即使是一些批评，运营者也会认真倾听。

2.14.2　设计激励型的评价机制

我们需要设计对用户友好的评价机制和流程，最好做到用户提出意见后有所回报。一般而言，我们可以给予用户的回报有返利、送积分（兑换礼品）、奖励特权、给予荣誉等，具体可以根据用户需求而定。

1. 使用"评价有礼"，而不是"好评返现"

评价有礼与上一节所说的引导用户"晒"出好评不一样。评价有礼是引导用户评价，是为了收集用户对商品、对社群、对服务的真实评价和想法。当然，如果用户给予我们好评，我们也可以把评价截图保存下来，当需要引导用户下单时，把它拿出来打消用户顾虑。

2. 给予认真评价者意外惊喜

不管是什么样的评价，都要给认真评价的用户一份小礼物。这份礼物可以不贵，但要精致，要让用户感到惊喜。

3. 设计容易回答的评价表

为了方便用户评价，我们需要设计容易回答的评价表。设计评价表时需要注意以下几点。

（1）在给用户发送物流信息时，就要发送一份评价表，并明确邀请用户填写评价表，同时说明填写评价表后会得到奖励，也会得到我们的感谢。我们不要等用户主动填写评价表。一般情况下，用户只有感到非常失望或者非常高兴的时候才会填写反馈表。除此之外，用户不大会有兴趣认真填写反馈表，更不用说给出有效的意见了。

（2）评价表的篇幅不要太长，一般包括商品、服务、快递这几个方面即可。选择题的选项可以设为3项或者5项，3项为"不满意""一般""满意"；5项则是"非常不满意""不满意""一般""满意""非常满意"。

（3）除了选择题外，还可以设置开放题，以便让用户将自己在意的某个点表达清楚。开放题不宜设置得太多，一道就好。用户想要填写时，自然会填写。

此外，还要注意，不要在评价表中询问不相干的信息，比如商品信息来源、年龄、家庭收入、地址、电话等。这些数据涉及太多用户个人信息，可能会打消用户填写评价表的积极性。

2.14.3 认真对待用户的抱怨

很多人虽然会说自己很乐意接受批评指正，但是其实心里并不愿意听到负面的声音，听到用户的抱怨。然而，在社群成长初期，用户的负面反馈是有助于社群成长的。为了社群的长远发展，我们需要接收负面的反馈。

用户不满意的情况是很可能发生的。在很多行业，几乎每4个用户中就会有1个用户对某些方面感到不满。但他们一般不会向商品的生产者或销售者抱怨，而会向自己的朋友"吐槽"。过去，1个不满意的用户可能会将他的不满直接告诉他的5个朋友。而现在，不满意的用户可能会利用自己的微信朋友圈、微博去抱怨自己不满意的事。他们在朋友圈的抱怨会被他们所有的微信好友看到。若是发布在微博上，更可能影响到成百上千的人。这样的传播力度，还会激励用户在更大的平台上散播自己的不满。

很明显，这样的负面信息传播力度，会影响到社群和品牌的声誉。

因此，我们不能对用户抱怨的问题视而不见。我们必须采取开放的态度去接收用户的抱怨，要鼓励那些心有不满的用户站出来、说出来，并努力改进、优化那些让用户不满意的体验，用行动赢回用户。赢回一个用户，可能能保住数十个用户，吸引成百上千个用户。

当然，有时候由于条件有限，我们可能并不能解决用户遇到的所有问题，或者不能让用户的问题以他们所期盼的方式得到解决。但如果我们能让他们看到我们不仅没有逃避问题，而且积极尝试解决他们遇到的问题，他们即使得到了一个不太满意的解决方案，也还是会给我们机会的。

所以，我们需要注意收集用户的负面反馈，并积极改进。当用户觉得他们的意见与建议会被采纳时，当用户相信自己不会因为表达不满而受到惩罚时，当用户看到认真提建议会被奖励时，他们就会更加信任社群，信任社群的运营团队。团队成员也会因为得到用户的认可而更加认同自己的工作价值。

2.15 ▶ 如何在群内处理商品投诉问题

在电商型社群，一些对社群及商品感到失望的用户，可能会直接在群里表达自己的失望。运营者应该如何处理这样的负面情况呢？

一些运营者的做法是，引导其他人发言，或集中发布大量的正面信息，把负面评论覆盖。这样，没有时间翻聊天记录的用户，可能就看不到负面信息了。这种方法叫"避风头"。

这种方式虽然看起来有用，但实际上并没有真正解决问题。

若是期望社群获得长远、稳定的发展，就需要面对用户对商品的质疑，需要给出合理的解释，而不是息事宁人。如今的商业模式已经不同于往日，用户有太多发声的渠道，每一个行业的运营者基本上都是在和用户直接对话。社群运营自然也不例外。我们需要直接面对用户的疑问，不回避，给予用户合理的解释，这才是最好的口碑维护策略。

2.15.1 正确地看待用户投诉

对社群不信任的用户，会表现出失望、愤怒等情绪，会在一定程度上责怪运营者。但他们内心其实希望运营者能倾听他们的想法，理解并认真地对待他们的问题；能对他们进行适当的补偿或赔偿；能保证以后这样的问题不再发生。而如果他们讲述自己遇到的问题时，运营者没有第一时间表示尊重和理解，而且还敷衍了事，他们就可能会希望管理层对相关人员做出处罚。因此，面对用户的抱怨，我们应该第一时间表示理解，并做出正确的处理，以免扩大他们的失望情绪。

面对用户的抱怨和投诉，有以下几个处理原则。

1. 不要质疑用户的抱怨

处理用户的抱怨时要注意，用户提出自己遇到的问题时，往往并不关心公司存在什么问题，他们只是希望自己的问题能够快速得到解决。因此，我们不要站在自己的角度去质疑他们的抱怨。即使怀疑有些用户抱怨的问题的根源其实在于用户自己，比如使用不当等，也应等用户抱怨完之后，再耐心告诉用户如何使用。

记住，不要与用户争论。如果用户抱怨后得到的是争论甚至争吵，他们就会放弃交流，放弃当我们的用户。

2. 对投诉表示理解

对投诉表示理解，即向用户表示，他有这样的反应是合理的。我们需要设身处地想，如果我是这个用户，遇到这样的问题，会有怎样的真实感受。

我们可以这样回复："我很抱歉使您失望了""我知道这给您造成了一些麻烦""我理解您为什么感到失望"。回应时要小心措辞，诚恳面对。

3. 全力解决问题

在理解用户的情绪后，就需要采取一切所能采取的措施来切实处理问题。如果用户收到的商品有问题，就立即为他更换；如果负责处理的运营者态度不好，就需要立刻道歉，做出适当补偿，以尽一切所能恢复客户关系。

解决问题的时候需要注意，不要猜测用户想要什么，也不要说"公司规定只能进行 × × 处理"。我们可以直截了当地询问用户："您希望采用什么样的方案？"或者"为了让您感到满意，想问一下，在您心中，我们怎么做才是最好的？"这时，用户往往会提出自己的要求，这个要求并不会像我们想象中的那么偏激。只要我们能满足用户提出的这些要求，问题应该就能迎刃而解了。当然，如果能再额外给予一点补偿，将很容易重获用户的好感。

2.15.2 处理 5 种类型顾客的抱怨

一般情况下，我们会遇到不同风格的用户，有的言辞温和，有的言辞激烈，有的喋喋不休，有的想占小便宜。这些用户的表现不同，诉求也是有差别的，我们需要对他们采取不同的处理态度。不同类型用户的抱怨风格及应对方法如表 2-4 所示。

表2-4 不同类型用户的抱怨风格及应对方法

用户类型	抱怨风格	应对方法
温和型用户	不会公开抱怨，但会向跟自己关系好的群友抱怨	平时多征求他们的意见和建议，快速而恰当地解决问题
攻击型用户	很容易发火，言辞激烈，滔滔不绝；会在很多人在场的时候提出问题，甚至放大问题	这类用户不喜欢听借口或原因，更在意问题能否得到解决。我们不需要拐弯抹角，可以直接地承认问题并且明确告知我们将会如何处理问题
情绪型用户	在意商品的质量，愿意为高质量付费。即使在抱怨时，也是通情达理的	这类用户也只对处理结果感兴趣，对原因不感兴趣。我们需要做的是认真倾听意见，承认问题，改正过失
"敲竹杠"用户	在投诉时会把问题归纳为"你们做得不好"，不在意投诉的问题能否得到解决，只是想通过投诉获得一些小便宜	这类用户比较常见。对这类用户的回应要客观，最好能用精确的数据来佐证；回应中提供的解决方案要确保能兑现，以免再被"敲竹杠"
发泄型用户	喜欢把问题归结在别人身上，自己不承担一点责任；喋喋不休地指责别人，因为相比解决问题，更想发泄情绪	积极倾听和有效提问，以了解他们抱怨背后的本质；对于他们描述的问题，要求证真相，以阻止他们夸大或者笼统概括；在了解原因后，提出解决问题的建议，引导对方停止抱怨，让对方进入解决问题的状态。比如，"我们会延长您的保修期，您看这样行吗？"

2.15.3 处理用户遇到的问题

在社群内处理用户遇到的商品问题时，要注意如下细节。

1. 不要一直说"抱歉"

对于希望尽快处理问题的用户来说，一直说"抱歉"而不立即处理问题，是敷衍的行为。如果一定要表达歉意，那么就说一句完整的话，比如发错货时说"× 先生 / 女士，我很抱歉，你收到的商品出错了"。这样可以表明我们愿意承担责任、马上处理问题的态度。

2. 私聊，不要在群里聊

相比在群里聊，私聊更容易了解用户的需求，更能让我们将关注点放在问题上，而不受其他因素的影响，从而更快地解决问题。因此，当用户在群里表达不满的时候，我们可以邀请用户私聊。

需要注意的是，用户在群里聊，在某种程度上是想通过大家的围观引起我们的注意，从而尽快解决问题。但是，在大家的围观下，大家你一言我一语，反而不利于我们解决问题。因此，我们需要引导用户私聊。

当然，私聊邀请可能会让用户觉得，我们想要通过私聊来息事宁人。在邀请用户私聊时，我们需要给予用户一个正常的理由："为了更好地了解您遇到的问题，快速解决问题，我们私聊可以吗？"同时在群里告诉大家，工作人员需要先了解一下情况，稍后会给大家一个交代。在事情解决完之后，要在群里做一个总结，以显示运营团队公开、公平、公正的处事态度。

3. 迅速处理问题

在跟用户私聊时，我们需要表明愿意解决问题的态度，而不是质问。使用"您能告诉我发生了什么吗"和"稍等，我看一下"，可以向用户传达一种信号：我愿意帮忙解决问题。

在询问问题和事情的经过时，不要用审问的语气，以免让用户产生防御的心理。一旦我们了解了发生了什么事，知道了问题发生的原因，就需要尽快地解决它。比如，如果需要调换残次商品，就立即告诉用户，可以马上安排重新发货，用户只需要在某个时间段内寄回原商品即可；如果需要调整送货时间，就立即调整时间，并及时与用户确认。

用户遇到问题而前来询问时，是希望能够尽快解决问题的。我们需要分担他们的紧迫感，迅速去处理，他们才会得到安慰。事情处理好之后，他们会更加信任我们。

4. 向对方传达积极的信息

向用户反馈处理方案时，要尽量使用积极的语言，而不要使用消极的语言。也就是说，不要总是告诉用户不能做什么，而是要告诉用户我们会做什么让他们满意。

比如，相比"商品售出后概不退款"，使用"商品收到后，如果您不满意，我们会给您换货，直到让您满意"的话术，就是在传达积极的信息，更容易让用户心生好感。

很多时候，因为用户的要求我们无法满足，我们会拒绝用户，同时为了安抚用户，提出另外一个建议，因而使用的句式是"你不能做某件事，你必须做另一件事"。但换个角度，我们其实可以直接说"你可以做另一件事"，后者不包含否定、拒绝和强硬的要求，只有温和的建议，更有助于维护同用户的关系。

同样，对于用户的要求，与其说"我们做不到您的要求"，不如说"我们会做到什么"。比如，不说"下周三之前不能送到"，而说"我们会在周三送到"。

2.15.4 主动提供一些补偿

在解决问题以后，我们也可以多做一点：提供一些"象征性的补偿"。这样的补偿只是为了表现一种态度，不可计较得失。它表示我们在努力修复与用户的关系，我们希望平息用户的怒气。这种补偿之所以是象征性的，是因为它并不能真的解决问题。比如，耽误了用户的时间，我们给予了用户物质补偿，但这并不代表这个补偿就可以补回用户的时间。

象征性的补偿可以是一些额外的商品或者精致的礼物。这些商品的价值可能不高，但这种补偿的行动却会让我们重新获得用户的好感。此时，对用户来说，与补偿物的价值相比，更重要的是补偿的心意。

另外，寄出补偿物的时候，如果能附一封道歉信，用朴实的语言再次诚恳地向用户道歉，将更有可能赢得用户的好感。

除了解决问题外，我们还需要注重维护与投诉用户的关系。由于他们已经对我们感到失望了，因此我们更需要对他们进行有策略的额外关怀，以赢回他们的亲近和信任。比如，可以每年赠送他们生日礼物，对于高价值用户，还可以提供专属于他们的定制化商品。

2.16 ▶ 如何打造电商型社群的口碑

任何一个电商型社群，除了要做好商品和营销外，更重要的是做好口碑。只有良好的用户口碑才是社群长期发展的基石，才能让社群拥有持久的竞争力。

打造社群的口碑，有以下几个策略。

2.16.1 低承诺，高实效

有的社群运营者为了吸引用户，承诺为用户提供更快捷的服务，比如，答应用户很快发货，即使不太容易实现。这种方式也许一开始能吸引用户的注意力，但不是留住用户的好方法，还会影响社群的口碑。

出于长远的考虑，我们需要留住用户，需要尽可能地用"低承诺，高实效"来增加用户的好感。

2.16.2 引导用户分享使用体验

在人人都是自媒体的时代，每一个消费者都有自己的发声渠道。用户在使用商品过程中的任何体验、感受，都可以随时随地通过他的新媒体账号发表出来，被更多的人知道。而这些声音也会成为新用户选择商品的依据。因此，在社群运营中，我们要注意老用户发布的使用体验，并尽可能让老用户分享其良好的使用体验，以打造社群的口碑，引导新用户做出选择。

一些用户虽然有良好的使用体验，但是不习惯或者不愿意主动分享。我们可以通过回访的方式，鼓励这些用户分享使用体验。

每一个用户的口碑分享都可以带来更多的新用户。

2.16.3 发布有吸引力的测评类短视频

对于电商型社群的运营团队来说，选品是其核心能力。而最能够反映社群运营团队选品能力的，就是其对各个商品的认知和研究。这也是为什么测评类短视频的运营者更容易积累粉丝，实现短视频带货或者直播带货。

电商型社群要打造自己在选品上的口碑，自然也可以使用这种方式，即在人流量大的短视频平台发布商品测评类短视频。

商品测评是短视频平台上比较受欢迎的短视频类型，因为这类短视频往往内容丰富，包含了运营者对某一商品或服务的体验过程和心得体会，满足了人们获取信息的需求。很多用户在购买不熟悉的商品前，都会先看短视频，并倾向于购买测评结果较好的商品。

测评类短视频对社群运营来说是非常有价值的。它一方面可以体现社群选品的专业性，另一方面可以在视频中解答用户关注的问题，提升社群团购时用户对商品的认知，减少咨询量。

策划和拍摄商品测评类短视频时应注意，商品品类应是运营者所熟悉的，讲解商品的特色时要公正客观，要尽可能从不同的使用场景出发，全面介绍商品的特点。不要踩一捧一，哗众取宠。

2.16.4 分享社群的成长经验

运营者可以把社群的运营经验写成文章，做成案例，并发布在知乎、微博以及微信公众号中，供其他运营者和电商领域的从业人员参考和学习。这也是提高社群知名度和打造社群口碑的一个有效方法。

在很多人的认知中，只有表现优秀者才能成为榜样，成为标杆。反过来也是如此，能成为案例的，很可能是榜样、是标杆，自然也是表现优秀者。

很多社群的运营者可能缺乏社群的运营经验。当他们在网上查找社群运营的相关知识时，就可能会搜索到我们的社群。如果他们认可我们分享的知识和经验，就会倾向于加入社群，以便近距离观察和学习。这样，社群的口碑、品牌和影响力，自然而然就形成了。

2.17 ▶ 如何召回沉默用户

在电商型社群中，有一些用户虽然在社群内，但长时间没有发言，也没有抢红包，更不用说参加社群内的商品团购了。这样的用户是"沉默用户"，时间久了，很可能会成为"流失用户"。只要沉默用户还没有退群，没有真正成为流失用户，我们就需要尝试进行用户召回。

用户召回，即通过一些运营策略，让沉默用户重新回到社群，重新成为有效的活跃用户。做好用户召回，有 4 个关键步骤。

2.17.1 分析沉默用户

我们需要对沉默用户进行分析，判断一下他们的属性和行为特征，比如性别、年龄区间、居住地区，以及他们是通过什么活动或者渠道进入社群的，进入社群以后做了些什么，大概什么时候开始沉默的，可能是因为什么沉默的，等等。

这些信息，有的可以通过社群聊天记录获取，有的可以通过第三方的运营工具获取。不管通过什么方法，我们都需要根据这些用户特征，为这些用户贴上标签，然后看看他们是不是有相同的标签。如果大部分沉默用户有某个相同或某些相似的标签，那么，我们也许可以通过一定的运营策略来召回他们。

2.17.2 制定召回策略

了解沉默用户的沉默原因后，我们就需要制定召回策略。

召回策略，简而言之就是要回答这样一个问题：针对一群什么样的用户的什么需求，在什么场景下，通过何种方式去触达用户和传递信息，才能令他们回来使用社群？

比如，若沉默的用户是青年职场人士，他们使用社群的场景可能是"上班间隙打开手机看微信消息""晚饭后打开手机看看最近又有哪些新商品"。明确了场景，我们就可以思考通过何种方式把召回信息推送给用户可能会更有效。

接下来我们可以这样思考：上班间隙看微信消息，可能是没时间详细了解商品的特点及其他信息的。而他们晚上空闲时看手机时，如果我们的微信群正好显示了对他们有用的信息，推荐了对他们有用的商品，那么他们可能就会想了解更多信息，甚至可能会思考自己是否有购买需求。基于此，我们就可以确定一个推送信息的时间。

那么，推送什么信息呢？

首先，我们可以先使用一些维护关系的方法，重新获得沉默用户的关注。比如，通过频繁的日常沟通，将用户变成朋友；定期赠送用户一些暖心小礼品，给用户以小惊喜，让用户记得我们；在社群内召开专家分享会，为用户提供某个方面的专业知识；等等。

其次，给予用户专属的消费激励，激励用户回归。消费激励的策略很简单，就是类似"你只要满足 × × 条件，我就提供给你 × × 回报或价值"的模式。比如，只要在群内连续发言 3 天，就赠送一张 10 元的优惠券；只要连续发言 7 天，就赠送一个价值 × × 元的小礼品；等等。

2.17.3 通过部分用户带动全体用户

沉默用户重新回到社群后，我们还需要用部分活跃用户来带动召回的沉默用户，从而提高社群的整体活跃度。

虽然我们把社群分为不同的类型，但这并不意味着电商型社群只能使用与电商、交易相关的运营策略。学习型社群进行知识分享、人脉型社群进行人脉链接的方法，在电商型社群中同样可以使用，以增加用户对社群的黏性。毕竟，有情感联系，才更容易促成交易。

具体策略就是，给予一部分活跃、乐于分享且信赖社群的高贡献值的用户活跃度激励，让他们保持活跃，持续创造价值。反过来，我们就可以通过他们的活跃和他们贡献的内容来吸引或拉动更多的沉默用户活跃起来。

2.17.4 通过定期的线上活动培养用户的习惯

此外，我们还可以通过一些线上活动来培养用户在社群活动的习惯。

电商型社群的活动要尽可能具备轻、短、高频这 3 个特征，这样更有利于用户快速形成对社群的黏性。

其中，"轻"是指成本较低。这里的成本不仅包括社群活动的组织成本，还包括用户参与的成本。"短"是指单次活动的时间很短，不会占用用户太长的个人时间。"高频"是指活动的频率很高，可定期、定时举办，比如每周二、周四、周六晚上 8 点半，举办问答送福利的活动，每次 20 分钟。

这样的定期、定时、定内容的"轻活动"，有助于培养用户活跃于社群的习惯。

2.18 ▶ 如何评估电商型社群的运营成果

电商型社群运营是一个长期的过程，需要定期评估运营成果。用于评估电商型社群的运营成果的指标有两类，一类是运营型指标，另一类是营收型指标。运营型指标能反映社群运营各个阶段的工作状态，营收型指标则能直接反映社群运营的总体成果。

2.18.1 运营型指标

评估电商型社群的运营成果时，我们需要考虑 5 个运营型指标，即用户数量、用户增长率、用户留存率、用户复购频次和用户满意度。

1. 用户数量

用户数量是指社群用户的总数量，反映了社群的规模。用户数量越大，社群规模越大，品牌力越强。

2. 用户增长率

用户增长率是指一段时间内，社群用户数量的增长比例，能反映社群规模的发展趋势。用户增长率越高，社群吸引用户的能力越强。

3. 用户留存率

在某个时间段内开始使用社群，经过一段时间后，继续使用该社群的用户，被称为留存用户。这部分用户占该时间段新增用户的比例即用户留存率。留存率越高，说明社群留住用户的能力越强。

4. 用户复购频次

用户复购频次是指用户在一段时间内复购的次数，可以反映用户价值。复购频次越高，用户价值越高。

5. 用户满意度

用户满意度，即用户对社群的商品、服务和权益满意的程度，与用户的黏性和复购率相关。一般情况下，用户满意度越高，用户黏性越强，用户复购率越高。

2.18.2 营收型指标

评估电商型社群的运营成果时，我们需要考虑 4 个营收型指标，即销售额、客单价、复购率和退货率。

1. 销售额

销售额是指所有用户为社群带来的销售总收入，这是电商型社群运营效果的主要指标。销售额越大，说明社群的盈利效果越好。

2. 客单价

客单价是指每一笔用户订单的收入。一般情况下，我们可以用总收入除以订单数来计算客单价。我们可以根据客单价优化社群商品的价格策略。

3. 复购率

复购率对电商型社群来说非常重要，相当于营收型指标中的留存率。

用户第一次消费，可能是为了体验商品，也可能是为了享受新人优惠，并不能体现社群的运营成果。而用户的第二次消费，则是基于对社群的信任，也是其养成在社群内购物的习惯的开始。

复购率一般用于统计社群整体的重复购买比率。其具体含义是，在单位时间内，消费 2 次以上的用户数占购买用户总数的比率。

复购率越高，意味着用户对社群的黏性越高，社群的价值越高。

4. 退货率

在电商型社群中，退货率关系着用户体验和用户关系的维护，也关系着社群的选品，还关系着社群的财务状态。退货率相当于一个风险指标，数值越低越好。

在电商型社群的实际运营中，我们需要把运营型指标和营收型指标结合起来看。运营型指标反映的是运营过程中的状态，如运营工作是否有效、运营流程是否合理；营收型指标则与电商型社群运营的最终目的直接相关。

运营型指标与营收型指标是相辅相成、相互影响的。一般情况下，不会出现运营型指标非常好，但营收型指标非常差的情况，除非数据有误。当然，相对来说，营收型指标可能会滞后，这个时候，我们需要根据运营型指标对运营工作进行优化、提升，及时改善营收型指标。

第 3 章 如何运营学习型社群

想要学习的人聚在一个社群里一起学习，往往能触发学习的同伴效应。比如，大家一起学习，在社群打卡或者讨论问题时，其他人也会跟着打卡，或者参与讨论；一个学习阶段结束后，大家一起"晒"成果，可以提升其他人继续学习的兴趣。这也是学习型社群的核心吸引力所在。

3.1 ▶ 什么是学习型社群

社群是一个多元化内容分发场，可以在群内输出文字、图片、海报、语音、视频，甚至直播。基于这个特点，社群天然具备学习基因。因学习需求而产生的社群，就是学习型社群。

3.1.1 从免费的学习型社群到付费的学习型社群

学习型社群有免费社群和付费社群两类。如今很多学习型社群都选择采用付费社群模式。当然，也有很多学习型社群是免费的社群。

免费的学习型社群主要是兴趣类社群。这类社群的建群初衷可能只是聚集一群有相同兴趣爱好的人。对很多人来说，日复一日的学习与成长需要借助同伴效应才能持续下去，大家需要相互打气、相互激励，于是就出现了考研群、考证群、健身群、读书群、成长群等社群。在这样的社群中，大家有共同的爱好，互相认同，无须付费。有人遇到问题时，可以在群里提问，大家一起讨论交流。不过这样的社群可能会因为缺少专业人士的指导而无法及时、有效地解决成员的问题。另外，为了尽可能减少社群运营成本，这些免费的学习型社群基本上都是社群运营者利用碎片时间运营的。

有的免费学习型社群运营者意识到，社群是有运营成本的，利用碎片时间管理社群是无法达到学员预期的。于是，为了帮助用户提升学习效果，为用户提供高质量的教学服务，他们渐渐将目光投向付费学习型社群。

还有一些学习型社群是由新媒体运营者建立的。运营者先运营自媒体，随后为了避免用户的大量流失，有的运营者就组建了免费的社群，号召大家一起来免费学习，通过在线分享 PPT、英语、理财等各种专业知识，在短时间内吸引了大量用户。

这样的学习型社群虽然也是免费的，但为后续的付费社群积累了有支付能力的潜在学员。一些投资理财社群通过免费分享基础板块的内容吸引目标人群，再通过付费获取高阶板块的内容筛选目标人群，从而增加运营收入。

3.1.2 免费学习型社群与付费学习型社群的利弊

免费学习型社群和付费学习型社群各有优缺点。

免费学习型社群的优点是入群门槛低，能够给社群带来更大的流量，短时间内提升人气和覆盖率；缺点是加入社群的用户很容易轻视内容贡献者的劳动，低估别人知识分享劳动的价值，继而等到社群开始收费的时候，他们会产生抗拒心理，而且社群免费的时间越长，投入的运营成本就越高。

付费学习型社群则不同：首先，其准入门槛更高，能够更精准地筛选目标用户群体；其次，由于已经付费了，社群成员会更愿意参与社群的互动；再次，付费模式能给社群运营者带来收入，在给运营成本提供基础保证后，能让社群运营者有余力安排专人负责内容运营，为社群成员提供更好的服务。

不过，付费学习型社群也有一个明显的缺点：有支付能力的人相对来说会少很多。例如，有的社群号称有几十万人，但是转化为付费用户的比例低到可以忽略不计。另外，由于网络上免费分享的内容非常多，社群用户付费后，对学习效果的期待会大幅升高，这给学习型社群的内容设计和运营流程都带来了更大的挑战。

3.1.3 付费学习型社群的运营特点

因为付费学习型社群是付费后才能进入社群学习，所以社群成员会期望能获得更好的学习效果。因此，为了让收费显得合理，付费学习型社群需要具备两个层面的"专业化"。

1. 专业化的讲师

学习型社群需要有至少一位讲师来负责讲课、答疑和练习指导。讲师需要具备专业的知识和丰富的实践经验，最好还要有一定的知名度。

付费学习型社群的宣传自然需要体现出授课讲师的专业背景。这样，想要学习相关知识的用户在看到讲师的介绍时，就能感受到知识量上的差距，信任讲师的专业性，认可社群的学习价值，从而愿意为社群付费，愿意在社群内主动学习、积极成长。

2. 专业化的课程和服务

付费学习型社群存在的基础是某一知识领域的专业课程。用户是因为想要学习专业的知识，掌握专业的技能，才购买课程、加入社群的。因此，课程体系越系统、越合理，越能吸引用户报名和付费学习。

每一类知识的学习都有"入门"和"精通"的阶段，任何一类知识的付费学习型社群都可以根据用户的需求设计不同深度的课程。我们建议用迭代思维来开发课程。第一次做付费学习型社群的人，可以先以最快的速度开发出一个小而美的测试课程，不要求完美，然后根据群内用户的反馈持续改进，最后打造出一个正式的课程。

当然，只有课程还不够，还需要配套的督学服务。任何一个付费学习型社群，都需要提供"课程 + 服务"。只有在课程设计层面和服务设计层面做出差异，才能成为有竞争力的付费学习型社群。

在本章的后续内容中，我们将主要介绍付费学习型社群的运营方法。为了方便叙述，后文中的"付费学习型社群"将统一简写为"学习型社群"，学习型社群的成员也依当前的行业习惯称为"学员"。

3.2 ▶ 如何组建学习型社群的组织架构

学习型社群的组织架构与其他类型的社群不一样，虽然也有运营者，但更多的是为学习型社群课程服务的各类工作人员。因此，在构建学习型社群之前，我们需要先了解学习型社群的组织架构。

学习型社群运营团队中的常见角色如图 3-1 所示。

接下来将根据图 3-1，一一介绍团队中的不同角色。

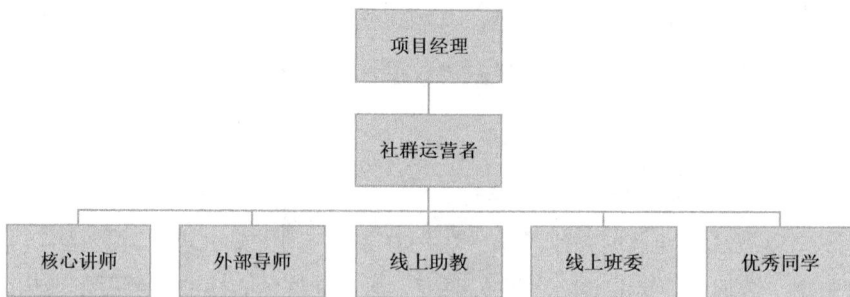

图3-1 学习型社群运营团队中的常见角色

3.2.1 项目经理

项目经理是学习型社群的整体操盘手，工作内容主要包括以下几点。

- 招生方面，负责拓展课程的宣传渠道和合作销售渠道。
- 宣传方面，指导运营团队策划和撰写课程介绍及其他课程文案。
- 人才管理，寻找合格的讲师、导师、助教、线上班主任、兼职运营助理等，为他们制订合适的薪酬福利计划，并统计和发放他们的薪酬福利。
- 产品方面，和讲师沟通课程迭代内容，包括课程主题、课程大纲、课程课件、课程资料包、导流课等，并对讲师授课的质量进行把控。

3.2.2 社群运营者

学习型社群的社群运营者也叫"班主任"，昵称"班班"，由内部人员担任，负责社群运营工作，包括发布重要的学习通知、记录学员打卡、提醒学员交作业、主持社群在线活动、实现学员转化等。

确定"班班"的人选时，我们需要从内部能力和外部能力两个维度对候选人进行考察。

1. 内部能力

内部能力在此指与性格、天性相关的能力，主要包括以下3点。

（1）外向性格。所谓外向性格，不一定是说这个人特别健谈，而是他在和人交往的过程中，会让自己变得越来越有活力。

（2）能快速处理繁杂信息。社群运营者需要具备快速从大量信息里发现重点，并加以处理的能力。很多人一看到刷屏信息就头疼，更谈不上在多个群里快速刷屏，迅速切换，还能马上接入话题。

（3）善于换位思考。社群运营者要能够站在别人的角度考虑问题和需求，让社群里的每个人在和他沟通时都能感到舒服，从而营造大家都喜欢在群里聊天的氛围。

2．外部能力

外部能力在此主要是指一个人后天习得的能力，主要包括 3 点。

（1）个人影响力。社群运营者的网络影响力越大，越有助于建立社群，因为他一开始就自带"铁粉"能量。社群运营者越能够吸引不同层次的人加入社群，越有可能激活社群。

（2）领导能力。一个社群运营者也是一个微组织管理者，所以需要具备一定的带团队能力，通过团队来弥补自己某些能力的不足。如社群运营者最好有一个有耐心的小助手，并且小助手能够做好学员服务，小助手就是运营者的完美搭档。

（3）解决问题的能力。很多人聚集在社群里，而每个人为人处世的方式是有差别的。大家聚在一起，不仅可能提出各种各样的问题，还可能产生矛盾，会感到不满，甚至发生争吵。出现问题时，社群运营者需要做到处变不惊，冷静地探究问题出现的原因，迅速解决问题，并找出预防同类问题再次出现的方法。

3.2.3 核心讲师

核心讲师主要负责开发课程、授课和直播答疑，需要具备丰富的专业知识和专业的讲课能力。

在选择讲师的时候，我们不能只看候选人的简介。如果一个讲师的简介上写着"擅长各种与 ××× 相关的课程"，那么这位老师可能不够"专""精"，对相关知识可能只是泛泛而谈。

其实，优秀的讲师一般都是在自己最擅长的领域内开发一两门课程，经过市场检验后，再从这一两门课程出发，延展出一些针对不同行业的新课题，或者根据市场需求对其进行更新、迭代，不断增强课程的落地性和可操作性。

3.2.4 外部导师

外部导师一般指和学习型社群合作的"大咖"导师。讲师负责授课，而导师则负责"加餐"、答疑、拓展学员的学习视野。导师不光理论知识丰富，而且拥有足够的实践经验，可以基于自身广阔的视野，为学员的学习提供指导和帮助。

因此，在选择导师的时候，需要注意考察对方的实践经验、实践成果。成果越多、越有影响力的人，越有利于打造学习型社群"专业度高""知识丰富"的形象。

3.2.5 线上助教

学习型社群的助教一般是线上助教，不一定需要讲课，因为讲课往往由讲师负责。助教主要负责日常答疑和批改作业的工作。

显然，助教需要拥有一定相关领域的专业知识、一定的知识应用经验，能就相关领域做干货分享、主题分享，有一份能证明自己专业能力的出色履历，这样能提高学员对助教能力的认可度。否则，学员可能会不认可助教的能力，认为助教批改作业时提出的意见不专业，从而否定课程的价值。

此外，还要注意一点：助教一般是兼职的。尽管如此，但由于学员上交作业的时间是不固定的，为了保证学员跟上教学进度，助教往往需要尽快完成作业批改。因此，助教需要有足够的空闲时间，可以及时完成学员作业的批阅。

助教可以直接对外招聘，也可以对往期优秀学员进行考核后，给予其试用机会。

3.2.6 线上班委

一般情况下，为了营造学习氛围，学习型社群开营之前会将学员分为几个小班，每个小班都会配置一位线上班委，一般称为"班长"。

班长是一个学习班的领头羊，可以通过竞选选出，也可以直接指定。选举班长有利于发现积极主动的学员，有助于调动想当班委的学员的积极性，锻炼学员的社群运营能力。

3.2.7 优秀同学

优秀同学往往是学习型社群上一期学习营的师兄师姐，主要分为以下两类。

一类是有一定能量和威信，也愿意参与社群运营策划的老学员，可以让他们加入社群的运营团队，出谋划策，但不需要承担太具体的工作。他们看到自己的建议被采纳、被落实、起到作用，会有成就感，感到自己得到了社群的认可。如果有机会，还应该给他们颁发证书，承认他们是社群的专家顾问，给他们足够的尊重。

另一类是有一定特长，愿意承担一部分社群日常工作的老学员。对于这样的学员，我们建议不仅要给他们安排工作，而且要给他们"封官"。有了"名分"，他们既会更有动力，又将拥有连接社群其他学员的理由，毕竟有些学员会反感陌生人加自己好友。

"封官"不需要那么正式，可以开"脑洞"想"封号"。例如，将早上坚持发语音美文的优秀同学封为"首席声音官"；将坚持做内容整理的优秀同学封为"首席整理官"；将坚持给小伙伴打赏的优秀同学封为"首席打赏官"。这样一来，大家会感到很有趣，甚至会主动想"官衔"让我们"封"。不过"官"不能随便"封"，要结合学员的能力、意向、时间等综合考虑，这样才能让其他学员服气。

我们可以邀请这些在社群内表现积极的学员担任优秀同学，并给予他们一定的福利回报。我们可以给他们发红包，也可以给他们一些"优先权"。比如，在社群活动中，在不影响公平原则前提下，一些"大咖"答疑、访谈、赠书、评论"上墙"的机会，可以适当向这些学员倾斜；或者我们还可以向"大咖"申请，给这些学员提供私下免费提问、交流等机会。

线上助教、线上班委和优秀同学，相当于学员学习过程中的领路人，主要负责知识的赋能，帮助学员更好、更轻松地完成学习活动。

当然，并不是所有的学习型社群都需要配齐以上的督学角色。条件有限时，只需要配齐讲师和小助手即可。讲师负责课程教学，小助手负责学员服务。若有余力，还是需要配齐以上督学人员。

在实际的运营工作中，我们也可以根据自己的情况和喜好，为这些角色取不同的名字。但不管取什么名字，其核心工作都是催学员交作业以及批改作业。毕竟，只有学员开始动手做作业，才真正尝试运用所学知识，才能真正感受到学习这门课程的价值，才能获得更多的学习收获。从另一角度来说，做作业投入了时间和精力，相当于投入了更多的沉没成本，这样学员将更容易认可我们的课程，后续进一步转化的可能性也更大一些。

3.3 ▶ 如何确定学习型社群的课程方向

规划课程，需要考虑市场的规模效应。

如果一门课程市场容量不够大，哪怕老师的名气很大，也要谨慎考虑。如果一门课程有足够的市场容量，哪怕一时招不到足够优秀的老师来开发，也要想办法整合资源或者培养资源去开发。

以秋叶系学习型社群为例，秋叶系学习型社群课程的开发模式，都是先确定课程开发的方向，再去选择合适的老师团队来开发课程。关于课程开发方向的选择，我们有 4 个标准。

3.3.1 符合受众年龄段

秋叶系学习型社群的受众目前定位为准职场人和职场新人，也就是以大三、大四的学生和参加工作 1 ~ 3 年的职场新人为主。原因有以下 3 点。

（1）这些人面临着从"学生族"到职场人的转型，正处在需要大量"充电"，也有动力"充电"的时期。

（2）他们在现实生活中找不到那么多名师指路。

（3）他们更熟悉互联网，更习惯在线学习。

如果社群能坚持下来，陪他们一起成长，未来会再开发更多年龄段的课程。但是在秋叶系学习型社群品牌发展的早期阶段，课程会聚焦在这个年龄段。

3.3.2 必须有足够的规模

如果决心开发一门课程，这门课程理论上的潜在学员总量应该超过 1000 万人，这样才能筛选出足够的愿意付费的学员。

以秋叶系学习型社群为例，团队是这样考虑的：每届大学生总数约为 750 万人，大三和大四两个年级的大学生理论上共 1500 万人，加上硕士生、博士生，还有各种职场新人，超过 3000 万人。

这样，潜在学员的规模已经满足条件了。但问题是这些人会不会对我们的课程感兴趣？很多人对市场判断错误的原因就在于把潜在需求当作潜在市场，把潜在市场当作有效市场。退一步讲，即使这 3000 万人都有需求，也不一定都能支付或者愿意支付我们期待的价格。再退一步讲，即使大家都愿意以合理的价格为课程付费，考虑到竞争对手的存在，潜在市场也不一定全部是我们的。

因此，即使这 3000 万人的需求是真实存在的，也未必是一个有效市场。

基于此，我们得到这样的结论：如果一门课程的潜在学员不足 1000 万人，我们是不能随便做这个方向的课程开发的。

我们需要做目标群体想学习的刚需课程，先培养他们跟我们一起学习的习惯，再逐步扩大品牌旗下的"学习品类"。这样，我们的学习型社群品牌才能走得稳、走得远。

3.3.3 必须是面向场景化技能的学习

秋叶系学习型社群的课程定位不是思想教育、理念传播，更侧重技能型成长和学习。这意味着，我们的学习型社群必须围绕"帮助别人获得解决实际问题的技能"来设计。

一般情况下，如果一门课程的技能训练成果能经常和生活中的场景结合，我们会优先考虑开发这门课程，因为这样的课程能让学员每次学到一个新技巧，都能从实践中得到验证，从而更容易获得成就感，自然也更容易打造我们课程的口碑。

3.3.4 必须是产品经理能够理解的技能

产品经理作为课程的核心开发者，不一定是领域内的顶级高手，也不一定是课程开发老师，但必须能理解课程的内容，否则很难评判一门课程质量的好坏，也难以把握这门课程教学难度的高低。

在秋叶系学习型社群，我们很容易对课程做出判断，是因为在这些知识领域内已经拥有足够多的积累。此时，我们只要找对合作伙伴，自然就能开发出受欢迎的课程。

3.4 ▶ 如何为学习型社群选择课程讲师

付费学习型社群在某种程度上也属于教育行业，而教育行业的市场竞争从来都不是价格的竞争，而是名师的竞争。在教育行业，我们需要重视教师团队的培养，耐心打造名师团的个人品牌，然后带动课程品牌、社群品牌的建设。只要能够成功打造名师品牌，就会形成口碑效应，极大地节约市场推广成本。

我们寻找课程讲师的时候，要注意考察目标讲师的 5 项能力。

3.4.1 专业能力

有的课程讲师没有对领域内的知识进行过系统化的学习，有些理论观点只能照抄网络上零散、片段的解读，就分享给自己的学员。这样的讲师是不负责任的。即使他能言善辩，能在后期将之前传达的错误观点"圆回来"，也不应该成为学习型社群的讲师。

一个讲师如果本身的专业能力不足，又不愿意花时间认真、系统地研习专业知识，怎么能够开发出一门内容经得起推敲、有一定借鉴价值的课程呢？

课程讲师需要是知识渊博、经验丰富的专家，需要掌握系统化的专业知识，不管是经典理论，还是自己总结的金句、概念，甚至操作技能，都要能进行严谨的解读，并用自己个性化的语言，准确地与学员分享和交流。对于任何一个理论，没有研习过系统阐述该理论的著作，没有真正理解其背后的逻辑，就不能分享给学员。

3.4.2 化专业为通俗的能力

有的讲师专业能力很强，所开发的课程也都有一定的理论深度，因为他们觉得这些有深度的知识可以巩固他们的专业形象。

但是，他们忽略了学员的实际情况。学习型社群中招收的学员，并不一定具有一定的专业基础和知识理论基础。虽然有很多学员正在从事相关领域的工作，但这并不代表他们已经拥有了一定的专业基础。就目前的就业走向来看，很多人是跨专业就业的。他们所拥有的知识是实践知识，并不是系统化的。他们需要学的是操作技能，是应用层面的知识，而不是理论知识。

如果我们找专业教授费心费力准备了专业课程，但与学员的实际需求不相符，最后可能也得不到学员的积极反馈。

讲师要有化专业为通俗的能力。在课程中，不需要讲解太多的专业术语，而需要用通俗的表达方式，让非专业人士明白专业的道理和方法。这才是学习型社群区别于免费网课的价值所在。

3.4.3 学员需求判断能力

讲师需要准确理解学员群体的需求，根据学员的需求以他们能够接受的方式来提供合适的教学内容。而更优秀的讲师不仅能把握学员当下的需求，还能判断学员未来的需求，能基于学员的当下需求和未来需求，做好系列课程的阶梯设计，把学员长久地留住。

3.4.4 随时搜集素材的能力

除了课程规划的能力外，讲师还需要拥有搜集素材的能力。

根据素材的来源，可以将素材分为经典素材和日常素材。

经典素材往往是"成形的"素材，指的是经由专家学者、行业权威等整理、加工之后，能够"拿来就用"的一类素材，如知名企业的管理或者营销案例、企业家或者其他名人的故事等。这类素材容易获取，也是权威的、经典的。但也因为如此，这样的案例往往经过了加工，各种条件都趋于"理想化"的状态，可能会脱离学员真实的工作、生活场景，无法让学员产生共鸣。

日常素材直接来源于人们的日常工作和生活，与学员的认知和利益有着较高的关联度，更容易唤醒学员的既有经验，让学员感同身受，素材中的成功经验也会让学员认为"这个情况跟我差不多，我也能做到"，从而产生更强烈的学习兴趣。

因此，讲师除了要会搜集经典素材外，还要会搜集日常素材。

3.4.5 讲课能力

挑选讲师还要考察讲师的讲课能力。我们可以观看讲师过去的讲课内容，从以下 6 个角度进行评估。

（1）讲师讲课时是否表现得大方得体？

（2）讲师在讲授知识时是否有效抓住了学员的注意力？他是通过什么方式影响学员的注意力的？

（3）讲师是否清楚解释了课程的知识？

（4）讲师是否使用了恰当的讲课技巧（如游戏、角色扮演等）以增强讲课效果？

（5）讲师是否在新一节课开始时回顾了上一节课的重点内容？是否在一节课结束时总结了本节课的重点内容？

（6）整体上看，讲师能否及时调动学员的情绪，让学员充分参与课堂？

讲师的讲课能力强，学习型社群的学习价值才能得到保障。

3.5 如何规划学习型社群的课程内容

确定课程方向和课程讲师后，我们就可以来规划学习型社群的课程内容。在开发课程的过程中，我们要谨记课程的目标人群。我们要先花费一些时间总结学员的特点，充分理解他们的思维水平、他们的操作习惯、他们的行为模式，这样才能保证我们的课程更容易被接受。

根据目标人群的情况来规划课程内容，需要注意以下几点。

3.5.1 根据痛点场景来规划知识点

学习型社群的课程开发思路与慕课的开发思路是不同的。慕课的大部分课程是阶梯式学习的，必须学习好前一段知识才能进入下一阶段课程的学习。这是因为慕课追求完整的知识体系。

学习型社群的课程多是技能型的课程，满足的是特定群体对技能学习的需求。

技能学习的一大特点就是不一定强调先学什么后学什么，打乱课程顺序对学习的影响不会太大。

学习型社群的课程虽然也会分成多节，但由于没有固定的学习时间和学习地点，因此不能假定学员学习过程有连续性。他们更可能是今天学几节，明天若太忙，过一段时间再学几节；或者他们遇到问题直接去课程里找答案。

针对这样的学习模式，我们不能要求学员必须先学完第一课，才能学第二课。我们的每一节课都要相对独立。必要时，每一节课都需要适当重复一些基础操作，没有看过的学员可以直接学习，看过的学员再看一遍，相当于进行了一次复习。

但是，如果每一节课都相对独立，怎么划分课程内容呢？

我们的答案是根据场景来划分。划分技能的每一种使用场景，为每一种场景提供解决方案。这样，课程才能针对学员的需求痛点，有效地帮学员解决令他苦恼的问题，才能让学员学了就能用，学了就管用。

当然，这样的课程开发思路也意味着我们不需要花费很多时间去讲解理论知识，而需要更加关注知识点的使用场景。

围绕痛点场景来规划知识点，我们就可以设计出学习型社群的教学大纲。

3.5.2 每个知识点要提三遍

关于教育，大家经常听到举一反三的说法，也就是希望学生学到一个知识点后，能活学活用。所以在传统教科书里，一个知识点最多只会搭配一两个案例，然后通过一定的习题来让学生掌握知识点。

然而，我们发现，在知识点的掌握上，只有个别聪明人能做到举一反三，大部分人要掌握一个知识点，必须经过一定的习题强化。习题强化的过程不是"举一反三"，而是"举三反一"。一个知识点也好，一个技能也好，必须经过反复练习，才能变成学员真正理解和掌握的内容。

很多技能类的在线课程只演示一次操作，就会进入下一个操作的演示。这样的课程设计表面上内容充实，但从教学设计上讲，是存在严重缺陷的，因为很多学员看了一遍课程，就以为自己看懂了，根本不知道自己没有动手就不算真的学会。还有的学员模仿课程操作了一遍，就以为自己学会了，却不知道没有经过一定强度刺激的学习，学到的内容很容易遗忘。

所以，我们在设计课程时，重要的知识点要反复讲，变着花样讲，在不同章节讲，从而达到"重要的事情说三遍"。

例如，在秋叶系学习型社群，我们主要通过 3 个手段实现"举三反一"。

（1）在一节课里就一个知识点展示不同的案例，让学员接受知识点并反复练习。虽然只有一个知识点，但学员只有多练习，才能真正掌握；真正掌握了，才能明白很多方法和技巧是可以迁移的。

（2）课上提供一个练习案例，作业再提供几个案例。

（3）在不同的课程、不同的章节里反复强调某个知识点。比如，"秋叶 PPT"课程里每次用到搜图，讲师都会结合当时的关键词教学员如何搜图。只有经过几十次类似的训练后，学员才能真正具备自如搜图的能力。

如果我们认为一个知识点讲过了，可以不讲了，那么我们会很快发现，在这个场景里教授的知识点，学员进入那个场景后可能就不知如何应用了。

3.5.3 在一节课中链接多个知识点

虽然每节课的场景是独立的，但知识点和知识点之间是需要有链接的，因为一门课程有很多知识点，太多独立的知识点会干扰记忆。因此，在规划课程内容时，我们需要把生活中常见的场景串联起来，像写故事一样去写课程。

以秋叶系学习型社群为例，我们现在设计课程内容，已经不只是先确定大纲，再确认内容了，而是使用故事思维写课程，将知识点串联起来。

如果我们将一节课的时间设置为 40 分钟，那么，在这 40 分钟里，我们会设计一个精彩的开场，吸引学员的注意力；然后会讲解两个有关联的知识点，并配备练习；在两个知识点讲完之后，再进行本节课的简短回顾以及下节课的简短预告。

在此需要说明，虽然我们不强调课程章节的先后顺序，但是每一节课的知识点要做到先易后难。也就是说，如果要在一节课中讲两个知识点，这两个知识点不仅需要用一个场景链接在一起，还需要按由易到难的顺序讲解。

3.5.4 设置合理的难度和即时的反馈

我们提倡课程教学安排要有游戏思维。游戏思维不是说课程内容越简单越好，而是说要设置合理的难度、反馈和激励，让大家愿意继续探索。

因此，在开发课程时要换位思考，想想一个新手在学习课程的过程中会遇到什么阻力，预测课程进入到什么阶段时会让学员感到兴奋，什么地方会让学员感到有难度，进而规划好课程节奏、互动模式以及奖励方式，以激励学员一个知识点、一个知识点地学习下去。

3.5.5 课程要有鲜明的个人风格

学员购买某门课程、加入某个学习型社群的一个很重要的因素就是他是否喜欢这个讲师，人们愿意花钱学习他们喜欢的讲师所讲的课程。因此，我们需要允许讲师在课程设计中展现其鲜明的个人风格，如口头禅、家乡话等，以营造讲师的记忆点，吸引学员长期追随。

3.6 如何为学习型社群录制课程

规划好课程内容后，我们就可以准备录制课程了。为了确保录制的顺利进行，我们需要做好以下几个方面的准备。

3.6.1 制作课件 PPT

在策划好课程内容后，即可通过一定的方式把课程的关键知识点呈现出来，也就是制作课件。常见的课件有思维导图、PPT、文档等几种形式，目前使用最多的是 PPT。

制作课件 PPT 时有一些细节要求，比如，我们要先理清自己的思绪，清楚知道课程共有多少节课、每节课的重点在哪里；PPT 中呈现的内容力求精练，不啰唆，而大篇幅的案例，可以在录制课程时直接讲出来，不需要放在 PPT 中；等等。这样的细节要求，可以让我们的课程内容更生动、形象。

3.6.2 规划课程时长

在录制课程时，我们要规划好一个视频的时长。主流授课视频的时长一般是30 ~ 50分钟，一个视频即一节课的内容。如果一节课有多个知识点，40分钟可能不够，那么也可以将视频拆分成2个或者3个视频，每个视频为30 ~ 50分钟即可。如果一节课的内容很少，还不足30分钟，那么可以考虑多节内容合并。

我们不建议用时长不足30分钟的视频作为一节课的内容，因为过短的内容可能会省略一些细节，而这些细节信息往往都是大家应用时容易出错的地方。我们需要在一个时间较长的视频里，将一个知识点的来龙去脉讲清楚，将一些可能会产生错误的地方以及错误的处理方案分享出来，这样做成的课程才有价值。

3.6.3 梳理即将录制的内容知识点

在录制之前，要准备好一节课的录制内容，并梳理知识点。内容准备得是否充分，知识点是否梳理清楚，将直接影响最终输出的课程质量。一般情况下，我们可以通过以下几个问题来完成知识点的梳理。

（1）这节课要讲哪些知识点？全部罗列出来。

（2）这些知识点之间存在哪些关联关系？哪个知识点更容易理解？哪个知识点更难？从易到难，先讲哪个知识点，后讲哪个知识点？

（3）在这些知识点中，有哪些会让大家觉得比较疑惑，哪些容易出错？将这些知识点标记出来，作为重点进行讲解。

（4）哪些知识点会有一些理解上的一些误区？把误区标记出来，也作为重点进行讲解。

（5）是否可以提出一些典型问题让大家思考？如果有，就将问题提炼出来，在讲课时提出来。

（6）下一节课要讲什么？是否需要大家提前做一些准备？如果需要提前做准备，就要在这节课结束之前讲清楚，让大家进行准备。

这是在录制课程之前要思考的几个问题。我们需要为这几个问题做好准备，因为这会决定一节课的品质。

3.6.4 录制课程

录制课程，就是录制讲师授课的过程。录制课程时，一般是真人出镜，因为真人出镜的课程显得更加专业。

录制真人出镜的课程，要注意以下几点。

（1）讲师需要提前备课。如果讲师没有做好备课工作，10 ~ 15 分钟的课程内容，可能会需要录制 2 ~ 3 小时。

（2）帮助讲师做好心理准备。录制课程前，讲师多多少少会有一些紧张感。这种紧张感可能来自对自己表现的担心。我们需要告诉讲师，视频并不是一次成片，录制视频可以通过后期的视频剪辑调整、优化；讲师只要能够保证在 30 ~ 60 秒内流畅讲述，就没有什么问题；即使讲述中出现不太流畅、卡顿或重复的话语，也可以在剪辑时通过另一个机位的视频素材完成优化。

（3）录制花絮。在开始正片的录制之前，可以先录制一段花絮，比如展示讲师的形象照、比画一些手势、简单分享一下这门课程开发的背景以及给学员们的学习寄语等，作为剪辑时的补充素材、课程宣传短片的素材。这也是一个热身的过程，可以帮助讲师进入正式录课状态。

（4）分段录制。在录制时，需要将一节课分成多个段落，每个段落录制 5 ~ 10 分钟。对于录制经验不太丰富的老师，可以每拍摄一个视频片段后，就邀请讲师观看，让讲师能够对自己在镜头前的表现有更直观的感受。同时，我们可以与讲师就下一段内容进行 1 分钟左右的交流，让讲师再次熟悉即将讲授的内容，然后开始录制下一段内容。

（5）找一些听众。在讲师录制课程时，可以让几位社群运营者在现场听课，以便让讲师在讲授课程内容时更有"对象感"。

（6）拍摄现场情况。完成课程内容录制后，还需要拍摄一下现场情况，以供后期剪辑使用。

此外，要注意的是，在录制课程时，要注意取景范围。取景范围需控制在讲师的头部至肩部或者腰部，这样有利于将观看者的注意力集中在讲师身上。

3.6.5 课程的剪辑制作

视频的剪辑发布是课程制作的最后一个步骤。一个完整的视频需要有片头、片尾、字幕、转场等要素，因此需要请专业的视频剪辑人员来完成这个步骤。

在视频剪辑时要注意，如果能将重点内容用特效放大，将更能突出课程重点。

剪辑完成后，我们可以将一些剪辑好的短视频分享给讲师，以方便讲师在不违反版权规定的情况下，在个人的新媒体账号中使用。

总之，课程视频要尽可能做得精美，但也需要记住，学员付费购买的并不仅仅是视频课程。学员是为了学习一门知识，切实解决一些问题，才会为学习型社群付费的。因此，除了视频之外，我们还需要在社群中采用练习、答疑、直播、督学等方法，真正将学习型社群打造成一个在线教育类商品。

3.7 ▶ 如何为学习型社群的课程定价

录制完课程后，就需要为学习型社群定价了。

我们常常看到这样的社群招募海报："只需要 99 元，你就可以和一群爱学习的人天天一起进步。"这些招募海报显示，社群的运营周期有一年的，有半年的，也有 28 天或 21 天的。其实很多人定价并没有经过合理测算，他们只是简单参考了同类商品的价格，然后想当然认为，99 元不贵，收 1000 个学员不难，这样就可以收到近 10 万元，两三个人业余时间忙一年，还是很划算的。

这样想的人忽略了很多成本，到头来可能会得不偿失。

为学习型社群的课程定价，可以结合学习周期、招生规模、竞品价格和市场战略等因素来考虑。

3.7.1 学习周期

学习型社群的学习周期一般在一个月之内，以周为单位，短则 1 周，长则 3 周或者 4 周，即 21 天或者 28 天。

对于 7 天的学习型社群，人们可以接受的价格往往不超过 199 元；而 21 天或者 28 天的学习型社群，价格可以从数百元到数千元不等。这是因为 7 天的学习型社群时间短，给人的感觉往往只是体验营；而 21 天或者 28 天在人们的日常认知里是一个习惯养成的时间，较长时间的训练会有成果，因此愿意为获得一个好习惯或者一个新能力接受高价。

不建议学习型社群的周期超过 28 天，因为周期太长会导致很多人无法坚持，直接放弃。

不过，如果学习型社群已经拥有某种标准化的商品，类似于"每天听本书""樊登读书会""薄荷英语"，可以培养大家的习惯，引导大家通过日复一日地坚持来获得学习成果，也可以考虑以一年为周期来运营和收费。

3.7.2 招生规模

考虑了学习周期，紧接着就可以评估招生规模，并确定在这个规模下服务成本是多少。用成本除以招生规模，即可得到自己的成本底线。算出成本底线，就能明白自己能用什么价格去招人，这个价格有没有市场竞争力。

如果学习型社群的价格很有竞争力，那显然再好不过；但如果成本负担较重，那就需要优化成本结构。

优化成本结构有两种思路，一种是节流，另一种是开源。节流，即想办法节约社群的运营成本，如降低课程研发成本、教材内容制作成本、招生投入成本等；开源，即让社群获得除了销售学习课程之外的收入。比如，如果社群在运营一段时间后，还可以在社群内向学员销售商品，那么可以把社群运营的费用摊一部分到商品成本中，这样就可以降低学习型社群的收费门槛，激活目标学员的付费意愿，使学习型社群的招生达到一定的规模。

如果学习型社群的招生能力足够强，社群收费可以考虑这两点：首先，如果社群运营者的个人品牌势能或社群的品牌势能强，那么在势能能够影响的范围之内，收费越贵越好，这和线下俱乐部按影响力收费的逻辑一样；其次，如果社群运营口碑良好，可以一开始按成本定价，每一期滚动涨价，这和线下教育机构逐步涨价的逻辑一样。

3.7.3 竞品价格

在进行消费决策时，如果无法直观判断质量如何，人们往往会根据商品或服务的价格来判断其质量。这意味着，我们给学习型社群定价时要了解市场行情，随行就市，不要比竞品价格低太多，以免引起学员对课程质量的怀疑；也不要比竞品价格高太多，否则会让学员难以接受。

我们可以按照市场平均价格来制定价格，进行标准化收费，如"每课时 100 元"，然后设计一个福利价；或者在标准价格的基础上，设计标准服务和赠送服务，如"多赠送 2 次直播答疑"，让价格更有竞争力。

3.7.4 市场战略

不同的市场战略，适用不同的定价模式。

1. 快速回款的高价策略

对于市场上没什么竞品的新课程，我们可以使用高价策略来实现短期内的快速回款。

高价策略就是先制定一个远高于成本的新品价，在新上市的一段时间内快速获得高额利润。课程取得成功后，会有新的竞争者不断加入。此时，我们就可以慢慢地降低这门课程的价格，以便继续占有市场份额。可见，高价策略适用于市场需求较大但同类竞品较少甚至市场上还没有竞品的新课程，其市场战略是先"人无我有"，后"人有我特"。

2. 抢占市场的低价策略

与高价策略相反，对于市场上已经有很多竞品的商品，我们的课程上市时，可以使用低价策略，通过薄利多销来迅速占领市场份额，同时阻止其他竞争者进入市场。

这种策略需要用低价来实现强大的规模效应。如果能快速获得足够大的成交量，同时能够阻止其他资金雄厚的竞争者参与其中，就可以抢占市场，轻松获得大批学员。

3. 增强学员黏性的差别定价

为了增强学员对学习型社群品牌的黏性，我们可以为课程差别定价，即设定标准价、新学员价、老带新价、老学员价。

（1）标准价。标准价是对外宣传的价格，并不是实际收费价。实际收费价往往比标准价低，可以让学员在心理上感觉"实惠"。

（2）新学员价。新学员价是指新报名学员所享受的优惠价。例如，当有新学员来咨询 1999 元的课程时，运营者可以为其发放 300 元的专属优惠券，新学员购买时即可以 1699 元的价格购买课程。

（3）老带新价。老带新价即老学员介绍来的新学员所享受的折扣价。"老带新"相当于将老学员发展为我们的销售渠道，新学员通过老学员的介绍购买课程，可以享受老学员的渠道价。例如，标准价为 1999 元的课程，老带新价是 1799 元，同时，老学员还可以获得 100 元的现金奖励或者其他奖励。

（4）老学员价。老学员价指老学员继续报名我们的其他课程所能享受的价格。由于老学员已经对我们的品牌有所了解，产生了信任，我们不需要再对其付出太多的宣传成本，因此，老学员价可以低于新学员价及老带新价。例如，标准价为 1999 元的课程，老学员价可以定为 1299 元。

此外，如果想进一步提升老学员对学习型社群品牌的认可度，我们可以在学员学习期间设置学分制，并设计"学分抵学费"的规则。这样，学员就可以通过上课的认真学习和积极表现来获得高学分，并用学分获得低价继续学习的机会。这种方式可以帮助学员通过认真学习取得更好的学习效果，还能引导他们进行二次消费。

3.8 如何为学习型社群设计资料包

资料包是一种基础的社群价值输出形式，可以作为社群福利分享给学员。不同领域的学员需要的资料内容不同。例如，学生家长喜欢由大量习题、试卷和知识点清单构成的资料包，而职场人士需要的则是由技能讲解、行业报告等内容构成的资料包。

策划一个符合社群主题的资料包，需要做好以下 3 个方面的工作。

3.8.1 资料包知识框架的设计

假如把某个领域想象成一棵树，那么这个领域的重要问题就如同树干和树枝（树枝上还可以再长树叶），而不同的主题如同树叶，分属于不同的树干或树枝。因此，一旦画出了某个领域的知识框架树，就可以用全局视角统览这个知识领域。

知识框架树有两个维度，一个是时间维度，可分为初级、中级、高级 3 个等级；另一个是空间维度，可分为入门、基础、专业、训练 4 个等级。从这两个维度来设计知识框架，就可以快速画出专业领域的知识框架树。

1. 以时间维度来设计资料包的框架

由于人在不同的阶段对专业知识和技能的储备需求其实是不同的，因此，可以按照时间维度来设计资料包的一级框架。

一个人进入职场以后，可能会经历职场新人、中层人士、高层人士 3 个阶段。即使是同一个岗位，对同一个领域知识的深度需求和应用方法也是完全不同的。因此，知识框架树可能也要分为初级、中级、高级 3 个阶段。

以时间管理的知识为例，职场新人需要的是初级的时间管理知识，也就是个人时间管理的相关知识，其重点在于需要养成良好的工作习惯；职场中层人士需要的是中级的时间管理知识，也就是效率管理，需要争取在单元时间内高效产出；职场高层人士需要的是高级的时间管理知识，也就是团队协调层面的时间管理，更看重团队的整体统筹规划能力。

2. 以空间维度来布局资料包的内容

确定资料包的基本框架后，即可开始以空间维度来布局资料包的内容。这就需要思考一个问题：要成为一名行业内的高手，到底要系统地学习哪些知识？

一个系统化的行业知识框架树可由入门概念、基础知识、专业知识和训练支持手段 4 个部分构成。以学习演讲为例，可以根据这 4 个部分进行如下思考。

（1）入门概念。要明白演讲的基础概念，明白演讲和分享、演示、培训的区别。

（2）基础知识。要做好演讲，需要懂一点儿逻辑思考能力和沟通能力，具备一点儿写演讲稿的能力，需要会操作 PPT。有了这些基础，才能更好地理解演讲。

（3）专业知识。专业知识包括怎样发声、如何控制肢体语言、如何选择个人台风和演讲服装。还有其他各种细节，例如演讲主题的策划、演讲内容的组织、PPT的美化，这些都可以被视为演讲专业知识的一部分，可以逐步细分，让知识框架树变得越来越饱满。

（4）训练方法。训练方法是很多人容易忽略的学习内容。如何训练才能把学到的知识转变成自己的能力？知识并不等于技能，技能是需要训练的，要训练就得有一定的方法和流程，也必须达到一定的训练量和标准，甚至通过某种特定的考核。

根据这 4 个部分，即可确定资料包的内容大纲。

这样策划的资料包，对于社群运营者来说有诸多好处。首先，它可以让运营者站在全局角度安排社群运营的侧重点，一旦确定近期要做什么内容，就能快速搜集这方面的资料，快速行动；其次，社群运营者平时发现有用的素材后，可以按照知识框架树储备材料，日后做分享和话题交流时，就可以拿出来做素材；再次，资料包可以分类开放，让不同层次的资料包成为引流利器或社群内激励成员的福利。

3.8.2 资料包内容的搜集

在这个信息爆炸的年代，找到有用的信息并不容易。资料包内容的搜集对于信息的选择至关重要，运营者需要能够快速地搜集资料、去伪存真和抓住重点。这就要求社群运营者做好以下两个方面的工作。

1．筛选

搜集资料，需要先对资料做筛选，这样才能避免搜集到质量低下、不靠谱或者重复的资料。资料筛选需要根据不同的情况使用不同的方法。

如果要搜集的是不太熟悉的内容，可以按照这几个方法来筛选。

（1）看时间。尽量找年代比较近的资料，因为很多技术、很多知识都是在更新的，后人也会对前人的知识和经验进行更符合时代的总结。

（2）看官方认证。尽量找官方认可的书籍资料。例如，可以找一些信得过的出版社，他们会帮忙筛选出最有价值的读物。

（3）看专家推荐。与其盲目找资料，不如先找专家。社群运营者可以通过搜索找到专家的微博，从微博中找他们推荐的资料；也可以到知乎等平台去寻找领域内的专家，看看他们的推荐。

（4）看参考文献。书中往往配有参考文献、信息来源或作者推荐。当社群运营者找到一本认可的书后，可以仔细从这本书中查找这些延伸资料。

如果是熟悉的行业或者熟悉的专业，社群运营者一般已经有一定的基础知识。这时，社群运营者就可以根据自己的知识去判断，哪些信息是有用的，哪些信息是无用的，从而快速做出选择。

2. 整理

整理好的资料才是资料，不整理资料相当于没资料。资料整理时最好将资料系统化，这样不但便于浏览，还方便检索。更重要的是，社群运营者能从系统化的呈现方式中发现还缺少什么方面的资料，按需补足。

3.8.3 资料包的更新

资料包并非越多越好，而是越有用越好。随着对社群成员的了解，社群运营者会更加了解他们对资料包的需求，从而根据他们的需求，筛选出合适的内容当资料包。

这意味着社群运营者需要定期对资料包进行更新。资料包的更新也是一种筛选，筛选掉无用的或者低价值的信息，留下真正有用的信息。

3.9 如何为学习型社群做宣传推广

完成学习型社群的课程录制，准备好配套资料包后，就可以为学习型社群做宣传推广了。

3.9.1 朋友圈发布招生海报

现在的社群越来越依赖朋友圈推广。在朋友圈推广时，推出有视觉冲击力的海报比简单推出文案或者图文文章更有视觉冲击效果。

运营人员可以在朋友圈发布很多类型的海报。在开课前，可以发布招生宣传海报、开课倒计时海报；在开课当天，可以发布开营暖场海报；在开课期间，可以发布借势传播海报、福利海报；在课程结束时，可以发布结营海报、学员成果海报；等等。

对于已经添加社群运营者微信的意向学员来说，当看到极具创意和视觉冲击力的精美海报一轮又一轮地在朋友圈"刷屏"的时候，当看到自己的微信好友也留言说"有用""要上课"的时候，他们很可能会产生"我也要加入"的想法。

3.9.2 核心学员宣传

有一类学员是这样的：他们是我们学习型社群的付费学员，已经购买过我们的课程，体验感很好，愿意将我们的学习型社群推荐和分享给他们的朋友；如果我们开发新的课程，他愿意继续购买、学习。这类学员就是核心学员。我们需要找出这样的学员，通过他们的推荐和分享来实现裂变式传播。

第一次做学习型社群的运营者如何找到核心学员呢？我们可以先建立一个知识交流群，通过各种方式召集对课程主题感兴趣的目标学员，时常在群内分享"干货"知识，建立基础的信任。当我们开发课程时，可以就诸多方面邀请大家提出建议。一般而言，能够积极主动提出建议的人，往往很可能具备成为核心学员的潜质，因为他们提建议的举动，代表他们关心我们的课程，对我们的课程有期待。我们要找出并统计这些学员，将他们引入核心学员群，做好关系维护。

当开始宣传课程时，可以在核心学员群内发放福利，邀请大家进行宣传推广，或者通过核心学员群发起一场裂变活动。

3.9.3 微信公众号宣传

社群运营者可以在微信公众号上以长图文的形式介绍学习型社群的课程，同时插入海报，更清楚地说明学习型社群课程的学习时间、主题以及价值。例如，微信公众号"秋叶大叔"推送的"写作特训营"的宣传文章，如图 3-2 所示。

图3-2　微信公众号"秋叶大叔"推送的"写作特训营"的宣传文章

3.9.4　短视频宣传

如果运营能力足够，我们也可以专门为学习型社群开设一个短视频账号。平时，账号只需要定期更新与学习型社群主题相关的短视频；在需要特别宣传某个课程项目时，则可以专门录制一个短视频来宣传该课程。这样的短视频可以用有趣的内容吸引短视频平台的用户，同时也能较为准确地传达课程的内容要点。

例如，微信视频号"秋叶写作训练营"发布过"7天秋叶写作体验营"的信息，如图3-3所示。

3.9.5　直播销讲

学习型社群是很适合做直播销讲的。

图3-3　微信视频号发布的体验营宣传信息

秋叶大叔做一场在线直播销讲，1小时可以转化万元私房课学员逾30人；秋叶Word的主播大宝，第一次直播就转化逾250位用户购买付费网课；Excel加班妹一场快手直播，在线人数最多时逾10万人，新增"粉丝"逾4500人，订单转化率超过3%。

在此需要说明的是，学习型社群的直播销讲不同于直播带货，直播目标并不是当天晚上就要达到多少成交量，而是在直播销讲后的 5 ~ 7 天内能转化多少人。

要做一场高转化的直播销讲，需要做好以下两个环节的工作。

1. 邀约听课

让对学习型社群感兴趣的意向学员提前进群，在正式直播前再通知一遍。直播时，鼓励大家邀请朋友来听，同时告诉被邀请进来的新人，如果觉得讲师讲得还不错，可以联系助理，加入答疑群，直播后还可以和讲师在答疑群里交流。

为什么建议把意向学员邀请到微信群里呢？因为有些人可能没时间参加直播，但还是有时间查看群消息的。助理可以把直播过程中老师的金句、点评、表情截屏等不断同步到群里，并鼓励大家互动，让没参加直播的人也不会错过直播的精彩内容；再结合直播后的互动答疑，保持群里的热度。

2. 跟单转化

对于常在群里聊天和提问题的人，要重点做私聊转化。对于已经报名的学员，运营者要多鼓励他们在群里"晒单"。同时，每天在群里安排新的直播与答疑，在 5 ~ 7 天的时间里，通过 3 ~ 4 节课完成对群内意向学员的转化。

3.10 ▶ 如何为学习型社群的新学员分班

很多学习型社群的课程会分为一期、二期等，每一期的学员人数往往在 200 人以上。运营者可以把 200 名学员聚集在一个大社群里，但这样不容易照顾到每个人。因此，为了提高所有学员的学习体验，我们需要在开营前为新学员分班，并为每个班建立小班群，为每个小班群配置助教和班长。这样，每个学员才都可以得到照顾。

3.10.1 确定每班人数

为新学员分班，首先我们要确定每个小班的人数。确定小班人数有以下两种方法。

（1）根据助教数量计算。假如我们有 300 名学员，且可以邀请到 6 名助教，那么可以将学员分成 6 个班。如果我们能邀请到 4 名助教，那么，显然，我们只能将学员分成 4 个班。

（2）根据助教点评能力计算。假如我们有 300 名学员，4 名助教，而每名助教一天能点评 50 份作业，那么，我们就不能直接分班，而是需要邀请更多的助教，或者按照报名顺序，将第 201 ~ 300 名学员划分到下一期，以确保每个班只有 50 名学员，每名学员都能得到及时的辅导，每名学员的作业都能获得及时的反馈。

通常情况下，一个班的学员人数为 40 ~ 50 人。如果报名人数过多而没有足够的助教，就需要提前与部分学员协调，将他们调到下一期。

3.10.2 按照均衡原则分班

确定每个班的人数后，就可以按照均衡原则来为学员分班。在实践中，我们需要考虑以下几个方面的均衡。

1. 渠道均衡

虽然学员报的是同一期的课程，但是报名渠道可能不一样。报名渠道不同，意味着学员看到学习型社群宣传内容的渠道不同，学员可能会有不同的互动意愿和积极性。

例如，微信公众号的用户黏性大一些，对学习型社群品牌更了解一些，可能是关注微信公众号很久，经过深思熟虑才报名的学员，其学习意愿和互动意愿更强烈一些；而被直播销讲吸引而报名的学员，可能并没有经过太多的考虑，更像是"一时冲动"报了名，其学习意愿和互动意愿可能略微不足。

如果一个小班里都是学习意愿强的学员，另一个小班都是学习意愿弱的学员，那么，结果可能就是一个班的学习效果很好，另一个班的学习体验很差，这会对社群口碑造成负面影响。

因此，我们需要通过随机的方式打乱报名渠道不同的学员，让学习意愿强的学员和学习意愿不足的学员组成一个小班，通过积极学习氛围的打造，来带动不那么积极的学员学习和完成作业，确保学习效果。

2．水平均衡

分班时，除了要考虑小班内部的协作互补之外，还需要考虑班与班之间的竞争性，从而也就需要考虑班与班之间的水平均衡，即从多个角度来看，每个班的能力水平是差不多的，这样便于大家竞争，而且能够持续竞争，直到课程结束。如果班与班的差距太大，会影响大家的积极性，从而影响教学的实施。

为达到班与班的水平均衡性，我们需要在学员报名时了解学员的专业、特长等，在分班时，根据能力互补原则和水平均衡原则进行分班。

（1）专业能力的搭配。专业能力是最重要的搭配条件，因为课程中会有实践应用练习，学员需要面对和解决具体的任务和问题，这就需要相应的能力。每个班都应有专业能力强的人和专业能力稍弱的人。各班的整体能力要均衡。

（2）岗位及层级高低的搭配。有时候我们不容易了解学员的专业水平，但可以从他们的工作岗位来判断。不同的岗位层级往往意味着资源协调和专业能力的差异。因此，每个班都需要有各个岗位层级的人，且人数大致相同。

（3）性别的搭配。男性和女性的思维方式和学习方式是不同的，每个班的男女比例应保持一致。

（4）年龄的搭配。不同年龄的人有着不同的思维方式，每个班里各个年龄层的人数比例也应保持一致。

（5）性格特质的搭配。每个班都需要有不同性格特质的人，既需要性格外向、善于沟通的人，又需要性格偏内向、善于思考的人。

总之，在分班的时候，要考虑各个方面的均衡，让班和班的力量平衡，这样，在小班之间的竞争中，每个小班才都有获胜的可能，每个小班的学员才会齐心协力为团队争得荣誉。

3.11 ▶ 如何设计学习型社群的练习环节

在开营前，我们还需要设计好练习环节，也就是作业环节。虽然大家可能都不喜欢写作业，但是，我们得承认：作业才是应用知识和提高学习效果的最好方式。因此，作业环节是必不可少的。

配合学习型社群的课程，我们可以设计以下 5 种形式的练习作业。

3.11.1 问题讨论型练习

问题讨论型练习，是指围绕一个问题进行讨论，让大家共同得出结论和答案。问题讨论型练习是学习型社群采用得最多的一种练习类型，也是最容易采用的类型。

问题讨论型练习可以设计这两类问题："为什么"的问题和"怎么做"的问题。

1. "为什么"的问题

这类问题的目的主要是解决学员态度、认识上的问题，可以让学员通过自己的研究、思考来获取答案。这类问题可以设计为课后的单个练习题，也可以设计为课堂小组讨论的话题。如果我们把这类问题设计为小组讨论的话题，将很容易激起大家参与讨论的热情，社群的交流氛围自然也就营造起来了。

2. "怎么做"的问题

这类问题需要学员思考出问题的解决方案，是学习型社群内运用得最多的练习题。有时候，我们会为一个"怎么做"的问题找出几十个不同的解决方法。对于同一个问题，不同的人往往会给出不同的方法。几乎每一期课程，我们都能通过这样的提问获得新的方法和启发，这些都可以用在下一期课程中，引导大家找到更多的解决方案。这不仅能帮学员拓展思维，也能帮讲师拓展思维。

3.11.2 技能演练型练习

技能演练型练习，是指针对某项能力的练习。这种练习要求学员进行实际演练，以帮助学员掌握某项能力。这也是一种常见的练习方式。从理论上讲，只要课程有能力要求，只要涉及操作类的内容，都应尽可能让学员进行实际演练。

技能演练型练习的关键是依据标准要求进行过程演练。这就对讲师和助教提出了较高的专业要求。讲师和助教需要懂得演练内容的标准，否则就可能无法要求学员、指导学员。例如，讲授礼仪，讲师和助教就需要掌握礼仪的专业内容；讲 PPT 的操作流程，讲师和助教自己必须能熟练地操作 PPT。

3.11.3 案例分析型练习

案例分析型练习，是指先将案例呈现出来，再提出问题。这种练习通过引导学员围绕案例进行思考，来得到相应的启示和措施。

案例分析型练习的开发难度比前两种练习的大，因为需要做好案例的选择和加工。用作练习的案例需要具有典型性，即这个案例本身是现实中的一个真实案例，讲师对它进行进一步的加工后，让它具有多个相似案例的共同特征。这样，学员看到这个案例，就会感觉自己曾在现实里见过它，分析案例后，就可以将得到的启示应用到自己的实践中。

3.11.4 成果展示型练习

成果展示型练习，是指学员学习某个内容后进行成果展示。成果展示型练习能让学员对学习的内容进行系统、整体的回顾，同时把学习成果以书面形式展示出来，从而使学员看到自己的学习效果，同时有利于讲师和助教把控学员的学习情况。

成果展示型练习可以用在课程中的每个环节。一个知识点的学习结束时，一节课的学习结束时，一个阶段的学习结束时，都可以进行成果展示型练习。

成果展示型练习通常和其他几种练习配套使用，如"问题讨论型练习 + 成果展示型练习""技能演练型练习 + 成果展示型练习""案例分析型练习 + 成果展示型练习"。找到问题的解决方案了，将这个方案展示出来，就是成果展示型练习；技能演练结束后，学员可以展示演练的成果，就是成果展示型练习；案例分析型练习做完了，学员可以将案例分析的成果呈现出来，这也是成果展示型练习。有过程，有成果，这样的练习才完整。

3.11.5 团队竞争型练习

团队竞争型练习，是指设计团队竞争项目，让各个小组参与其中，通过团队竞争来引导学员更加积极地参与，更好地投入学习。一旦形成了团队的竞争，尤其是采用评选优胜团队这样的方式，就能激发团队内部的凝聚力，学员的参与度就会更高，学习效果会更好。

团队竞争的核心是对学习情况进行打分。一般情况下，对于容易打分的项目，我们可以以完成时间为标准；而对于不容易打分的项目，就需要好好设计计分规则，因为大家对团队竞争往往会很投入，也会很认真，一旦计分规则出现问题，就会引起混乱。

团队竞争型练习不仅可以设计成独立的练习，而且可以融入整个学习过程中。也就是说，对于每一模块的内容，不管是学习还是练习，都可以采用团队竞争的方式来计分，最后通过分数选出表现最佳的小组。

以上是5种常见的练习，我们需要根据学员状况和课程主题设计这些练习。设计时需要注意，每一个练习都要有一个明确的目标，不能为练习而练习；练习的设置也应尽可能循序渐进。

3.12 ▶ 如何设计学习型社群的答疑环节

在学习型社群的运营体系中，答疑环节是一个必需的独立的服务环节。

我们这里说的学习型社群是付费社群，不建议采用"互助答疑"的模式，因为在这样的答疑模式下，提问和回答的都是学员，答疑质量和频率都难以得到保障。在秋叶系的学习型社群中，我们采取两种答疑模式，一种是"大咖"答疑模式，另一种是助教答疑模式。我们一般不要求讲师负责答疑，因为讲师的精力有限，讲师需要做好的是课程内容设计和课程视频录制。

3.12.1 "大咖"答疑

"大咖"答疑是嵌在"大咖"分享环节中的。我们可以邀请行业"大咖"到群内分享经验，在此之前，我们先要收集学员想请"大咖"解答的问题（见图3-4）。当"大咖"做完线上分享后，就可以逐个回答学员的问题，如图3-5所示。这样，学员就可以从"大咖"的回答中获得成长。

"大咖"答疑的方式有两种，一种是群内图文答疑，另一种是直播答疑。显然，上述示例即为群内图文答疑。而直播答疑虽然流程与群内图文答疑一样，也是"答疑预告—收集问题—开始答疑"，不过是"大咖"在直播间回答学员提问，如图3-6

所示。

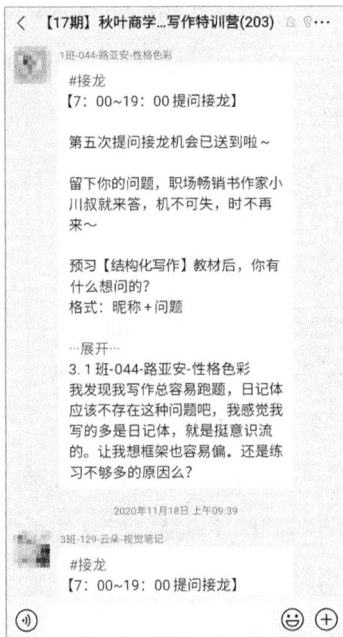

图3-4 "大咖"答疑的问题收集

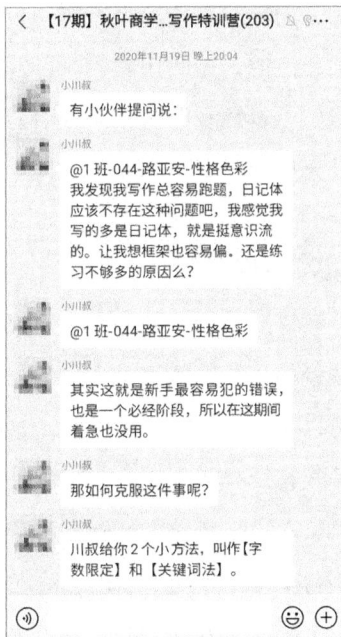

图3-5 "大咖"答疑的问题解答

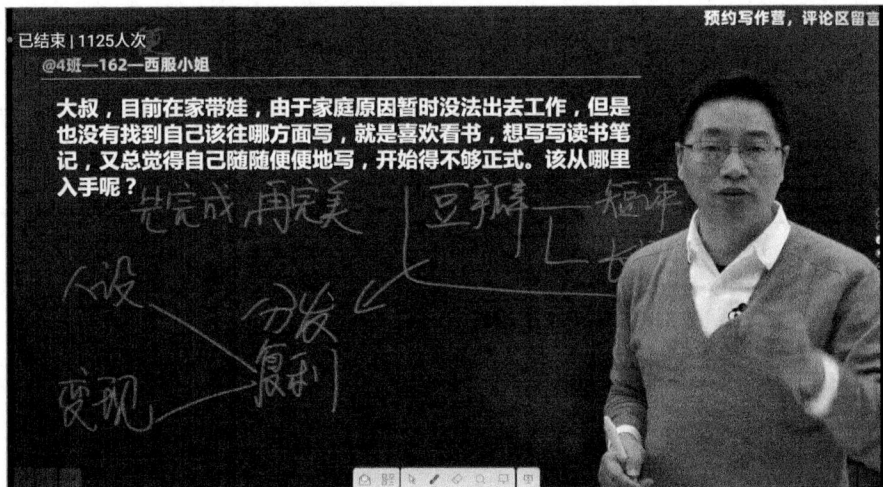

图3-6 直播答疑

对于学员来说，"大咖"答疑可能存在一个缺陷：有时间限制。

"大咖""降临"社群的时间是固定的，问题收集时间是固定的，答题时间也是固定的，而学员在学习型社群里的学习时间却不固定。如果在问题收集时间没有及时参加群内的"提问接龙"，可能就会错过提问；如果提问了，但错过了"大咖"答疑，虽然可以翻看群聊记录或者直播回放进行了解，但不能及时对还不明白的问题进行补充提问。

3.12.2 助教答疑

助教答疑，即课程配置多个助教进行答疑。助教本身拥有一定的专业能力和专业实践经验，往往能够独立回答学员提出的大部分问题。如果助教回答不了，助教团队可以和讲师研究后再回复。这样可以控制答疑的成本和质量。

助教答疑有两种模式，一种是专属平台答疑，另一种是群内 @ 助教答疑。

（1）专属平台答疑。在这种模式中，助教答疑并非即时答疑，而是先由学员在指定平台上提出问题，助教在特定时限内（如 12 小时内或者 24 小时内）一一解答。

（2）群内 @ 助教答疑。在这种模式中，学员在学习的过程中遇到问题，随时可以在群里 @ 助教提问，助教看到群消息会立即回答。如果学员提问后过了 20 分钟，学员指定的助教都没有看到群消息，就会有讲师或者其他助教来回答学员提出的问题。

不管是专属平台答疑，还是群内 @ 助教答疑，如果学员对助教的回答不太满意，或者觉得助教没有"答在点子上"，可以继续追问，直到消除疑问为止。

3.13 ▶ 如何策划社群的积分制度

运营学习型社群，我们需要尽可能地提高学员的学习积极性。积分制度就是提高学员学习积极性的好方法，因为积分制度可以刺激学员按时上课、按时完成作业、积极互动、积极参与活动等。

在学习型社群中，策划积分制度要考虑如下几个方面。

3.13.1 设计积分获取规则

设计积分获取规则即回答"如何获取积分"的问题。我们可以从学员与社群关系变化的角度来构建积分获取规则。具体内容如下。

（1）在学员招募阶段，学员的自主分享、推荐是一个非常重要的新学员获取渠道。因此，我们需要用更多的积分来刺激学员分享社群信息。

（2）在学员入群阶段，由于新学员已经通过各种推广手段被吸引进社群，因此，如何让他们留在社群、活跃在社群，就是我们要考虑的主要问题。我们需要设计带有积分奖励的新手任务，带着新学员快速熟悉社群的功能，帮助他们认识社群的核心价值。新手任务是新学员第一次在群里真正付出努力，并且通过行动获得价值及回馈的过程。由于新手任务对每个学员来说都仅有一次，我们需要用积分奖励刺激他们的感官，所以，任务和积分应当相符，不能辜负新学员的期望。

（3）在学员的学习阶段，我们需要把关注点放回学员的关键学习行为上。也就是说，我们在进行积分设计的时候，首先要对关键学习行为及学习环节进行排序，然后进行积分的权重设计。

例如，我们把学习行为进一步细划为基础学习行为、核心学习行为、一般学习行为、建议学习行为等，并给予不同的积分数值。基础学习行为和一般学习行为作为日常学习行为，完成一个任务可得 1 分，每天有多个任务，分值可以累计，每天的积分累计上限是 5 分；核心学习行为是学员容易放弃或者忽略的行为，学员如果完成一次这样的任务，可得到 5 分或者 10 分；建议学习行为可以是一个特定的大范围学习成果比赛活动，偶尔举办一次，参与即可得到 10 分，获奖可得 50 分，以鼓励学员积极参与。这样，我们就可以通过用高积分刺激核心学习行为，配合可累计的低积分拉动日常学习任务的完成度，同时用积分较高的不定期学习比赛任务增加学习趣味性，就可以引导学员完成学习的目标。

（4）在学员价值激活阶段，我们的目标是鼓励群内学员通过分享等方式在群内群外进行价值输出，来为社群的传播做贡献。这就需要罗列出分享内容和分享效果，经过排序后，再来设计积分获取规则。

3.13.2 设计积分使用规则

学习的积分制度从另一个角度看，就是学习激励政策。

我们可以结合营销预算设定每个学习结果或行为所对应的分值，计算出一个学员每日获取分数的上限是多少，以及大概的奖品和发放比例是什么，确保在预算范围内，让学员较为清楚地意识到积分的价值，从而对积分挑战充满兴趣。

在设计积分规则时，不妨也设计一个大家都可以看到的积分排行榜，从而激励学员们通过积极的表现获取更多积分，抢占排行榜榜首的位置。积分排行榜能触发学员的比较心理，起到精神奖励的作用。当然，也可以设计积分兑换商品的物质奖励方式。有吸引力的积分使用规则也能反过来提升学员获取积分的意愿。

积分对我们的意义是驱动学员学习，因为足够多的积分能兑换到商品或者代金券。从这个角度看，设计有吸引力的积分使用规则，关键在于学员能用积分兑换到什么样的商品，还有这些商品是不是他们想要的。

如果学员能用积分兑换到他们想要获得的商品，他们就会更愿意通过特定的行为不断累积积分。所以，我们可以通过设计积分商城来完善积分使用规则。在积分商城，学员可以兑换新的课程、兑换线下活动、兑换无门槛代金券、兑换品牌商品，参加线上抽奖、慈善募捐，或者获得学习型社群内的功能特权等。

此外，我们还需要设置积分的有效期，一般情况下就是以自然年或者自然月为单位，并要定期或不定期地提醒学员继续获取或使用积分。

如果不设置有效期，学员就可能剩余很多积分，这会导致两方面的风险：一是不可控因素太多，让我们无法准确进行营销预算；二是学员的积极性无法通过物质或精神得到及时反馈，且还有可能降低。

设置积分的有效期，意味着积分要定期归零。定期归零从某种程度上可以刺激消费。这也是为什么一到月末或者年底，社群内的商品销量就会暴增。促使学员进行消费的最直接理由就是积分要过期了，从而引发他们的沉没成本心理、厌恶损失心理以及羊群效应。当然，如果想要快速提高销量，我们也可以在前期尽可能地多发积分——不消费，可能会浪费更多积分。

3.13.3 积分制度的注意事项

积分策略是一个有效的活跃度运营策略，要真正发挥它的价值，在执行积分制度时，我们需要牢记以下几点。

（1）积分是对活跃学员和潜在活跃学员的激励，而不是纯粹的福利奖励。

（2）积分的获取必须是可控的，且是有上限的。比如，每天发言能获得的积分应该是有上限的。没有上限的积分制度容易有漏洞。当学员的总积分接近上限时，要有相应的机制适时刺激积分的使用，实现供需的平衡。

（3）在日常运营中，要注意严格监控学员的积分变化，如果发现不正常的分值变化，要及时进行人工干预和处理，避免"薅羊毛党"的违规操作扰乱正常秩序。

（4）为了提高学员的活跃度，我们可以适当地调整积分制度，但是不建议频繁、大幅度地调整，否则会失去学员的信任。

（5）积分除了提高学员的学习积极性外，还可以作为对学员的关怀和回馈，例如作为生日、加入社群的周年纪念日、节日时赠送的礼物，等等。在这些时间点，主动赠送更多的积分，有助于增强学员对社群的认可和黏性。

总之，积分制度是学习型社群运营中的核心范畴。并不是所有的学习型社群都需要设计一套积分制度，但对于长周期运营的学习型社群、有诸多课程的社群品牌而言，积分制度是必备的激励方式。

3.14 ▶ 如何设计学习型社群的开课环节

几乎所有的学习型社群，都会在正式开课的第一天举办一个郑重的开课仪式。开课仪式就是要郑重地告诉学员：课程要开始了。其目的是赋予线上社群学习一种仪式感，满足学员的精神需求。

通过有仪式感的开课环节，对学习型社群做一个完整的介绍，能让学员对课程充满期待，增加学员对讲师的信任，提升学习型社群的学习效果。

那么，一个完整的开课仪式包括哪些内容呢？

3.14.1 提前拉群

开课前需要先建群，逐一拉人进群。一般情况下，开课时间是晚上 8 点，那么建群时间就是在当天上午 11 点左右。建群后，需要编辑好新人欢迎语，使用特定的小工具，在有人入群时发布，向对方表示欢迎。

拉人进群时，我们需要先把社群运营者及其他工作人员拉进群，然后拉学员，最后拉助教、讲师、"大咖"等。这样，当学员、助教、讲师、"大咖"进群时，就容易营造欢迎的氛围。

此外，还要注意，在学员报名之后、进群之前，需要向学员提供一个自我介绍的模板，让学员准备一份自我介绍。学员入群后，就可以通过这份准备好的自我介绍完成"破冰"。

3.14.2 开课预热

在正式开课前，需要有一个开课预热。开课预热的时间可以设置在正式开课前 2 小时。比如，晚上 8 点正式开课，开课预热时间可以是晚上 6 点。

开课预热的方式主要是发布群公告，提醒大家今晚 8 点准时参加开课仪式，引导大家"刷屏"，使大家开始期盼开课。同时，提醒大家准备好自我介绍。

3.14.3 准时开课

在开课时间准时开课。开课仪式需要介绍以下 3 个方面的内容。

• 介绍学习型社群，包括企业品牌、社群成果、学习规则、课程安排等，让学员对课程学习有充分的了解。

• 介绍运营团队，包括讲师、助教、运营者，以树立社群运营团队的权威，增强学员对运营团队的信任和依赖。

• 介绍学员，使大家互相了解，营造共同学习的气氛。

这 3 个方面的介绍方式具体如下。

1. 介绍学习型社群

介绍学习型社群，需要依次介绍以下几个方面的内容。

（1）介绍企业品牌。如果学习型社群是企业在运作，那么，在第一个环节就需要介绍企业品牌。介绍企业品牌不需要大段文字，发布一个品牌宣传视频即可。宣传视频一般会展示企业的名称、简介、成果及所获得的各项荣誉，初步树立企业在相关知识领域的权威形象。

（2）展示社群成果。成果展示可以提高学习型社群的价值。成果展示时，可以分享学习型社群往期学员的成果或者评价；也可以直接让往期优秀学员来分享，更有说服力。成果展示可以让学员更加重视本次学习型社群的学习，同时对标人物或者对标成果也会让学习更有目标感。

（3）介绍学习规则，比如打卡规则、作业规则、社群交流规则，等等。

（4）介绍学习型社群的课程安排，也就是课程表，可以让学员知道每天要学习哪些内容，做好心理准备。在介绍课程安排时，还可以简单说一说每个模块的课程学完后，学员将会有哪些收获，以增强学员对课程的期待感。

2. 介绍运营团队

可以参考如下顺序介绍运营团队。

（1）介绍课程的讲师。

介绍讲师时，一般会用"文字＋视频"或者"文字＋照片"的形式。文字介绍一般是"昵称＋权威背景＋成功案例＋'大咖'推荐＋独特的教学方式"。另外，还可以用一个概括性的短语作为讲师的标签，比如语言幽默风趣、知识渊博、实战经验丰富、硕果累累等。将这些标签与讲师联系在一起，可以增强学员的信任，也使他们更容易记住讲师。

（2）介绍助教。

助教是有一定专业能力的人，但知名度可能不如讲师。为了增强助教的信服力，我们需要在介绍助教时，为助教立一个人设。例如，助教原本是一个早九晚五的上班族，但不甘于现状，经过系统学习，最终在 ×× 领域取得了一定的成就。这样的人设容易让学员产生亲近感，有助于后期助教与学员交流。

（3）介绍社群主要的运营者。

社群的主要运营者一般是班主任和运营小助理。介绍班主任和小助理的方式比较简单，常用的介绍模板是：班班是谁，负责做什么，学员在什么方面有问题可以 @班班；小助理是谁，负责做什么，学员在什么方面有问题可以 @小助理。

3. 介绍学员

介绍学员，其实是让学员进行自我介绍。

在学员数量不多的情况下，可以让学员把自我介绍发布到群里。但如果时间有限，学员数量又多，如超过 100 人，就可以在开课前收集学员的自我介绍，制作一个学员信息文档，抹去敏感信息，在介绍学员环节将学员信息文档发布到群内，供大家浏览。

在这个环节，还需要提醒学员修改群昵称，昵称模板一般是"×班－学号－昵称－个人标签"。

做好这 3 个方面的介绍，就可以在开课第一天营造出群内的学习氛围，增强社群的凝聚力，为后续运营工作的正常开展打好基础。

在完成介绍之后，开课仪式就算结束了。在开课仪式的尾声，还应注意以下 3 个细节。

（1）引导用户将群置顶，这样，群消息的触达率会大大提升。

（2）强调第二天的学习任务。

（3）开课仪式结束后，社群运营者需要将这个环节涉及的重要文档整理一份发布到群里，同时私信发给每一位学员。

最后需要注意的是，整个开课仪式的持续时间不宜超过 2 小时，控制在 1 小时内最佳。一般晚上 8 点开始，在晚上 10 点之前就需要结束，否则结束时间太晚，会影响学员休息。

3.15 ▶ 如何设计学习型社群的结业环节

学习型社群的课程开始时需要有一个开课仪式，课程结束时同样需要一个结业仪式。一个有仪式感的结业流程包括以下几个环节。

3.15.1 结业预告

一般晚上举办结业仪式，下午就要发公告进行预热，告知学员结业仪式的流程。秋叶写作特训营结业仪式的预告如下。

【结业典礼】

19:00—19:55 惊喜互动（有奖）

19:55—20:00 怦然心动（开场）

20:00—20:30 良师益友（寄语）

20:30—20:50 共享喜悦（颁奖）

20:50—20:55 求贤若渴（招募）

20:55—21:00 扬帆起航（征程）

3.15.2 学习型社群回顾

学习型社群回顾有两种方式，一种是视频回顾，另一种是文字回顾。

（1）视频回顾。

我们可以制作一个时长约 10 分钟的视频，视频内容可以由两部分构成，一部分是对学习型社群里发生的美好事情的记录，如师生趣事、学习生活等，以勾起大家的回忆；另一部分是讲师、助教、班班、"大咖"以及学员录制的祝福短视频。

（2）文字回顾。

如果不方便录制视频，我们也可以进行文字回顾。精心编写的文字一句一句地发布出来，会有"刷屏"的感觉，如图 3-7 所示。

图3-7 文字回顾

3.15.3 结业致辞

结业仪式上必不可少的一个环节是结业致辞。

结业致辞时，需要安排整期课程中所有的导师一一致辞，包括授课的讲师、"空降"社群答疑的"大咖"以及聚集学员的社群灵魂人物。

致辞的内容可以参考这样的模板："打招呼＋简短感谢语＋个人经历或经验分享＋期望寄语"。

3.15.4 "晒"学员成果

"晒"学员成果，即由学习型社群的项目经理或者社群运营者将学员的成果用文字逐一展示出来，其格式是"学员名称＋取得了什么成果"。当诸多成果逐一展示时，会呈现出"刷屏"的效果，如图3-8所示。

在介绍完所有优秀学员的成果后，可以发布一张提前做好的成果海报图，如图3-9所示，深化大家对学习型社群成果的感知。

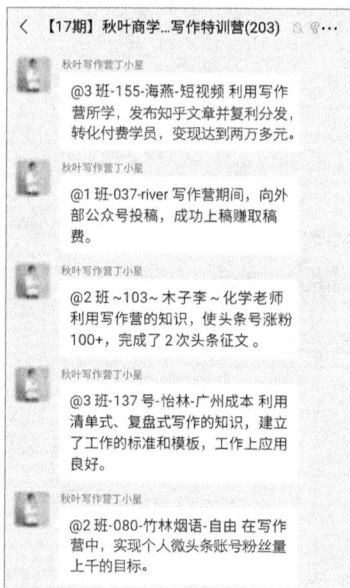

图3-8 学员成果展示"刷屏"

图3-9 学员成果海报

3.15.5 表彰颁奖

表彰颁奖，即表彰表现好的优秀学员，为他们发放电子证书或者纸质证书、奖品（优惠券、实物商品、奖学金、资料包等），向他们表示祝贺。

为了顺利完成这一环节，我们需要事先确认符合条件的优秀学员，例如作业优秀的学员、全勤打卡的学员、发言活跃的学员等。当然，我们也可以为各种奖品设置一系列名称，使这一环节更有趣。秋叶写作特训营设计的奖项名称如图 3-10 所示。

3.15.6 兼职运营团队招募

社群运营并非全由全职运营者完成，还可以招募兼职运营团队。在结业仪式的尾声，我们还可以发布招募信息，招募优秀学员加入兼职运营团队。秋叶写作特训营在结业仪式中会发布助教招募、班长招募、整理官招募等信息，如图 3-11 所示。

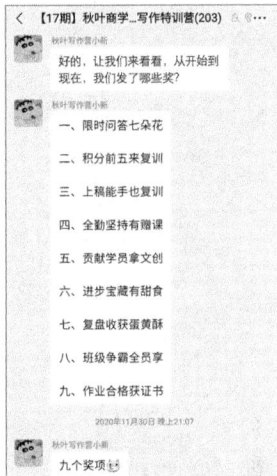

图3-10 秋叶写作特训营
的优秀学员奖项

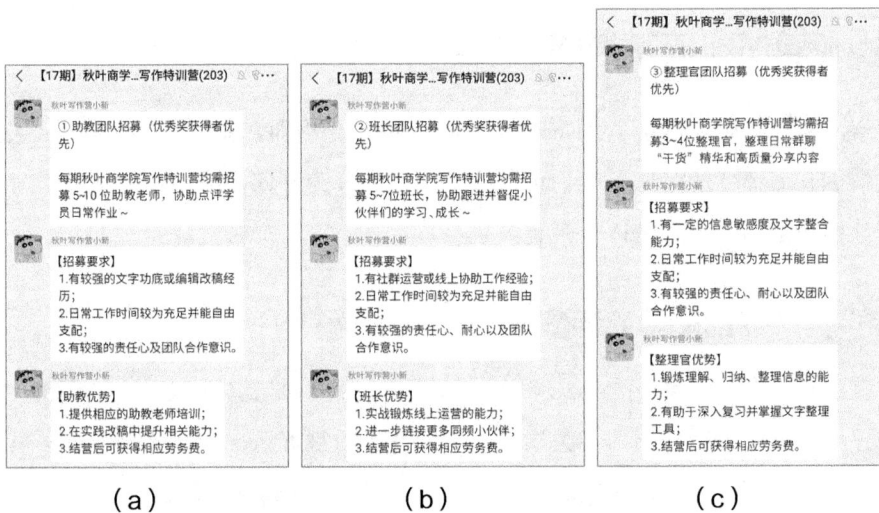

| （a） | （b） | （c） |

图3-11 结业仪式上发布的招募信息

3.15.7 结业寄语"刷屏"

完成以上环节后，我们就可以为结业仪式收尾了。此时，我们可以用一句祝福的寄语，引导学员一起"刷屏"，如图 3-12 所示。

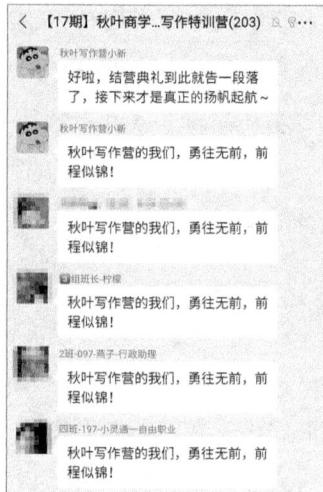

图3-12 结业寄语"刷屏"

3.16 ▶ 如何评估学员的学习效果

学习型社群从某种程度上属于在线培训。既然是培训，就需要评估学习成果。

根据开展评估的时间，我们可以将学习评估分为开课前的诊断评估、学习中的过程评估和结业时的总结评估3类。

3.16.1 开课前的诊断评估

在学员报名后，正式加入学习型社群之前，我们需要对其进行一个诊断评估。诊断评估，就是诊断学员对相关领域知识和技能的掌握情况，目的是了解学员真正想要解决的问题是什么，我们的学习型社群能不能解决这些问题。

也就是说，我们需要通过开营前的诊断评估了解学员在参加学习之前的情况和对学习成果的期望，判断其学习目标和现状之间的差距，我们的学习型社群课程能否满足学员的期望，如何满足学员的期望。

如何了解学员的现状和期望呢？我们可以通过一对一的沟通了解学员的实际情况和学习期望；也可以编写一个学习调查表，先让学员根据自己的情况填写，我们再进行初步审核和一对一地沟通了解。

有时候，学员对自己的现状和学习期望可能认识得不够，设定了过高的学习期望。这并不是学员的期望不合理，而是一个技能的完全掌握并不是仅仅靠学习型社群一期课程的学习就能实现的，而是需要通过持续的学习，循序渐进地一步一步实现的。

因此，对于这样的学员，我们需要在他入群前，引导他制定一个合理的阶段化期望。当学习型社群的一期课程学完时，他才能准确地认识到自己的成长，从而合理地规划下一步的学习目标和学习期望。

3.16.2 学习中的过程评估

在学员加入学习型社群一段时间后，我们需要对其进行过程评估。过程评估就如单元测试一样，是一个课程模块结束之后进行的一个阶段性的学习成果评估。

在过程评估中，我们需要先回顾课程重点和目标，然后用集中提问、强化练习等方法来了解学员的掌握情况。对于学员未完全掌握的重点内容，我们需要在后续的学习中引导学员加强练习。

当然，为了及时跟踪学员的学习成果，可以在学习型社群的教学过程中使用以下几种方法。

（1）讲师在视频和直播中重点讲解基础知识，包括概念、理论、知识点、操作流程、操作规则、操作标准、注意事项等内容。

（2）对于每一个知识点，都要布置操作型的练习作业，让学员通过实际操作体会和掌握知识要点。

（3）讲师、导师和助教及时点评学员的作业，并提供正确的引导，督促学员改正。

（4）在直播答疑和社群答疑时，讲师、"大咖"、导师可以采用互动、提问等方式，引导学员参与，从而了解学员的学习情况。

以上方法，其实就是老师和学员的互动、交流、操作、反馈、改进。我们需要认识到，学习型社群的学习并不是学员单方面的事情，而是需要老师和学员的共同协作来完成的。我们需要通过教学模式的设计，让老师和学员形成真正的学习共同体，彼此协作，实现学习型社群的教学目标。

3.16.3 结业时的总结评估

结业之前，我们需要对学员的学习成果做一个总结评估。这个评估就相当于期末考试。

学以致用是学习的根本目的。我们可以通过实践应用来评估学员的学习成果。例如，秋叶写作训练营的总结评估是"上稿"，秋叶写书私房课的总结评估是"签约"，等等。

在这个阶段，我们要检验学员对知识、技能掌握的水平是否达到了其学习目标。对于已经实现其学习目标的学员，我们可以根据他的实际应用需求为其推荐相应的升级课程，或者为其进行落地应用的指导；而对于没有实现其学习目标的学员，可以引导学员继续观看学习内容，或者参加复训，以引导学员真正掌握相关领域的知识和技能。

总之，我们要尽可能地考虑学员的学习目标和学习需求，根据其学习成果真诚地为其提供学习建议和应用建议。这样，学员才会相信：加入了我们的学习型社群，他的问题可以得到解决，需要能够被满足，甚至被超预期满足。这时，他才会真正认可学习型社群的价值，我们的学习型社群才会拥有好口碑。

3.17 ▶ 如何挖掘老学员的价值

一期课程结束后，可以解散这一期的学习型社群吗？答案是不能。老学员对品牌来说非常重要，他们本身可以继续购买品牌旗下的其他商品，也可以为我们带来新学员。前者即为复购，后者即是分享。如果我们解散了社群，老学员流失，则不利于我们打造品牌。

对于学习型社群来说，让老学员复购并不难实现。当他们有消费需求时，与其选择一个不确定可信与否的新品牌，不如选择自己已经体验过且感到满意的品牌。

也就是说，老学员选择复购学习型社群，除了最基本的消费需求外，还受两个关键因素的推动——对过去消费经历的满意度和对品牌的记忆度。

满意度源自学员对学习型社群上一期课程的内容、价格、服务体验等方面的整体感受，这些方面的感受综合起来会形成学员对运营者及品牌的信任。不过，即便学员对运营者很满意，时间久了，也会慢慢将这些满意的体验遗忘，自然也就难以产生复购。因此，我们需要留住老学员，通过低成本的运营，维护与老学员的关系，让他们始终记得我们。当他们有新的学习需求时，自然就会产生复购。

3.17.1 集结老学员

一期课程结束后，我们可以将学员转移到一个新的社群里。这个社群用来容纳所有的学习型社群学员。这样，在学习型社群课程结束后，我们还可以以一种低成本的运营方式继续维护与老学员的关系。

例如，秋叶写书私房课的每期课程结束后，学员都会被社群运营者拉入写书私房课总群。写书私房课总群采用的是一种"轻运营"的模式，不需要付出很多的运营时间和运营成本，甚至也没有专门的运营人员负责社群的运营和维护。

3.17.2 社群内"干货"分享

我们可以每天在社群内发布一篇"干货"内容，或者分享一个技巧，或者分享大家关注的信息。这样的运营方式工作量并不繁重，甚至不必关注群内学员是否看过分享。但当这样的分享成为习惯，学员观看也会成为习惯，学员自然也会继续待在我们的社群。秋叶书友会的社群运营就是每天早上分享一段秋叶大叔的原创内容，大家非常喜欢追看。

3.17.3 进行私域营销

将老学员集结在一个社群里，相当于真正的私域运营。在私域运营中，我们可以对老学员进行 3 类专属营销活动。

1. 新品试用

当我们推出新的课程项目时，可以先推出一个 3 天或 7 天的体验课，在社群里做宣传，招募一些体验者，体验之后请他们发布体验报告到朋友圈。这不仅可以增加老学员的黏性，而且是在为后续的新品宣传、销售做铺垫。

2. 老学员福利节

为老学员开展专属福利活动，既是对老学员的关怀，也是在营造成交的氛围。比如，每月 1 日为老学员举办福利专场活动，可以是针对社群内某些商品（包含新课程项目）的限量秒杀，也可以是某些商品的专属折扣特权。

3. 赠送会员价

赠送会员价，即老学员复购品牌旗下的课程项目时可享受会员价。

会员制复购与前面两种方式是不同的。前面两种方式虽然也属于折扣优惠，但需要通过企业大量主动的运营工作来引导复购，而会员制复购则是让老学员主动来购买。只有让老学员主动想起、主动购买的复购方式，才更长久、更轻松。

会员制在某种程度上就是先给老学员一种身份特权，让他们对这个身份产生依赖，从而锁定老学员继续消费的一种制度。理论上，会员制能让人感觉自己有自主选择权、有特权，从而能够实现更大的复购消费额。

3.17.4 让老学员带来新学员

留在社群里的老学员，其实可以发展为我们的销售员，为我们带来更多的新学员。这是用户运营中非常重要的拓客方式。

每个学员都有自己的社交圈层。留在社群的老学员本身已经体验过社群内的课程学习，甚至对这种社群学习方式感到满意。老学员的社交圈层里很可能存在一些和他有相同消费能力、相似消费价值观的潜在学员。此时，如果我们能够促使老学员分享社群信息，就能借助他们的社交关系，快速找到新学员，提升销售额。

让老学员带来新学员，有以下 3 种方法。

1. 权益共享

权益共享是指老学员可以把自己享有的老学员权益共享给身边的人。例如，我们赠送每一位老学员一张亲友卡，用亲友卡购买课程可以同样享受老学员价或者会员价。一般情况下，如果老学员本身已经有一张会员卡，得到亲友卡后，他很可能会把亲友卡送给社交圈里需要的人。只要拿到亲友卡的人激活了亲友卡，我们就相当于借助老学员的关系，找到了潜在的新学员。此时，再由运营者进行一对一沟通，往往能以更高的效率完成转化。

2. 赠送老学员体验课

我们也可以考虑赠送老学员体验课。这样的体验课可以设置使用期限，允许赠送。如果老学员觉得自己这段时间对体验课没有需求，就会把体验课送给需要的人。这样，我们也相当于通过老学员获得了新的潜在学员。

3. 分享返利

为了激励老学员帮忙分享传播，我们可以使用分享返利的策略。例如，所有购买过课程、加入学习型社群的学员，都可以将课程或者学习型社群的其他商品分享到朋友圈、微信群，或者直接分享给自己的微信好友。如果有人通过他们分享的链接购买了我们的课程或者其他商品，他们就能得到奖励。这样的奖励，可以是学习基金，也可以现金奖励。这种方式实际上是一种分销机制，相当于让老学员帮忙分销。只要奖励有吸引力，就可以通过老学员获得很多新学员。

3.18 ▶ 如何为学习型社群设计促销活动

不管是新学员还是老学员，如果想要获得他们的关注，引导他们购买，在任何平台都需要采用一种策略：促销。促销能使围观者产生购买冲动。这种具有冲击力的营销手段深得各行各业的青睐。

那么，学习型社群应该如何做促销呢？在此介绍几种促销策略。

3.18.1 给新学员发放渠道优惠券

学习型社群的课程属于低频消费商品。这种商品有一个特点，即消费者不会长期关注，很多人往往只会在需要学习的时候考虑购买，因而往往注意不到这些商品可能常有折扣。在需要购买时，他们若是看到商品链接里的正常价和优惠券，会感到惊喜，觉得现在买很便宜，会更愿意立即购买。

3.18.2 给优秀学员发放奖学金

给优秀学员发放奖学金，可以激励学员提升学习效果，打造课程口碑。

对于学习费用较高的学习型社群，可以参考如下方式设置奖学金。

（1）价格较高（5000元以上）的学习型社群，可以直接将奖学金设置为 100 ~ 1000 元的现金奖励，名额一般限制为一期学员总数的 5%。

（2）中等价位（1000 ~ 5000 元）的学习型社群，可以将奖学金设置为代金券和实物奖励。代金券可以在购买任意商品时用于抵扣；实物奖励是商城内价值 100 ~ 300 元的实物礼品，最好再附赠一或两本书，做成一个礼盒。名额可以设置为一期学员数量的 10%。

（3）价格不足 1000 元的学习型社群，可以将奖学金设置为升级课程的 200 元优惠券，奖学金名额也可以扩大到 15% ~ 20%。

3.18.3 给老学员设置专属优惠

老学员是已经购买过社群课程的学员，对我们有信任基础。我们可以将一部分招新预算转移给老学员，因为老学员能为我们找到有需求的新学员，并且能为我们进行有针对性的内容传播和有信任力的口碑传播。

给老学员设置专属优惠，我们可以考虑以下几个方法。

（1）发起裂变活动，邀请老学员当种子学员，让老学员协助招募新学员，给老学员招生奖励。

（2）为老学员提供老带新优惠价，邀请老学员随时随地转介绍新学员。

（3）为老学员提供专属团购价，以提高老学员的复购率。

3.18.4 恢复原价的策略

促销是有时限的，再长期的促销都有结束的时间。其实，我们不建议学习型社群进行长期的促销，因为长期促销也是有弊端的。长期促销对新学员来说是实惠的，但老学员关注学习型社群品牌后，如果得知学习型社群的课程是长期促销的，会感到失落。这时，若要用进一步的促销行为来安抚老学员，不但会增加学习型社群的运营压力，还有损学习型社群在学员心里的形象。

然而，结束促销并不容易。突然结束促销，恢复原价，可能会流失一部分潜在学员。

那么，如何结束促销，将价格恢复原价呢？有以下两个操作要点。

1. 学习型社群的价值引导

不管有没有促销活动，我们都需要将宣传的重点从价格转移到学习上。学习型社群的核心价值在于学习，而不是低价。我们要挖掘"持续学习""终身学习"的心理诉求，而不是用"低价""实惠"刺激学员冲动消费。

具体怎么做呢？我们应在学习型社群中引导学员投入学习，引导他们展示自己付出的努力和学习的成果。这样，不管是老学员还是没有购买过学习型社群课程的目标学员，都会将注意力转移到学习上。

如果学员为学习付出了金钱和时间，得到了"干货"资料、人脉关系、技能提升、工作奖励等，那么学员就会感觉自己的付出"物有所值"。即使一段时间后课程停止促销、恢复原价了，或者突然开始促销，学员也不会改变对学习型社群的态度："我学习，不是因为它便宜或者贵，而是因为我学到了知识，它对我真的有用。"

2. 提前告知

对于学习型社群来说，学员满意度和学员黏性非常重要。因此，我们要考虑学员的感受。我们可以结束学习型社群课程的促销或给课程涨价，但是要尊重学员，应提前 1 ~ 2 个月告知课程要恢复原价（或者涨价），并告知恢复原价（或者涨价）的理由。

3.19 ▶ 如何为学习型社群的课程升级

并不是做好了学习型社群的课程就可以一劳永逸。为了保持学习型社群品牌的竞争力，我们需要有计划地对学习型社群的课程进行升级。当然，课程升级意味着制作和运营成本的增加，可以借此合理涨价，或者停止促销。课程升级后，消费者看到课程升级前后的差别，一般是愿意为升级后的课程买单的。

那么，我们如何为学习型社群的课程升级呢？

3.19.1 主题升级

主题升级，也就是延伸课程主题包含的范围。例如，写作课程的主题可以从基本写作技巧延伸到新媒体写作、广告文案写作、职场公文写作、商业化方案写作，等等。

通过前一期或者前几期学员的来源和学习反馈，我们基本上可以确定哪些方面的主题能得到更多的关注。在课程升级时，对主题做相应的延伸，更容易让课程吸引到更大范围的人群。

3.19.2 内容升级

升级课程的核心是内容升级。

为了快速完成录制和上市，第一期学习型社群课程的内容可能没有足够的时间精雕细琢，或者由于大环境的变化，有些内容已经过时。在升级版的课程中，我们需要对这些内容进行升级，更换为符合当下情况的新内容。

一般情况下，内容升级有以下几个技巧。

（1）加深所讲的知识。在谈到某个知识点的应用时，可以多加几个不同行业的案例，以及应用的方法和细节方面的注意事项。

（2）更新行业知识。课程的主题一般是依据实际的行业需求策划的，而行业的环境一直在发生变化。因此，升级课程时，我们需要了解行业知识的时效性，新出了哪些规定，产生了什么样的影响，需要什么样的对策。这样的升级才能真正满足行业需求。

（3）更新案例。课程不宜使用年代已久的案例，尤其是商业领域的案例，因为大环境变化很快，过去默默无闻的企业，可能会突然崛起；过去被当作榜样的企业，可能现在已经泯然于众，毫不起眼。因此，每次升级课程时，我们都要注意，哪些案例过时了，哪些案例年代太久远了，哪些案例用过太多次了，这些最好都换成新的案例。

（4）更新配套课件包。很多课程有配套课件包，内容包括 PPT、推荐图书、学员手册、资料包、评估表、测试题等，课程更新时，这些内容也要更新。

3.19.3 学习模式升级

除了课程内容，学习模式也可以进行升级。

（1）为线上课程配备线下课程。如果原课程只有线上课程，那么可以考虑配备线下课程。线下课程的模式可以设置为会议或者沙龙，由讲师和导师同大家进行面对面的经验交流。想要参加线下课程的学员自愿报名。

（2）练习方式升级。如果原课程的练习是学员自己做练习作业，那么升级课程则可以设计小组作业，比如小组讨论等，由 5 ~ 8 名学员组成一个小组，合作完成一份小组作业。

（3）参观考察。参观考察是高端学习型社群里最受欢迎的学习模式，比如到本行业或其他行业的标杆企业参观。"读万卷书，行万里路"，运营者带着大家到外面看看，让学员看到自己与标杆的差距，学员会更认可学习的价值。

3.19.4 课程元素的调整

当然，升级课程还需要注意对一些元素进行调整，比如以下元素。

（1）课程名字。为了和原课程有所区别，升级后的课程可以在原课程名后面加上修饰词语，如"×××课程 2.0 版""×××课程 2021 版""×××课程升级版 / 提升版"等。

（2）换 PPT 模板。升级课程也需要换不同的 PPT 模板，以给人一种新鲜感。

（3）换录课场景。可以在录课时添加一些新的背景装饰，以和原课程相区别。

最后需要说明的是，对课程的升级并不是在决定升级时才开始的。在第一期学习型社群课程的运营过程中，我们往往就会看到一些需要优化的内容，可能是案例，可能是数据，可能是授课方式，也可能是督学方式，等等。我们需要鼓励所有运营人员在平时工作的过程中把这些需要升级的内容记录下来，这样，当开始计划升级时，就可以着手操作。

3.20 ▶ 如何为学习型社群设计一场裂变活动

在获得第一批学习型社群的学员之后，就可以以此为基础，通过裂变的设计来吸引更多人加入社群。

通常情况下，一场裂变活动的流程如图3-13所示。

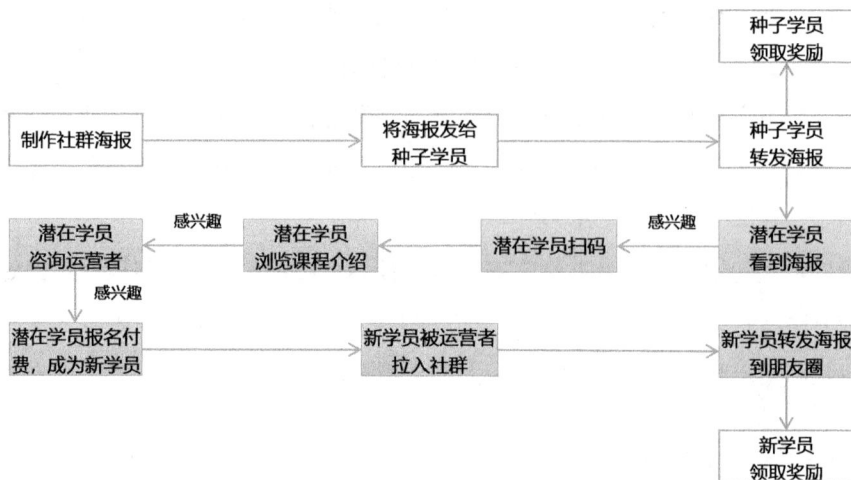

图3-13 裂变活动的流程

在这个流程中，有4个核心要素决定了裂变效果，即种子学员、福利、分享引导以及裂变海报。因此，整个裂变活动的设计，也可以理解为这4个核心要素的设计。

由于裂变的目的是转化，即吸引更多人报名参加学习型社群，因此，这4个核心要素都需要依据这个裂变目的来设计。

3.20.1 种子学员的设计

种子学员负责将学习型社群海报发布到朋友圈，是裂变活动开启阶段的重要参与者。

种子学员需要具备两个条件：一是购买过学习型社群的课程；二是社交影响力高。购买过学习型社群的课程，转发海报时就具备一定的说服力；社交影响力高，则可快速扩大裂变的范围。

一般情况下，同时满足两个条件的种子学员并不容易找到。如果实在找不到具备这两个条件的种子学员，也可以只满足其中一个条件。这意味着可以找老学员当种子学员，或者找有社交影响力的外部渠道，与之合作。

3.20.2 福利的设计

福利是活动的诱饵，也是整个活动的关键。如果福利不够诱人，首批参与活动的种子学员可能就没有传播的动力，那么这场活动也就无法继续了。

因此，福利需要根据种子学员和目标学员的需求来设计。具体操作方式如下。

首先，要选择种子学员和目标学员切实想要的福利。一般情况下，目标人群在购物节抢购的热门商品，就是他们切实想要的商品。社群运营者可以从"双 11"或"618"的销售排行榜榜单中选择合适的商品。

其次，福利应与学习型社群的课程主题相关。因为裂变的目标人群是对课程主题感兴趣的人，选择与课程主题相关的福利，才能吸引到对课程主题感兴趣的人，才能实现后续的商业变现。

最后，福利的成本价不宜太高，数量要尽可能多。一方面，就成本价而言，福利的成本价关系到学习型社群的运营成本。如果福利是实物商品，除了要考虑采购价格，还需要考虑包装费以及邮寄费用。而如果福利是虚拟商品，例如电子书、线上培训课程之类，福利的成本就比较容易控制。另一方面，就数量而言，福利的数量会影响学员的参与兴趣，也会影响裂变活动的持久度。如果数量不够，可能裂变活动刚开始不久，福利送完，活动就得结束了。因此，很多社群往往会选择即使增加供应量也不会增加成本的虚拟商品作为裂变福利。

3.20.3 分享引导的设计

分享引导的设计主要需要考虑两个方面的内容：分享渠道和分享工具。

1. 分享渠道

裂变活动的传播渠道一般有 4 种：社群运营者的朋友圈、种子学员的朋友圈、付费投放相关社群、付费投放相关新媒体账号。

社群运营者的朋友圈和种子学员的朋友圈，一般很快就会利用起来。然而，对于付费投放相关社群和付费投放相关新媒体账号，很多社群运营者可能会认为操作麻烦或者不好评估效果而不愿意使用。其实，只要找到与目标学员相匹配的社群与新媒体账号，与其主理人约定按照效果付费即可；至于效果评估，可以借助一些分享工具生成活动二维码，投放到这些社群或新媒体账号中，分享工具往往能够统计通过此二维码访问的学员数量。在活动结束时，按学员数量进行付费即可。

2. 分享工具

分享工具需要具备分销系统、活码系统、消息推送（欢迎语）、关键词回复（任务审核）、奖励自动发放、数据统计等功能。只要是能实现这几项功能的工具，即可用来做分享工具。

当今的市场上，拥有这些功能的小工具很多，社群运营者可以根据裂变需求和预算，选择合适的裂变工具。

3.20.4 裂变海报的设计

种子学员将海报及文案发到朋友圈，如果海报的吸引力不够，其朋友可能会在看到海报的1秒内随手划过，裂变海报就无法起到裂变效果了。如果海报及文案是有吸引力的，浏览朋友圈的人可能会多停留2～3秒，同时判断自己是否感兴趣。如果感兴趣，他可能会再花点时间在海报上找其他信息，从而做出决断。这样的一个过程，可能不会超过1分钟。

可见，海报是决定裂变活动效果的主要因素，我们需要重视海报的设计。

海报设计需要考虑海报标题、核心人物介绍、核心内容介绍、价值背书、福利以及二维码。

1. 海报标题

海报标题有4种类型：痛点型、权威型、获得型和速成型。这4种海报标题的文案结构说明如表3-1所示。

表3-1 4种海报标题的文案结构说明

海报标题类型	文案结构	举例
痛点型标题	描述痛点问题 + 给出解决方案	你有多久没有读完一本书了？加入"有书共读行动计划"，每天 15 分钟，每周读完一本书
权威型标题	名人头衔 + 热点或痛点型分享内容	刘墉亲子教育成长营：40 堂大课让孩子会学习、有教养、更优秀
获得型标题	物质/心理/身体上的获得 + 解决方案	普通人也能复制的直播变现之路
速成型标题	痛点问题 + 较短的学习时间/较小的学习强度 + 效果	1 小时从英语菜鸟到高手；5 天提升社群运营核心技能

2. 核心人物介绍

核心人物板块需要有核心人物的文字介绍和真实照片。

文字介绍部分主要呈现该人物的个人标签。一般而言，个人标签越响亮越有说服力。而真实照片会让大家觉得这个活动有情感、有温度，不是一个冷冰冰的活动名称，从而更容易吸引大家的目光，也更容易使大家产生信任感。例如"秋叶 21 天直播变现实战营"的海报，其中的人物照片和文字介绍如图 3-14 所示。

3. 核心内容介绍

学习型社群的课程内容比较复杂，我们需要在海报中明确展示课程包含哪些重要内容，能给学员带来什么价值。例如，"秋叶 7 天写作体验营"海报的核心内容板块就是该课程的大纲，学员可以从中看到课程的价值，如图 3-15 所示。

图3-14 秋叶21天直播变现实战营的海报

图3-15 秋叶7天写作体验营的课程大纲

4. 价值背书

价值背书可以增强社群的价值感。价值背书主要有以下 3 种方式。

（1）权威背书，即有权威机构推荐，或者得到了一般竞争者比较难达到的行业标准认证。

（2）名人背书，即获得了有高知名度的人士的推荐。

（3）数据背书，即达成了有竞争力的数据。例如，某"学习"主题课程的海报文案："仅仅 3 个月的时间，课程学习人数已经突破百万！"

需要说明的是，不管是以什么方式获得价值背书，背书内容都必须真实，不可弄虚作假，也不可随意夸大。

5. 福利

对于价格不低的学习型社群来说，福利可以是较大的优惠。这是促使意向学员立即报名参加学习型社群的关键因素。例如，原价 599 元，"宠粉"价 199 元；扫码限时领，0 元；等等。

此外，也可以用一些有实用价值的虚拟商品作为福利，例如"扫码即送 1000 + 页 PPT 资料"。

福利是促成行动的关键，有时甚至比海报主题、海报内容的作用更大。因此，福利的设计除了要体现价值感外，还要突出紧迫性、稀缺性，以激发目标人群的损失厌恶心理，促使其快速行动。

6. 二维码

裂变海报离不开二维码。二维码一般与价格放在一起，多位于海报的左下角或者右下角。其旁边往往还需要一句有行动召唤力的文案，例如"立即扫码，先到先得""抢最后席位""报名就送 ×××"，等等。海报中二维码的效果展示如图 3-16 所示。

在实际操作中，社群运营者可以基于以上海报的结构多设计几张海报，先投放到内部群进行测试，根据反馈效果进行优化，从而制作出传播概率较高的海报。

在完成海报设计后，只要将活动海报传播出去，即可开启裂变流程。

图3-16 海报中的二维码

3.21 ▶ 如何提高裂变活动的扩散率

决定裂变活动效果的是扩散率。提高裂变活动的扩散率有以下 3 个方法。

3.21.1 找到关键人物

策划裂变活动时，我们要找到关键人物。

关键人物往往是那些备受推崇，能够影响他人行为和态度的人。这些人的典型特点是不盲从，喜欢尝鲜，对新事物有明确的看法，往往能够影响他人对新事物的态度。他们是引领消费潮流的人，能够影响一个群体的消费偏好。

关键人物有哪些特征呢？

首先，很多人都认识他，通过他来认识彼此。

其次，他认识的人非常多，帮助很多人产生了连接。在通过他认识了很多朋友的人看来，这个人很热心，并不功利。

最后，他总能第一时间知道很多行业的信息，因为他本身就认识很多行业的人，也会主动与各行各业的人聊起他们行业的信息。

这样的人是真正有分享价值的人，是我们做裂变活动时期望的种子学员。他们或许不是我们的学员，但我们要尽可能地让这些人对我们的内容感兴趣，让他们愿意为我们的学习型社群宣传。

如何让他们感兴趣呢？一个有效的方法是让他们知道自己是"第一批"了解某个优质内容，并能分享最佳裂变收益的人。只有成为"第一批"，他们才有可能愿意分享、愿意推荐。

3.21.2 迎合人们的分享动机

分享是裂变得以启动并顺利展开的基础。那么，是什么驱使人们与他人分享一个内容呢？答案是"分享时的积极情绪"。

对于大多数人来说，不管是在网络中还是在现实中，真正亲近和时常互动的人并不多。即使微信好友很多，但我们什么都愿意与之分享的人其实并不多。然而，即使是不太熟悉的朋友，当我们看到有趣的内容时，也会愿意分享给他们。但如果分享某个东西会让别人质疑我们的品性，我们三思后就会选择不分享。也就是说，我们预期的别人的看法，决定了我们分享什么信息，不分享什么信息。

另外，我们只会和很亲近的人分享消极的或者负面的信息。而对于大多数朋友，我们只愿意和他们分享积极的信息。

因此，课程宣传海报要突出积极的、有用的信息，不要试图用消极的、有争议的或者违背道德观念的内容来博取人们的注意力，否则，看到的人可能会选择直接关闭甚至屏蔽。我们应该创作有价值的东西，发布有价值的信息，让人们乐于分享。

一般情况下，人们乐于分享具备以下特点的内容。

（1）信息量大。每一个人都希望自己在社交圈子里是有价值的，能够给别人分享很多有用、有价值的信息。因此，我们宣传学习型社群时，要尽可能展示足够多的信息价值，越多越好。

（2）与热点相关。当一个人正在了解某个刚刚发生的热点事件时，如果有人分享给他的内容恰好与此相关，那么他会更容易注意到分享的内容。

（3）有趣，新奇。人人都喜欢分享有趣、新奇、不同寻常的事情。

（4）有挑战。几乎每个人都会被挑战吸引，都想证明自己是胜出的那个人。因此，人们乐于分享谜题和挑战类的小游戏。

（5）能促使别人评论和点赞。人们希望得到认可。如果分享某个信息后，可以获得朋友甚至陌生人的评论和点赞，那么人们就会乐意分享。

（6）能使别人警觉。对于让我们警觉的内容，我们会觉得有用，会觉得对别人也有用。因此，很多人都愿意分享能够提升他人警觉度的信息，不管这些信息能否让人产生积极的情绪。

（7）有情怀。人们会情不自禁地想要分享引发情怀的信息。最容易引发人们情怀的是青春。与青春有关的信息更容易被分享，即使人们的青春是不同的。

3.21.3 发挥环境的威力

要引发大规模的分享和传播，首先要实现许多小规模的分享和传播。这里的小规模是指 150 人左右。当我们的信息能在很多 150 人的小群体传播时，就很可能会引发大规模的传播。这就是"150 法则"。

因此，我们要先在小群体中找到尽可能多的愿意分享的人，通过这些人来获得小群体的支持，然后争取到其他小群体的支持，从而引发更大规模的分享和传播。

人们的决定会受到群体的影响。一个人独处时，也许会对事物抱有比较理性的看法；但处在一个有人一呼百应的群体中时，他就会感受到来自群体的压力，成为"百应"中的一员。

3.22 ▶ 如何编写裂变活动的话术

为了使裂变活动如期进行，我们应提前准备好裂变活动的相关话术。当然，不是准备好话术就万事大吉了，也需要根据实际情况不断地改进、优化话术。

裂变活动的话术主要有两类，一类是引导参与者参与的话术，这类话术叫"客服话术"；另一类是让参与者复制、转发的话术，这类话术叫"传播话术"。在此一一介绍。

3.22.1 客服话术

在裂变活动中，我们需要准备的客服话术主要有提醒转发话术和收到截图的回复话术。这些话术相对标准化，示例如下。

1. 提醒转发话术

提醒转发话术的示例："您好，感谢您报名参加我们的体验课。免费报名的方式为，复制下方文字，搭配下方海报分享至朋友圈，截图之后发给我，即可免费报名。如果不方便分享，可以发 6.6 元红包付费报名。"

2. 收到截图的回复话术

收到截图的回复话术示例："恭喜您，您已经成功报名本期课程，我们的课程将在本周五晚上 8 点开始，请记得安排时间收看，以下是听课链接，请保存收藏。"

在进行这些客服工作时，为了更高效地接待参与者，运营者的微信昵称可以暂时性地设置为"报名处理中，请等待稍后的提示"。

3.22.2 传播话术

传播话术，也就是转发话术，目的在于打动种子学员的朋友，因为种子学员把文字和海报转发到朋友圈之后，能不能实现裂变，就要看这些朋友对课程或者裂变活动感不感兴趣。因此，转发话术需要达到两个目的，一是引起朋友们的兴趣，二是引导大家点开海报。

而容易达成这样效果的话术有 3 类：好评话术、期待话术、承诺话术。

1. 好评话术

好评话术，即口碑话术，要能够体现出"我自己使用过，感觉不错，所以推荐给大家"。例如，"刚刚听完了 ×× 老师的课程，好多'干货'，值得推荐，扫码就能免费观看。"

2. 期待话术

对于还没有正式开始的课程，可以使用期待话术。例如，"一直听说 ×× 老师在 ××× 方面很厉害，这次终于等到他开新课了，我已报名，这周四晚上 8 点开课，推荐你也来。"

3. 承诺话术

承诺话术相当于在朋友圈做承诺，适合需要坚持行动以取得某个成果的课程。例如，"我决定学习 ×× 课程，每天跟着 ×× 老师做 ×××，实现 ×××，请朋友们监督！"这种话术的好处是，一方面有助于课程信息的传播，另一方面也可以督促学员坚持学习行动。

以上话术都需要按照普通学员的语言风格来编写，以免被当作广告。

一般情况下，我们需要尽可能准备这 3 种类型的话术。在一个裂变活动开始时，让种子学员挑选自己想使用的话术类型，同时跟踪各种话术的转发量和其他传播效果数据，从而找出最适合裂变活动的话术。

3.23 ▶ 如何为裂变活动做复盘总结

裂变活动结束后，我们需要及时对裂变活动进行复盘。

我们可以按照以下步骤对裂变活动进行复盘。

3.23.1 回顾目的

我们需要在裂变活动开始之前，先设定一个裂变目标，然后根据这个目标设定可以衡量裂变效果的指标。

例如，一个裂变活动的流程是，先用体验课的海报吸引意向学员报名参加 3 天体验课；在 3 天体验课结束时，社群运营者就会在社群内向体验课的学员宣传价格较高的正价课；购买正价课的体验课学员会被社群运营者拉入正价课的学习型社群。在这样的裂变活动中，我们可能会有两个不同的目的："拉新"或者销售正价课程。

如果这个裂变活动的目的是"拉新"，那么主指标就是报名体验课的新学员数量；如果是为了销售正价课程，那么就看体验课的转化率。

评估不宜复杂，需要基于明确的数据，而不是用文字叙述，因为文字叙述可能让人忽略关键问题。在评估这些指标时，比文字更有说服力的是数据。

相应地，在裂变活动结束后的复盘阶段，我们要回顾裂变目标和评估指标，罗列数据，再开始正式复盘。

3.23.2 设定判断标准

做完一个裂变活动，我们需要了解活动的效果如何，是否实现了目标，活动过程中哪里做得好，哪里还可以改进。而能回答这些问题的，就是效果数据。

分析裂变活动的效果数据，有以下 3 个基本思路。

（1）从整体结果出发，看总量。例如，本次裂变活动的目标是转化 1000 名新学员，结果若是达到 1000 名，就是裂变效果好；若是没有达到，就需要找出问题出在哪儿。

（2）与无活动时对比，看增量。例如，未举办裂变活动时，一个月有 1000 名新学员，这次想通过裂变活动增加 1000 名新学员，那么新增新学员比平时多 1000 名就是标准。

（3）与过往活动对比，看投入产出比。例如，以前的"拉新"活动一般每投入 100 元可以拉到 1 名新人，这一次的投入产出比要比这个数字低。

一般来说，我们要尽可能选第一种方法，因为第一种最直观，效果最明显。而第二种和第三种方法涉及的影响因素太多，不容易客观判断。

3.23.3 梳理活动流程，确定关键节点

效果数据可以让我们做出"好 / 坏"判断。但仅仅能判断"好 / 坏"是不够的，我们还需要进一步分析为什么好或者为什么坏。这时候，就需要细致梳理裂变流程，找到影响结果的关键点。

在复盘时，我们需要清楚以下几个问题的答案。

- 从潜在学员的角度看，裂变活动的流程是什么?
- 整个活动中有哪几个转变节点?
- 促成转变的动作是什么?

裂变活动有一定的流程，而让流程顺利运行的，就是转变节点，如图 3-17 所示。

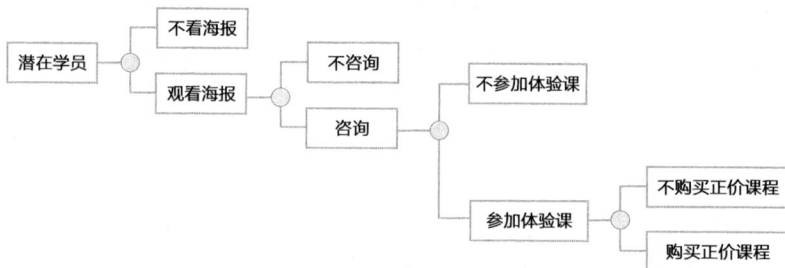

图3-17 潜在学员角度的裂变流程和其中的转变节点

我们需要根据各个环节的数据来判断裂变活动中各个节点连接的链路是否通畅。有的裂变活动看起来流程很完整，但在某个环节，继续走下去的学员却大量减少，这是因为其转变节点没有设计好，导致学员流失，从而影响活动效果。

而影响活动效果的转变节点，就是我们需要总结以及后续优化的关键节点。

3.23.4 统计结果，制定运营方案

根据各种数据，我们要得出以下两个问题的结论。

（1）谁是我们最具有影响力的关键邀请人？

关键邀请人一直是裂变活动中最需要关注的对象。找到这部分人对裂变活动非常重要。一般情况下，谁通过裂变得到最多的奖励，谁就是关键邀请人。

（2）裂变活动中各种学员的数量有多少，有着怎样的比例关系？

我们可以把裂变活动中的目标学员分为优质学员、感兴趣学员和无兴趣学员3 类。

其中，优质学员是指在裂变活动中直接转化的学员；感兴趣学员是指在裂变活动中浏览了课程详情页等后，并没有转化成真正学员的学员；无兴趣学员是指那些看到裂变海报后仅仅扫了码或者连码都没有扫就退出了的学员。

在一个裂变活动中，我们需要找出这 3 类学员，看看他们各自的数量和占比。

根据以上数据，我们才能评估裂变活动的福利、文案等是否合理，才能对不同裂变状态的学员进行差异化的运营，如无兴趣学员的"种草"计划、感兴趣学员的"促转化"计划等。例如，对于一些有浏览行为、已将课程加入购物车但未购买的感兴趣学员，可以赠送其优惠券，以促成下单。

3.24 ▶ 如何策划一个提升学习型社群影响力的品牌活动

如果一个学习型社群运营得不错，已经积累了口碑，树立了品牌，社群运营者就可以考虑与其他有能量的平台合作，能力互补，做一些能创造更大价值的事情。这就是"能量互换"。

实现能量互换的关键在于连接意识。社群是一个连接人的平台。社群运营者要

善于发现连接的可能性，敢于尝试连接他人的人，往往能够最先得到机会。

例如，一些出版社和"秋叶 PPT"社群合作，主动送书给"秋叶 PPT"的学员，请学员阅读后根据书中的内容做出优质的 PPT 作品，然后通过"秋叶 PPT"的微博、微信公众号、短视频账户分享，同时也在出版社自己的微博、微信公众号甚至是网店上分享。

在这种模式下可以实现多方获益。首先，出版社可以精准覆盖"秋叶 PPT"社群中爱学习、爱阅读、爱动手的学员，很多学员认同作者，会直接去买书；其次，每次作者分享，出版社赠书，热心的学员又主动把收获转化成精美的 PPT，这就是社群模式下的结构化输出；最后，秋叶系社群微博、微信公众号矩阵的能量，又能不断放大这些 PPT 的传播效果。这种合作实现了出版社、作者、学员和社群的四方共赢。更有意思的是，当"秋叶 PPT"社群整合起四方资源后，发现自己产生了更大的能量，能吸引更多资源和社群连接，能量的扩大反过来又促成了更多出版社的合作。

读书笔记 PPT 一直是"秋叶 PPT"社群的"拿手绝活"，在学员达到一定数量后，社群运营者就会在社群中举办读书笔记 PPT 大赛，以提升影响力。

这种活动的运作流程如下。

（1）出版社将可以赠送的书目发给社群运营者。

（2）社群运营者在社群内发布公告，公布书单。

（3）学员根据书的类型以及自己的制作时间向社群运营者预约。

（4）社群运营者与学员沟通，获取学员的地址，随后安排寄送。

（5）学员收到图书后，在承诺时间内完成 PPT 作品，制作过程中可以请社群的指导老师指导、修改。

（6）学员完成作品后，需要将作品拼成长图或转化为视频，并添加相应的话题、编号等信息，发到自己的微博、微信视频号参赛。

在这个过程中，出版社、作者、学员、秋叶品牌都能得到自己所需的回报。

（1）出版社和作者。

出版社和作者相当于进行了一次高质量的新书营销推广，有助于通过新书的曝光，提升新书的销量。例如，一个转发量过 100 的读书笔记 PPT，微博阅读量可能高达 20 万。而出版社的成本仅仅是送出一本书。

（2）学员。

学员可以免费得到一本正版书，其作品经过 PPT 高手老师的一对一辅导，成为更为优质的内容，有机会得到各官方微博的转发，其个人的微博账号也能获得更多的"粉丝"，从而使个人的网络影响力快速扩大，甚至能吸引更多的高薪工作机会。

（3）秋叶品牌。

在以上多轮次的传播中，秋叶品牌也得到了诸多曝光机会。例如，诸多社群成员发布高质量的学习成果，在某种程度上也是在宣传秋叶品牌和相关课程；源文件中穿插有秋叶系课程的广告，对秋叶课程进行了曝光等。

这种活动的结果是共赢，而这种共赢结果的基础是充分调动诸多学员的能量。当这些学员的能量被调动起来时，仅仅用一本书作为中间流转物，就可以实现一场具有良好口碑的微博营销活动。

3.25 ▶ 如何评估学习型社群的运营成果

我们如何评估学习型社群的运营成果呢？主要考察以下几个数据。

3.25.1 上课打卡率

上课打卡率，即日常到课率。如果一期课程有 30 课时，但有人缺课 5 次以上，他的学习效果很可能会大打折扣。学习效果差，自然不会给予课程好评，更不要说复购和转介绍了。

因此，上课打卡率对学习型社群的运营效果有非常大的影响。运营团队，包括项目经理、班主任、助教等，都要实时把控上课打卡率，及时了解学员的缺课原因，并制定相应的解决办法。

当然，我们也可以通过一些小技巧来提高上课打卡率。例如，用"打卡＋积分"的方式，激励学员养成良好的学习习惯。

具体而言，每天更新课程知识点的学习型社群可以采取日历打卡的方法，班主任设置每天于固定时间自动向所有学员发送打卡提醒。在课程持续期间，学员在有效时间段内打卡，就可以获得积分；每节课都按时打卡，还可以获得额外的积分以及其他奖励。课程结束后，可以用积分在积分商城进行兑换，如其他课程的优惠券、一对一的应用指导、实物商品，等等；其他奖励则由运营团队寄送。

这种"每日打卡提醒＋打卡奖励"的形式，可以用来帮助学员坚持完成课程学习。

3.25.2 作业完成率

作业也会对学习效果产生巨大影响，进而影响学习型社群的口碑。

但写作业并不是一件讨喜的事情。所以，很多学习型社群的作业完成率并不高。

那么，我们可以通过哪些方法提高作业完成率呢？有以下几种方法。

（1）我们可以设置一个独立的群、小程序或者其他工具，用于提交和展示作业，让完成作业的人能第一时间将作业展示出来，大家也都能看到别人提交的作业。这样除了能通过积极学习的学员来激励不那么积极的学员外，还可以打造一种互相学习的氛围。同时，我们可以在学员提交作业后，要求助教及时点评。助教的及时反馈，尤其是积极反馈，也能提高学员写作业的积极性。

（2）我们可以邀请前一天作业得到优秀的学员对今天已提交的作业进行简单的积极评价。这样不仅能提高学员在学习型社群的活跃度，还能提升学员与学员之间的互动率。

（3）我们可以设计一套完成作业的阶梯式奖励。例如，完成第 1 天的作业，可以得到一个小奖励；连续 3 天完成作业，可以得到 3 个小奖励；连续 7 天完成作业，可以得到一个中级奖励；连续 10 天完成作业，可以得到一个大奖励；连续 15 天完成作业，可以得到更大奖励；完成全部作业，全额返还学费。这样，学员每坚持做一天的作业，就会对下一个阶段的奖励产生新的期望。

（4）如果条件允许，我们还可以设置晋级式的作业管理模式。例如，将 21 天的课程学习分成 3 个阶段，每 7 天是一个阶段，每一个阶段都有一个作业考评。一个阶段的作业考评达标后，才可以获得第二阶段的学习资料，参加第二阶段的学习。这样，为了顺利进入下一阶段的学习，大家的作业完成率会很高。

3.25.3 社群活跃度

学习型社群并不仅仅是学习知识的地方。人们虽然是为了学习知识而聚在一起的，但若只是为了学习，人们还能采用其他更有性价比的学习方法，如看书、看网课等。

学员之所以付费参加学习型社群，不仅是为了学习，还是为了链接人脉，制造与人连接的机会。因此，除了与学习相关的指标之外，我们还需要关注社群活跃度。

发言学员数会影响社群活跃度。社群运营需要牢记：社群学员数＞访问社群学员数＞发言学员数。其中，社群学员就是社群的全部学员；访问社群学员就是打开社群看了内容的学员；发言学员就是在社群内发言的学员。在社群内却不发言，甚至不看群信息的学员，就是潜水学员。

我们需要尽可能减少潜水学员，但同时也需要注意到，并不是每个人都愿意在社群内互动，不同的人对社群有不同的关注度和参与度。

如果社群整体的活跃度很低，那么说明潜水学员很多。反过来，我们要想减少潜水学员，就需要尽可能地提高社群活跃度。

如何提高社群活跃度呢？

可以借助"二八原则"。

社群里的学员很多，而社群运营者的能量和资源有限，无法给予所有学员同等的关怀。但是，我们若能找出活跃度高的学员、认真做作业的学员以及为社群发声的学员，给予其精准激励，与其进行深度沟通，进一步提升他们的活跃度和社群黏性。他们得到激励后，会更愿意在社群内互动，而社群会因为他们的频繁互动而获得不错的活跃度。

第 4 章 如何运营人脉型社群

人脉型社群利用社群对人脉进行圈定、强化，以实现社群成员之间的资源对接、技能互补。这是一种合作共赢的思维，人脉型社群运营的核心在于促成群内所有成员实现合作共赢的目标。

4.1 ▶ 什么是人脉型社群

人脉型社群是以人际交往为宗旨的社群，是圈子型社群。对于社群成员来说，人脉型社群是获取优质人脉、实现商业链接的有效方式，因为大家都活跃在一个圈子里，会在日复一日的交流中促成商业的链接。

人脉型社群的运营思维是圈子思维。圈子要发挥合作共赢的价值，需要圈子内的人结成强关系。因此，能促成强关系的社群才是有价值的人脉型社群。

4.1.1 人脉型社群的运营特点

电商型社群、学习型社群和人脉型社群作为不同类型的社群，运营方式有明显的区别，如表 4-1 所示。

表4-1　不同类型社群运营方式的区别

社群类型	核心	运营	社群成员连接	社群活跃度	社群规模
电商型社群	商品	轻	轻	低	越大越好
学习型社群	课程	中	轻	中	越大越好
人脉型社群	人	重	重	高	小而美

从表 4-1 中可以看出，相对于其他类型的社群来说，人脉型社群更重运营，更需要加强人与人之间的连接，更注重社群活跃度以及社群活动的参与人数，不过不需要很大的社群规模。

也就是说，有价值的人脉型社群更注重打造人与人之间的强关系。

4.1.2 人脉型社群里的强关系

虽然前文说过，如今的社群运营已经转变为注重人和人之间的强关系连接。然而，电商型社群和学习型社群对强关系的要求其实并不明显，因为相比商品或课程，关系的强度并不是最重要的。毕竟，这个时代的人网购，也都几乎是从陌生商家那里购买东西的。我们只是需要有强关系的"熟人"来帮忙推荐。

然而，在人脉型社群里，强关系却是实现社群商业价值和运营目标的必备条件。

在人脉型社群中，成员和成员之间，至少需要两个维度的连接。成员除了都在同一个微信群外，彼此可能是微信好友，可能微博"互粉"，可能交换了电话号码，可能经常参加同城聚会，可能会互相上门拜访，做到了网络圈、生活圈和职业圈的交叉覆盖，这是一种重度连接：即使没有微信群，甚至没有微信，大家也可以聚在一起。

这才是一个基于人的社群。不过，这样的社群规模往往不会很大，一般不到200人。而正是这个规模很小的强关系社群，可以创造80%的社群能量。这就是人脉型社群里的关系价值。

4.1.3 人脉型社群的连接度运营

相对来说，人脉型社群更容易持续创造一系列让大家彼此沟通和了解的机会，增强社群成员的关系连接，使社群成员之间的弱关系变成强关系，从而实现能力、资源合作，创造出更大的价值。

为此，人脉型社群的运营要尽可能地实现并丰富社群成员之间社交关系的交叉覆盖。我们需要鼓励社群成员关注彼此的微博、微信公众号，互相添加微信，开放朋友圈，甚至从线上走到线下，与大家面对面交流。在线上，我们在一个微信群里，彼此聊聊天，但一般不会交换电话号码，也不会认识对方的脸，更不会了解对方更多的特点；而在线下，大家会在见面的过程中建立彼此的信任，然后努力创造更多合作的可能。

如果社群内部连接度高，而且社群成员活跃度高，那么随着社群运营得越来越久，影响力越来越大，人脉型社群的发展也必然越来越好。

当然，要维持社群内部的连接，提高社群成员的活跃度，高强度的社群运营必不可少。因此，人脉型社群虽然不需要采购商品或者制作课程，但是还是需要付出很多的运营成本。

4.2 ▶ 人脉型社群的生命周期

做人脉型社群运营，首先要先了解人脉型社群是有生命周期的。理解这一点，在面对运营中的变化时，我们才不会手足无措，才能冷静地去寻找应对的策略。

4.2.1 什么是人脉型社群的生命周期

人脉型社群可以被看作一种服务型的项目。项目是有生命周期的，人脉型社群当然也不例外。

人脉型社群的生命周期，是用来描述社群的产生、成长和最终衰落的过程的。通常情况下，人脉型社群会经历 5 个发展阶段：萌芽期、成长期、稳定期、衰亡期、沉寂期，如图 4-1 所示。这些阶段并不是彼此独立的，而是构成了一个连续的自然过程。

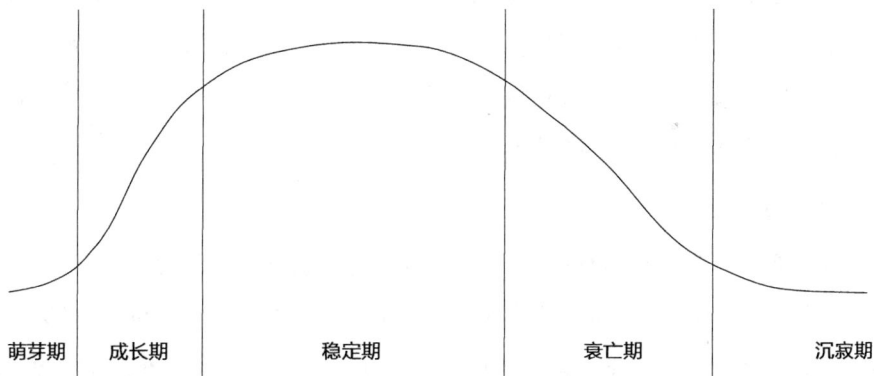

| 萌芽期 | 成长期 | 稳定期 | 衰亡期 | 沉寂期 |

图 4-1 人脉型社群的生命周期

人脉型社群的生命周期中各个阶段的表现如下。

1. 萌芽期

在萌芽期，人脉型社群发起人先产生搭建社群的想法，开始思考人脉型社群的定位、主题以及发展方向，随后联合几位认同他设想的人，以社群核心成员或原始成员的身份，搭建人脉型社群。然后通过召集诸位核心成员的朋友，或者发布消息召集怀有相同兴趣或目标的人，构成第一批公开招募的新成员。有新媒体账号的核心成员还可以通过自己的新媒体账号招募更多对人脉型社群有兴趣的新成员。在这个阶段,人脉型社群的核心成员扮演了重要的角色,此时社群吸引的社群成员一般有着强连接,对彼此的信任感较强。

2. 成长期

在成长期,人脉型社群的主要任务是招募新成员。社群运营者需要通过各种各样有吸引力的活动来为人脉型社群引流,提升人脉型社群的知名度。此时人脉型社群的新成员增速极快,常常有很多新成员入群。不管是早期的社群成员还是新加入的社群成员,都对社群充满了新奇感,在社群里都非常活跃。因此,在这个时期,社群常常被"刷爆",线下的系列活动也进展得如火如荼。

3. 稳定期

稳定期是人脉型社群各个方面相对稳定的时期。在这个时期,人脉型社群已经形成稳定的成员规模和运营模式,新成员增速减缓。人脉型社群会经常举办线上讨论或线下沙龙,各类"大咖"定期加入,社群运营稳定。由于社群成员对于活动的形式已经有所了解,参与度较为稳定。而新加入的社群成员的数量在减少,新成员进群后会很快熟悉规则,积极参与活动。

4. 衰亡期

在衰亡期,社群成员的社群活动参与度明显降低,就连线下活动的参与者也在减少。社群运营者组织活动的积极性也明显下降,对社群的运营渐渐不再那么上心。社群进入活动减少、参与感下降的恶性循环。社群运营者和社群成员都默契地减少发言,偶尔会出来说一句话,但没什么人回应,因为很多人已经将社群屏蔽。

5. 沉寂期

在沉寂期,社群运营者对人脉型社群已经漠不关心,社群里长时间沉默,社群成员也几乎已经遗忘了这个社群。偶尔,有人在清理社交账号的时候会看到这个群,然后会默默退群。

线下社群的成员往往有亲缘关系、行业链接,或者地理位置相近等,可以维持较长的生命周期。而大部分人脉型社群即使有专人管理,运营体系比较完善,社群的生命周期也不过两年左右。其主要原因是,一般两年内,人脉型社群给社群成员带来的新鲜感和红利会消失殆尽；同时，从商业角度来看，两年的时间，人脉型社群中的商业价值已被挖掘得所剩无几，若继续维护，成本会超过回报。一般情况下，如果一个人脉型社群已经走到衰退期或沉寂期，我们倾向于让它尽快结束，或者升级到新的社群运营模式。

4.2.2 延长人脉型社群生命周期的方法

尽管所有的人脉型社群都会走向衰退和沉寂，但是，如果前期运营得当，人脉型社群的生命周期也可以得到延长。在此介绍 4 个延长人脉型社群生命周期的方法。

1. 监测活跃度，及时发现沉寂的社群成员

人脉型社群走向沉寂，往往不是突然的群体行为，而是一个又一个社群成员开始"潜水"的个人行为构成的过程。一个人脉型社群之所以会走向沉寂，是因为社群运营者在"沉寂"的苗头刚出现时，并不曾留意。例如，我们很容易感觉到群里很热闹，但很少会想到去查看哪个成员今天没有参与交流，以及已经多少天没有参与交流。如果潜水人数达到了警戒值，我们才开始挽救，就可能来不及了。因此，我们应该定时检查社群内参与互动的人数，不管是聊天人数还是打卡人数。如果有人连续多日沉默，我们就该给予他特别关注——主动私聊或者在群内 @ 他，激发他对社群互动的再参与热情。

当然，警戒值也要根据不同社群的不同情况，由大家自己去判定和设置，因为"特别关注"的人太多，也会增加社群的运营成本。

2. 为社群成员创造多维度的价值链接

人脉型社群本身可以成为一个小生态平台。如果想让一群人自发地在社群平台上长期保持活跃，就得让大家通过社群产生各种精神上或者物质上的价值链接。链接形式要不断推陈出新，保留有意义的形式，不断开发新的有趣的形式。这样，才能给社群成员持续的激励，让社群成员由衷地喜欢社群，主动回馈福利给这个社群。这有助于社群进入良性生态循环，推动每个人主动为社群奉献自己的能量，社群因为能量的壮大又可以帮助更多人加速成长，使得每个人都愿意社群继续存在下去，这就延长了社群的生命周期。

3. 为社群成员建立线上线下连接

人脉型社群的运营者需要为社群成员建立线上和线下的连接，将大家的关系延伸到线下的真实世界里。这样做有以下 3 个方面的好处。

（1）鼓励社群成员经常在线下见面，可以让社群成员之间产生情感认同，延长社群生命周期；社群成员主动"晒"线下活动的照片也会提升社群成员对线上社群的归属感以及在线上社群的活跃度，形成一个良性循环。

（2）线上的人一旦有了线下连接，就会拥有一种真实感，这种真实感带来的认同感比虚拟世界的点赞要强烈得多。

（3）在线上建立的熟悉感，可以减弱线下交往不多的人见面时的拘谨感。不善交际的人尤其可能从社群搭建的线上交流氛围中获益。

4. 倡导分享和合作的社群文化

越是有生命力的社群，社群文化越要倡导分享、合作和奉献。具体操作是，在社群运营的过程中，我们要帮助社群成员展现出协作、慷慨、互助、互利、共赢的一面。例如，在人脉型社群中，受到大家信任的社群成员可以在社群中分享一款优质的商品，并为大家提供一个极为优惠的福利价格。作为商品供应者的社群成员愿意这样做，是因为大家彼此信任，在群里销售可以节约推荐和渠道成本，相当于让利给群友。而群友因为加入社群而得到了从其他渠道不容易获得的福利回馈，也会更加认同社群的价值。

总之，人脉型社群运营的关键不仅在于社群本身商业目标的实现，还在于通过让所有成员实现合作共赢，从而不断齐心协力，一次又一次地激活社群的群体能量和群体价值。

4.2.3 人脉型社群生命周期的规模悖论

人脉型社群有生命周期，但这并不意味着每一个人脉型社群都会顺利地走完自己的生命周期。每一个人脉型社群都有自己的成长历程，或者快速，或者缓慢；或者跨越式成长，或者长久停滞不前；甚至可能涅槃重生，也可能提前终结。

我们在人脉型社群运营实践中发现，小而美的社群会有更长的生命周期，一旦社群走向更大的规模，反而容易走向衰退。这是因为，从社群成员的角度看，大社群里，个人的存在感更低，所能感受到的社群价值也更低。而一个人脉型社群会有怎样的成长历程，主要取决于社群成员感受到的价值。

这个道理不难理解：人脉型社群之所以繁荣，是因为它能够给社群成员带来价值。由于在大多数人脉型社群中，社群成员的加入、参与和退出都是自愿的，因此，社群成员如果认为人脉型社群是有价值的，他们的参与意愿就会强烈一些；否则，他们的参与热情就会减弱甚至消失。如果社群成员的参与热情消失，纷纷选择长期"潜水"或直接退出，社群会很快走向沉寂。

那么，社群成员如何判断人脉型社群有没有价值呢？其实，决定人脉型社群价值的，并不是人脉型社群本身或者社群运营者为社群成员提供了什么，而是社群成员感知到了什么。社群成员自愿加入一个人脉型社群，往往是因为觉得这个社群能给他带来一些价值，而不是社群本身承诺会给他带来什么价值。这个价值就是社群成员的感知价值。提高社群成员的感知价值，是延长人脉型社群生命周期的关键。

要衡量社群成员的感知价值，我们可以使用这个简单的计算方式：

社群成员的感知价值＝感知效用/感知成本

这个计算方式表明：在感知成本较为稳定（或固定）的情况下，社群成员的感知价值与感知效用成正比；在感知效用较为稳定（或固定）的情况下，社群成员的感知价值与感知成本成反比。

其中，感知效用就是社群成员对"这个社群有什么用"的主观评价，是社群成员根据自己的需要和偏好，对在社群（如果把社群看成一个服务型商品的话）中所能获得的利益总和的量化；而感知成本则是社群成员加入社群后所支出的全部成本的量化，具体表现为付出的货币成本、精力、时间以及心理成本等。

需要说明的是，在感知成本中，心理成本包括加入社群后的所有心理感受。这意味着，如果一名社群成员不认可社群的管理方式，不喜欢翻看社群内的聊天记录，也不喜欢参加某些社群活动，那么，他待在这个社群的心理成本将会增加。这样，他的感知成本较高，感知价值则会降低，对社群的认可度也会降低。

同时，社群成员的感知效用，也并不完全在于社群提供了哪些有绝对价值的东西，还在于这些价值对他个人来说有多大用处。甚至，有时候，即使这些价值实际上没有多大的用处，但因为感受到社群运营者和其他社群成员的热心帮助，他的感知效用会增加，他会认为社群很有价值。

这体现了人脉型社群发展的一个悖论——社群规模悖论。

社群规模悖论，即社群的规模往往和社群的凝聚力成反比。

如果社群规模很大，社群运营者分配给每一个社群成员的关注时间就是有限的。这时，单个社群成员可能会感觉自己在社群中不受关注了，他对社群的认可度会慢慢下降。这会导致社群的凝聚力降低。但是，从商业角度看，为了提高人脉型社群的影响力，几乎每一位社群运营者都希望社群规模越来越大，社群数量也越来越多。既希望社群规模无限扩大，又希望社群成员的黏性越来越强，社群的凝聚力越来越高，这显然是不容易实现的目标。

4.2.4 基于价值输出的人脉型社群成长方式

为了应对人脉型社群规模悖论，我们需要在人脉型社群的不同成长阶段策划不同的价值输出方式，以维持社群成员较高的感知价值，从而延长人脉型社群的生命周期。

1. 社群萌芽期和成长期的中心化价值输出

萌芽期和成长期是人脉型社群发展的早期阶段。这个阶段基本上属于价值输出的中心化阶段。在这一阶段，人脉型社群的价值输出主要来源于社群的 KOL。公认的 KOL 可能在社群成立之前就已经拥有一定的影响力，社群成立不久即可通过"名人效应"向社群输出个人价值、资源或智慧，这就是所谓的"分享模式"。

没有 KOL 的社群，早期价值输出的主要载体可能是社群运营者。社群运营者通过关注社群成员当前的问题和需求，来确定所要传播的内容。

不管是 KOL 还是社群运营者，这时的价值输出模式都是中心化的。即使是商品型社群，早期的价值输出模式也多是中心化的——要么以创始人为中心，要么以商品或品牌为中心。而社群成员在这个阶段只是价值的接收者。这意味着，社群成员判断人脉型社群是否有用的依据在于，KOL 或社群运营者输出的内容是否是自己认可和需要的。

2. 社群成长期和稳定期的众智化价值输出

在成长期后期，随着社群规模的快速扩大，作为早期中心化价值输出来源的社群运营者或者 KOL，输出的内容会越来越难让每一个社群成员感到满意。如果继续以中心化价值输出模式来进行价值分享，社群成员就会很容易感觉到乏味。为此，有的人脉型社群会不断地引进新的 KOL，但这并不适合希望长期发展的社群。

另外一些社群会策划一些讨论或其他活动来激发社群成员的智慧，让他们在一定范围内自由地进行价值输出，进入众智化价值输出状态，也就是稳定期社群成员参与度很高的"群聊模式"。这样，社群成员就能够真正体会到社群的"深度链接"优势，从而更加认可社群，更加愿意为社群的发展做出贡献。

3. 社群稳定期后期的价值共创与利益共享

稳定期的价值输出相对自由，很可能会使社群关注的焦点转向不同方向。例如，一个定位于某个区域行业机会的人脉型社群，可能会因为社群成员自由的、频繁的交流，而衍生出很多关于兴趣、生活、知识的内容。慢慢地，原本的社群会衍生出大量的去中心化的新主题社群，或者诸多更小的社群单元。而这些新的社群组织，就可以形成一个基于大社群的大价值观体系下的社群生态。因此，有的社群在衰亡期到来时，会通过这种裂变而获得新生。

裂变后形成的社群生态，运营模式与母社群统一，且裂变出来的社群一般由母社群的核心成员独立负责，因而不管衍生了多少新社群，都依然拥有一个共同的价值观，这就建立了合作共赢的信任基础，从而能够开启价值共创与利益共享阶段。

在以上 3 个阶段中，社群成员对社群价值的认可点是不一样的，社群成员能量越强，越希望社群进化到价值共创与利益共享阶段。我们应该意识到，社群运营的关键并不在于输出多么新鲜、全面的内容，而在于针对不同能量的社群成员设计不同的价值模式，以提高社群成员的参与度。我们要致力于设计出能够推动社群成长和发展的一系列事件、活动，让社群成员在活动参与中发现能够促进社群成长的知识、实践以及社群成长的意义，从而主动承担起促进社群成长的任务。

如果社群能够持续动态裂变下去，客观上也就延长了社群的生命周期。

4.3 ▶ 如何进行人脉型社群的人群定位

创建人脉型社群，不仅是为了把人们聚集在一起，还是为了把人们聚在一起做成一些事情。而能不能把做事的人聚在一起，关键在于社群能不能满足目标人群的需求，解决目标人群遇到的问题。

因此，在人脉型社群构建初期，需要先明确目标人群，即确定要圈定的人脉。不同的人群对人脉的需求是不同的，确定要圈定的人脉后，社群才能围绕这些人脉打造合适的运营体系。

例如，正和岛的目标人群是企业家。基于此，它的商品和服务包括：每天不定时地为企业家提供最具价值的判断依据和决策参考"客户端资讯"；每月推出一期包含趋势、商道等企业经营内容的纸质读物《决策参考》；开办强调企业家之间相互学习的"正和岛商学院"；等等。

4.3.1 圈定目标人群

人群定位的第一步是圈定目标人群，并尽可能将目标人群标签化。从这个角度看，圈定目标人群就是要回答这样一个问题：拥有哪些标签的人可以加入社群。

我们可以根据自己的资源以及想要做成的事情，从以下几个类型标签中选择适合自己的标签。

（1）行业标签。可以用于人脉型社群的行业标签有"互联网""教育培训""服务行业""地产建筑业""加工制造业""文化传媒""交通物流业""电子商务""零售业"等。一般情况下，会议平台的行业标签往往较为全面，我们可以在会议平台中寻找合适的行业标签。

（2）职业标签。可以用于人脉型社群的职业标签有"企业家""投资人""创业者""中层管理者""销售""互联网运营""人力资源""财务""设计师""程序员""教师""培训师""咨询师""法务""翻译""在校学生""自由职业"等。一般情况下，招聘平台的职业标签往往较为全面，我们可以在招聘平台中寻找合适的职业标签。

（3）个人属性标签。可以用于人脉型社群的个人属性标签主要有"性别""年

龄""地区"3 小类，每一小类下又可以细分为多个小标签。例如，"性别"标签下
有"男士"和"女士"之分；"年龄"标签下有"70 后""80 后""90 后""00 后"
等小标签；"地区"标签则可以按城市继续划分。

通过以上 3 类标签，我们就可以确定人脉型社群的成员范围。例如，选择行业
标签"互联网"，选择职业标签"创业者"，选择个人属性标签"90 后"，那么，社
群的目标人群标签即为"'90 后'互联网创业者"。

4.3.2 目标人群的痛点分析

"目标人群有什么样的痛点"是我们在社群策划阶段需要认真考虑的问题。这
里所说的痛点必须真实存在，必须是从目标人群身上提炼出来的，而不是社群运营
者闭门造车，无端想象出来的。很多社群在运营中遭遇诸多困境，主要原因就是社
群运营者并没有确认目标人群的痛点，没有通过切实的观察去验证这些痛点，从而
导致了社群活动参与度不高、社群输出内容不被社群成员认可等后果。

在此，介绍 4 种挖掘目标人群痛点的常用方法。

1. 收集目标人群的行为

一旦确定目标人群，我们就需要通过网络收集和实际观察的方式去记录、整理
目标人群的行为，包括他们的消费特点、生活习惯、偏好的事情、抱怨的事情、关
心的问题等。

2. 找到爱分享的人

爱分享的人一般喜欢分享自己的体验和感受，包括痛苦的体验和愉快的体验。
他们分享的信息中，往往潜藏着高于普通人的需求，这可能就是我们要找的群体痛
点，甚至是我们构建有吸引力社群的方法。爱分享的人并不难找，我们可以在各个
网站平台（知乎、百度贴吧、百度搜索、豆瓣、今日头条、微博等）看到他们分享
的信息。

3. 与目标人群直接交流

我们可以借助微信、微博、知乎、豆瓣等平台与目标人群直接交流，因为只有
和他们直接接触、直接沟通，才能知道他们在想什么、需要什么、不需要什么，以

及他们对诸多社群的评价和对好社群的期望。

4. 搜集同类社群的招募文案

越有价值的社群领域，往往竞争者越多。能力强的竞争者往往也是最好的"老师"，他们的社群文案一般集合了目标人群的诸多痛点。

我们如果已经拥有目标人群中一些人的联系方式，那么，在挖掘出目标人群的痛点后，还可以通过一些方法确认痛点。例如，先根据已知痛点设计社群的运营框架，再将设计好的运营框架展示给目标人群，测试大家对社群的兴趣，从而了解之前挖掘出的痛点是否是"真的痛点"，痛点问题是否可以在社群内得到有效解决。

4.4 ▶ 如何打造人脉型社群的价值

找到目标人群的痛点后，就可以策划人脉型社群的价值体系。这里所说的"价值"，不是指社群本身或社群运营者获得的商业价值，而是指社群成员所能看到的社群价值，这会成为他们的入群理由。换句话说，在此要设计出能满足目标人群需求的社群功能和社群服务内容。

4.4.1 理解社群价值体系的内容

人脉型社群的价值体系包含两个方面的内容：价值输出内容和价值输出源。基于此，在构建社群价值体系时需要思考以下3个小问题：

- 社群能给社群成员带来哪些价值？
- 用什么方式让他们感受到这些价值？
- 这些价值从何处来？

思考这些问题，就是在设计社群价值体系中3个层面的内容：社群成员的价值需求、社群价值输出和社群价值源。

1. 社群成员的价值需求

社群成员的价值需求，也是社群成员的入群动机和留群理由。如果我们的社群能够满足他们的价值需求，那么，他们就可能会愿意加入社群并留在社群。

在此需要注意，具体的价值需求并不是一成不变的。当最迫切的某个价值需求得到满足以后，他们可能就会产生新的价值需求。如果社群无法满足社群成员的新需求，他们可能就会沉默或者退出。

例如，对于某个职业的人脉型社群来说，有人加入可能只是想通过社群找到一份相关职业的工作。但这个目标完成后，他的下一个需求可能就会转变为做好这方面的工作，链接做好这个工作所需的资源，实现升职加薪。如果社群不能满足这个新需求，他可能就会加入其他能够满足这一新需求的社群。

2．社群价值输出

社群价值输出，主要指社群能输出的价值内容。它可以是明确的人脉链接服务，也可以是知识"干货"，还可以是实战经验分享，或者三者皆有。社群只有持续输出内容，且内容对社群成员来说有价值，才能保持自己对社群成员的吸引力。

3．社群价值源

社群价值源，在运营前期主要指社群 KOL。这意味着社群 KOL 的知识体系直接决定了社群输出的价值内容的品质。由此可见，社群 KOL 是整个社群价值体系的支柱。

社群价值源决定了社群价值输出，社群价值输出决定了社群成员的价值需求能否被满足，进而决定了社群成员是入驻社群还是离开社群。基于这样的逻辑，社群运营者需要用逆向思维来构建社群的价值体系。

4.4.2 用逆向思维构建价值体系

很多社群会根据群主或者"大咖"资源来设计分享内容，即能请到什么"大咖"嘉宾，就做什么分享。但这样邀请来的嘉宾和他所分享的内容，可能并不是社群成员所需要的。因此，我们建议先根据社群成员的需求设计价值输出内容，再根据内容主题去寻找合适的分享人。

用这种逆向思维构建的价值体系，能够充分考虑目标人群的痛点和需求，让社群运营更符合社群成员的需求。具体操作方法如下。

1. 根据具体需求构想价值内容

我们需要根据目标群体的具体需求来选择社群输出的价值内容。

一般而言，社群运营中的价值输出主要分为内容输出、话题输出、资源输出、项目输出、成就输出这五大种类的输出。我们可以根据目标人群的需求，有所侧重地选择合适的价值输出方式。

（1）内容输出。

内容输出，即社群为社群成员分享有价值的内容。在建群之初，内容输出主要依靠社群运营者、社群 KOL 或者"大咖"嘉宾来分享一些货真价实的"干货"，如一些经验总结、技巧总结等，让社群成员觉得在社群内能学习到很多知识或技能；而在社群进入稳定阶段后，每个社群成员都可以进行内容输出，例如，可以分享一下自己是如何运用学到的知识的，自己得到了哪些提升，等等。其中，前者的价值源是社群运营者、社群 KOL 或者"大咖"嘉宾；而后者的价值源则是社群成员。

（2）话题输出。

话题输出，即社群运营者引导社群成员通过话题交流实现价值输出。这是大多数社群成员都比较感兴趣的群活动。我们可以参考、糅合热门话题和能够满足具体需求的话题，定期推出一些话题引导讨论，并把讨论结果整理成册，作为社群内部资料保存下来。这样既能满足社群成员解决具体问题的需求，又能使社群成员通过参与讨论获得自豪感、自我价值实现感，提升社群的吸引力。

（3）资源输出。

资源输出，即社群运营者对所有社群成员拥有的资源和社群本身的资源进行整合，为社群成员创造价值。这种模式能够充分借助社群成员拥有的资源，如人脉资源、学习资源、商品资源、就业创业资源等，实现资源的整合和利用，并在资源整合利用的过程中，巩固社群成员与社群、社群成员与社群成员之间的关系，使其更加稳定，提升社群成员对社群的依赖感和归属感。由于资源输出能满足社群成员的直接利益需求，解决社群成员的利益痛点，因此被认为是提升社群吸引力的最有效的社群价值模式。

（4）项目输出。

项目输出，即社群运营者通过带领社群成员共同参与某个项目的研发或营销推广，让所有人都能获得项目收益。当社群发展到一定阶段，社群成员之间已经建立起信任基础，且对彼此的特长都有一定认可的时候，我们就可以集众人所长，合众人之力，共同研发或者推广某个项目。当项目结束后，所有参与的社群成员都能分得项目的收益。这种模式能为社群成员带来可见的收益，能明显提高社群成员对社群价值的认可度。

（5）成就输出。

成就输出，即社群运营者在社群内和社群关联的新媒体平台宣传社群成员因加入社群而取得的个人成就，以增强社群成员对社群的集体荣誉感和价值认同感。例如，"个人品牌 IP营"中的"每周一晒"就是成就输出的一种方式。每周，社群成员都需要集中在群内"晒"出自己的"一周成就"，这些成就会及时被社群运营者制作成海报或者图文消息，在社群内、朋友圈以及关联的新媒体平台展示。其他社群成员看到社群运营者展示的这些成绩，会更加认可社群的价值，如图 4-2 所示。

图 4-2 "个人品牌 IP 营""晒"社群
成员的"一周成就"

2. 根据价值内容寻找合适的价值源

我们需要根据价值内容去寻找合适的价值源，而不能让价值源随意输出价值。

一般来说，人脉型社群创建初期，社群的价值输出可以来源于有号召力的群主。如果群主的知识体系能够保证既定价值内容的持续输出，那么只需要在策划阶段好好规划内容输出的节奏即可，即什么时间做什么样的分享、什么样的话题讨论。否则，我们就需寻找能够输出既定价值内容的"大咖"或专业人士来助阵，根据他们的时间安排来制定价值输出节奏。

4.4.3 构建价值体系时的注意事项

构建价值体系时，我们需要注意以下几点。

1. 价值内容要尽可能抓住痛点

价值内容设计要抓住目标人群的痛点，要能有效解决目标人群的问题。

例如，在职场人士组成的社群，人们加入社群表面上是为了交流行业知识、工作经验，实际上是为了解决工作中遇到的问题，顺利完成工作，实现升职、加薪。因此，这类社群的价值体系除了要设置社群成员希望交流的行业知识、工作经验外，还可以加上人才对接、项目对接、个人兼职任务对接等。

价值内容抓住痛点，后续的运营之路自然畅通无阻。

2. 价值表述要具体

有的社群运营者说："我们聚集了一批小伙伴，我们想在一起共同成长。"共同成长可以充当人脉型社群的价值吗？不可以，因为它太空泛了，空泛到很多人看不到它的价值。社群可以以"共同成长"为主题，但对价值内容的表达要具体。

以"共同成长"为例，我们可以通过以下3个方面的介绍来解释社群的成长价值。

- 我们会以什么频率邀请哪些行业的"大咖"在群里分享。
- "大咖"会在社群内分享自己的人生经验、工作方法、资源和独家信息。
- 社群成员可以和"大咖"在线交流，感受他们的思维，学习他们的方法，使用他们的资源。

只有这种具体化的价值表述，才能体现社群的吸引力。

3. 设计互助共赢的价值模式

当今时代的商业模式已经明显地向互联互通、合作共赢转移。在这样的时代趋势下，社群的发展趋势将是更注重社群成员间的协作，从而实现互助共赢的价值模式。

诸多社群的成长历程显示，真正能长久发展、不用特别维护还能保持活跃的社群的一个典型特征是，社群成员之间逐步建立起了互助共赢的关系。这其实就相当于一种弱中心化甚至去中心化的模式，更强调社群成员的高信任度、高自觉性、高参与度及高合作度。这种模式要求我们渐渐地减少甚至放弃命令控制式的社群管理方式，以身作则，促进协作，让社群成员成为社群价值的创造源和输出源。

因此，在设计社群的价值体系时，我们可能还需要思考一个转变点。转变点之前，社群采用的是中心化的价值输出方式；而转变点之后，社群采用的则是去中心化、协作型的价值模式——全体社群成员通过协作，一起创造社群价值。

4.5 ▶ 如何配置人脉型社群的用户

通过研究高活跃度的人脉型社群的成长规律，我们发现，一个长期活跃的社群内，有各种各样不同类型的社群成员，他们有意无意地承担着各种角色，做出各种适合自己角色的行为，从而让社群互动更有乐趣。因此，一个人脉型社群刚开始运营时，就需要规划社群成员的组成，然后根据社群成员的角色，不断地进行系统化的配置。

4.5.1 社群成员的角色

一般而言，一个人脉型社群的成员主要有 6 种角色：有号召力的群主、负责运营的社群管理员、负责处理日常事务的社群小助理、为社群贡献内容的社群 KOL、活跃社群气氛的社群活跃分子、负责为社群宣传的社群传播者。每一种角色都有自己的职责。

1. 有号召力的群主

群主，即社群创建者，在社群里拥有最高权限。虽然人人都可以轻松建群，但并不是所有的人都适合当群主。群主必备的一项能力是号召力。不同性质的人脉型社群，对号召力的判断依据是不同的。在有的社群中，号召力往往与现实中的职权相关；在有的社群中，号召力需要建立在经济实力的基础上；在有的社群中，有号召力的群主需要拥有较强的组织能力。其实，这些都是号召力的附加条件。号召力的核心在于一个人品行的口碑。

不管是什么人脉型社群，有号召力的群主往往都会给人这样一个印象：志向远大、自立自强、善于沟通、谦和宽厚、知人善任、豪爽豁达等。并且，这样的品行会口口相传，在圈子里拥有很高的知名度，甚至传至圈外。于是，当这个拥有出色品行口碑之人公开说要建立一个人脉型社群去做什么事情时，往往会吸引其身边的人、圈内人甚至有所耳闻的圈外人跟随。

2. 负责运营的社群管理员

社群管理员主要负责规划和管理社群事务，负责人脉型社群的整体运营工作。优秀的社群管理员需要具备以下3个层面的能力。

（1）在目标层面，能根据人脉型社群的目标规划社群的日常运营内容，设计社群的商业转化流程。

（2）在效率层面，能从投入产出比的角度分析各项运营活动的价值，找到达成较优投入产出比的路径和具体的运营方法。

（3）在合作层面，能察觉身边的各种资源，且能够整合利用各种资源，让社群的每一项工作都顺利进行。

3. 负责处理日常事务的社群小助理

社群小助理就如公司中的助理，其职责是帮助群主、社群管理员完成工作计划、工作任务发布等。社群小助理的主要工作是信息发布、活动安排、社群媒体平台的内容编辑等，事务诸多，但并不复杂。因此，担任社群小助理的人需要细心、谨慎、认真，且有充足的时间来完成这些琐碎事务。

社群小助理可以使用企业微信中的机器人来协助处理一些琐碎事务。例如，监视群内聊天内容，处理广告信息；在新人入群时自动欢迎；对社群成员的常规问题进行关键词回复；用风趣的话语在群内"智能聊天"；创建"签到"活动；自动整理群聊中的精华内容；自动统计群聊数据（如消息数、关键词）；等等。机器人小助理能够有效提高社群日常事务的处理效率，让社群运营者有更多的时间策划和输出更有价值的社群内容。

4. 为社群贡献内容的社群KOL

社群 KOL 是为社群贡献内容的人，能通过为社群贡献有价值的内容来塑造自己的社群影响力。

一般而言，社群 KOL 应有这几个特质：一要有独特的人格魅力，或言谈幽默，或能言善辩，能给人留下深刻的印象；二要有丰富的知识储备，甚至是特定领域的专家，容易得到众人的信任，甚至能做到"一呼百应"；三要有严谨的思考能力，对任何话题都能进行有逻辑的分析，甚至还能引导社群成员进行深度思考。能兼备这几个特质的人，即使一开始并没有什么名气，也很容易通过几次表现成为专业达人、"大咖"。

在人脉型社群运营初期，社群内的 KOL 并不多，可能只有一两人。而随着社群的不断发展和交流主题的多样化，社群中会自然而然地涌现不同主题的 KOL，或者根据活动需要从外部引进或内部发掘。而当社群内出现多位 KOL 时，社群运营的核心工作就成了 KOL 的运营。这是因为一位 KOL 背后可能会有几十名甚至几百名社群成员的支持，"抓住"一位 KOL，就可以"抓住"他背后的几十名甚至几百名社群成员。

5. 活跃社群气氛的社群活跃分子

社群活跃分子，即负责打造社群人气、活跃社群气氛的人。一个正常运营的社群，需要足够数量的社群活跃分子。他们需要每天在社群内签到、聊天，不断分享各种有趣的话题，让整个社群呈现出火热的状态。社群活跃分子的具体成员一直在变化，有人逐渐低调，有人日益活跃。不过，只要社群里有足够数量的活跃分子，整个社群就能保持稳定的活跃度和新鲜感。

6. 负责为社群宣传的社群传播者

社群传播者是宣传社群的人。一般情况下，喜欢分享的人更适合担任传播者。但是，社群运营者并不需刻意寻找爱分享的人，因为很多人都会主动分享美好事物，有时是为了表达喜爱，有时是为了找到同好，有时是为了利他，有时是为了展现自己的品位，等等。

因此，相比刻意寻找爱分享的人来做社群的传播者，不如输出有分享价值的内容，吸引社群成员主动在私人渠道分享和宣传。

4.5.2 多维势能，多元专业

有价值的人脉型社群会给人"万能"的感觉，在社群成员需要帮助的时候，能解决不同的问题。而这样的"万能群"，需要有诸多不同专业、不同势能的人，这样才能链接不同的资源，从而解决社群成员的诸多切实问题。

虽然每位社群成员都可能成为KOL，但是这并不意味着，只要找普通人加入社群就可以了。若一个社群内只有普通人，没有对比，大家往往也就没有"角色晋级"的动力。因此，我们建议在招募低势能的普通人的同时，也要引入更高势能的人。

道理很简单，如果一个群里有各行各业的人，但这些人都只是行业内的"初级选手"，他们在一起聊天，往往只是"浅聊""闲聊"，久而久之，群价值减弱，群活跃度也会降低。而势能高的人能以更高、更广的视角看待问题，总结知识，一旦持续在群里做知识分享，不管是以哪种形式，社群成员都容易感觉"听君一席话，胜读十年书"，自然也会积极地参与讨论。

当然，一个社群内也不能有太多的高势能人士。如果群内大多是高势能人士、"大咖"、KOL，但没有足够的普通人来追随，他们可能也就不愿意在群内待下去了。

因此，社群运营者可以按照"二八法则"来设置社群成员的结构：4%是高势能的人；16%是中等势能的人；80%是普通人。有较高势能的人是很容易成为KOL的，甚至一入群就是KOL；而中等势能的人经过正确的引导，也能成为高势能人士，成为KOL；普通人通过观察中等势能的人的努力过程，可以尽快积蓄能量，成为拥有中等势能的人，进而再经过引导成为高势能的KOL。这就是社群成员向上"晋级"的通道。有了这样的通道，普通的社群成员就有了努力、坚持的方向和方法。当大家都获得成长以后，就会认同社群的价值。

在此需要说明一下，这里的"高"和"普通"都是相对的。例如，一个社群内的主要成员是普通公司的一线工作者，那么普通公司的创始人、总经理和知名公司的中层管理者就可以算是高势能人士；而对于某些企业家社群，普通成员就是各公司的创始人、总经理，高势能人士则是有足够知名度和影响力的公司创始人、知名投资机构的合伙人、国内外名校的MBA教授等。

总之，如果我们的运营目标是打造一个持续活跃的人脉型社群，出发点必须是站在社群成员的角度，为社群成员创造人脉价值。在社群成员的甄选上，要有意识地选择"有用的人脉"；在运营上，也要倾向于"让所有成员都成为有用的人脉"和"发挥人脉的连接价值"。这样，社群的价值才会随着社群成员的增多而提升。

4.6 ▶ 如何找到人脉型社群的初始成员

从 0 到 1 的难度大大高于从 1 到 N，因为前期引入的初始成员的质量以及从中获得的价值，是整个社群运营的关键。初始成员的寻找和维护应该和社群规则的制定同时进行。这样，我们从初始成员那里得到的经验和教训就可以作为社群规则制定的参考依据。

寻找人脉型社群的初始成员，有以下几种方法。

4.6.1 真爱聚拢法

寻找人脉型社群的初始成员其实很难，没有人气的群是没人愿意加入的。

最开始，一般是群主和社群运营者邀请自己的朋友、朋友的朋友进群，只要差不多符合条件，就可以先邀请进来，帮忙"撑场面"。有了基础的成员，再慢慢通过活动、分享等吸引更多的人加入。

除了自己认识的人，一开始还可以邀请各个渠道的"粉丝"进群，比如培训课上的学生、文章的读者、合作过的商业伙伴、多次购买过商品或服务的客户，等等。

4.6.2 "大咖"聚拢法

人脉型社群并不是弱者抱团，而是强强链接、强强合作。在建群初期，我们就需要找到高势能的人，也就是"大咖"，邀请他们入群，因为"大咖"成员是吸引新成员的最重要砝码。

如果我们的人脉型社群初期就是一个"大咖"荟萃的精英群，那么，社群随便抛出一个技能点或者透露出"'大咖'都在这里"的信息，就能让很多人争着入群。因为大家都想进入"大咖"所在的群，与"大咖"加强联系，以进行资源对接，获得实实在在的收益。

那么，我们如何来寻找"大咖"呢？有以下几种方法。

（1）通过"大咖"寻找"大咖"。如果社群的运营团队里原本就有"大咖"，那么，可以通过"大咖"的人脉认识更多的"大咖"，邀请他们入群。

（2）通过中间人认识"大咖"。如果运营团队里没有"大咖"，我们可以通过各种人脉关系找到一个与"大咖"熟识的中间人，通过中间人的介绍，我们会更容易与"大咖"取得联系。

（3）通过高端社群的线下活动认识"大咖"。线下活动的最大优势在于能够快速与其他人建立信任，这种效果是线上社群不容易达到的。因此，现在很多高端社群的运营方式是，通过线上社群建立日常连接，通过线下活动建立深度连接。我们可以报名参加他们的线下活动，找到"大咖"，通过与"大咖"合影、同桌交流等方式，与他们相识。

4.6.3 影响力聚拢法

通常来说，在某一领域拥有影响力的个人和组织，更易建立起垂直领域的社群。人脉型社群也是如此。

例如，秋叶大叔通过论坛、博客、微博等方式积累起一定的个人影响力后，先通过发起"一页纸PPT"大赛的方式发现高手，然后邀请他们加入QQ群，慢慢培养感情。等通过创建"秋叶PPT"品牌形成新的影响力后，他又开始积累内容创业圈的人脉和影响力，进而在此基础上创立了"个人品牌IP营"社群。

4.6.4 标签筛选法

积极观看及留言某个主题的微课或直播分享的人，必然是对这一主题感兴趣的人。我们只要策划出合适的主题，就可以逐个邀约这些人。通过这种方法聚集社群的第一批成员，或许会花一点儿时间，但是基础打好了，日后会有可观的收获。

4.7 ▶ 如何设计人脉型社群的名称和口号

在人脉型社群的筹建阶段，我们需要先拟订社群的名称和口号，做好社群的视觉设计。

4.7.1 社群名称

社群名称是非常重要的社群符号，是社群的第一标签、第一印象。例如，秋叶系人脉型社群"个人品牌 IP 营"明显是一个有个人品牌的人聚集的圈子。

为社群取名有以下 3 种方法。

（1）围绕创始人的名字取名，如"吴晓波书友会"、"秋叶书友会"、小米的"米粉群"、华为的"花粉群"。

（2）根据目标用户取名。从目标用户着手，想吸引什么样的群体，就垂直地取与这个群体相关的名字。例如，"企投会"即企投家聚集的社群。

（3）根据社群理念取名。例如，王潇的"趁早"，李筱懿的"香蜜会"，邻三月的"橙为"。

不管使用什么样的取名方法，都尽量不要用生僻字，也不要取中英文混合或者容易引起笔误的名称，因为这样的名称可能不利于人们对社群的记忆和传播。

另外，一旦想到意向名称，首先要去百度、微博、今日头条、QQ 群等网络平台上搜一搜这个名称，确认其是否已被抢注。如果没有，尽量成为第一个注册这个名称的人。而如果搜索后发现，重名的社群很多，可能就需要更换名称，因为重名意味着增加解释成本，不利于打造社群的影响力。

此外，还需要注意与群名相关的商标是否已经被注册，能不能注册。若想将社群营销的事业做大，就要确保能够保护群名的知识产权，能够申请与群名相关的商标。如果商标已经被注册或不能注册，日后使用这个名称开展大规模的、有影响力的商业活动，就会出现侵权问题。

4.7.2 社群口号

社群口号传递的是一个社群的价值观，这种价值观也是社群文化的一部分。口号作为浓缩的精华，是体现社群文化的最佳载体。

口号一般可分为以下 3 种类型。

（1）功能型口号。

功能型口号阐述自己的特点或做法，用具体的话语让所有人第一眼看到就知道这个社群是做什么的。例如，"正和岛"的口号是"基于信任链接的企业家供需适配平台"。

（2）利益型口号。

利益型口号阐述社群的功能或者特点能够带给目标人群的直接利益，能够为目标人群完成某个目标做出什么贡献。例如，"秋叶 PPT"社群的口号是"每天 3 分钟，进步一点点"。

（3）理念型口号。

理念型口号阐述社群追求的利益背后的态度、情怀、情感等，或者这种利益反映的世界观、价值观、人生观。例如，"趁早"社群的口号是"女性自己的活法"，"个人品牌 IP 营"的口号是"个人品牌就是超级流量池"。

一个全新的社群还没有影响力的时候，应将主要的焦点放在功能和利益上，尽可能减少目标成员的认知障碍，迅速吸引人们的注意力。而一旦社群成熟起来，成为大众熟知的品牌，理念型口号的优势就会凸显。

4.7.3 社群视觉设计

确定了社群的名字和口号，就需要围绕它们进行社群 Logo 的设计。

通常情况下，人脉型社群会用艺术化的文字作为 Logo。设计好 Logo 之后，社群在所有平台开展活动时，基本上都以 Logo 为基础进行统一的视觉设计。社群的官方微博和微信、纪念品、邀请卡、胸牌、旗子、合影等，都需要用统一的视觉设计来强化品牌形象。

当社群有了统一的名称、统一的口号、统一的 Logo 以及统一的视觉设计，社群将更加形象化、标准化，可以呈现出鲜明而独特的视觉效果。

4.8 如何打造人脉型社群的价值观

社群价值观对社群来说非常重要。每一个人只有在自己认同的环境中，才会愿意以愉快的心情去做一些利他的付出型工作。为了更好地凝聚人心，建立有能量的人脉型社群，我们需要为社群打造一套有鲜明特征、独特风格且对目标人群有吸引力的价值观。

4.8.1 社群为什么需要价值观

社群价值观是指社群成员在社群内秉持的价值观念。社群价值观是人脉型社群的灵魂，是构建人脉型社群的基石，也是推动人脉型社群持续发展的不竭动力。

社群价值观是凝聚社群成员的根本力量。正是因为社群成员拥有共同的价值观，他们才能清晰地回答以下 3 个重要的问题。

- 在社群内，我是谁？
- 在社群内，我有什么样的理念？
- 在社群内，我应该做什么？

这 3 个问题的答案确立了社群成员的社群身份。这种身份或许与社群成员在社群外的个人生活不一致，但能让他在社群内感觉到舒适自在。尤其是当他与其他社群成员沟通和交流时，社群价值观和社群成员身份会得到进一步的巩固和加强，他也会因此更愿意为社群做出与之一致的行动。这就是社群凝聚力的表现。

如果社群有清晰明确的价值观，且提倡的价值观是正向的、积极的、符合社会道德的健康价值观，如鼓励社群成员积极乐观、谦虚好学、关爱他人、互助互利、合作共赢等，这种健康的价值观会随着社群成员参加越来越多的社群活动，给他们带来正向的、积极的生活成果，这会让他们更加认可社群的价值观和自己的社群身份，社群也就更加有凝聚力。

相反，如果我们没有认真思考社群的价值观，只是把社群成员聚合在一个群里，期望他们一起做一些事，那么我们可能会在运营中发现，起初，社群成员对社群活动的参与度可能很高；而一段时间以后，虽然社群成员渐渐消除了对社群的陌生感，越来越熟悉，却也对社群活动越来越冷淡。这种情况可以总结为，我们并没有真正打造出一个理想的社群，而只是打造出了一个"工作团队"。在一个团队里，人们或许目标一致，但终究会因为个人追求不同而分道扬镳，就像工作中"因个人原因而辞职"一样。而一个理想的人脉型社群，必然以共同价值观和对社群身份的共同认知为基础，社群成员不只会协同工作，还会频繁地沟通和交流，关心彼此的福祉。

因此，社群拥有明确的价值观，社群成员才可以拥有共同的社群身份，只有这样，人脉型社群才可能真正有凝聚力。

4.8.2 有助于社群运营的 5 个价值观

什么样的价值观更有助于社群运营呢？在此分享常见的 5 个价值观。

1. 思维开放

思维开放，可以理解为不傲慢、不自大、通情达理，能站在别人的角度思考问题，也能接受别人的意见。一个人只有做到思维开放，才能看到自己的局限，才能虚心求教，诚恳听取他人的良好建议，获得成长。而一个人只有在社群中实现了成长，收获了利益，他才会真心认可自己的社群身份。

2. 待人公正

公正，即公平正直，没有偏私。孔子有言，"不患寡而患不均"。很多时候，人们计较的不是自己得到的利益少，而是自己得到的利益比别人少。而在一个群体中，具有利益分配权的人很可能会根据关系的亲疏远近来进行不公平的利益分配。这显然与聚合社群能量的目的相违背。因此，包括社群运营者在内的所有社群成员都应待人公正。

3. 遵守规则

遵守规则就是每个人都要遵守相同的行为规则。如果大家都能遵守规则，就能克制自己的欲望，做出利他行为，维护群体利益。但这并不意味着遵守规则的人会遭受损失。因为社群内的每一个人，在其他人眼里，都是"他人"。若每个人都遵守规则，做出利他行为，那么每个人也都在享受别人利他行为的成果。遵守规则是团体协作的基础。

4. 积极思考

很多人之所以加入人脉型社群，是因为在生活中感到了诸多压力，希望在人脉型社群中找到化解压力甚至解决生活中问题的方法。然而，只有积极思考问题，才可以找到问题的解决方法，才可以得到成长，才可以感受到人脉型社群的价值。因此，人脉型社群也应该倡导"积极思考"的价值观。

5. 互相尊重

在人脉型社群的价值观体系中，"互相尊重"应该占有一席之地。

在人和人的交往中，非常容易导致关系破裂的莫过于分歧。没有思考方式完全相同的两个人，而思考方式不同，结论不同，分歧就在所难免。即使是成长于同一家庭的兄弟姐妹，也会由于思考方式的不同而出现分歧，更何况原本并不相识、并不了解彼此的社群成员。

因此，在人脉型社群里，人和人之间的信任和情谊是不可能靠过去的关系维系的，而需要依存于对彼此的尊重和理解。基于对彼此的尊重，每个人会尽可能地去理解对方的想法，在言行中保全对方的尊严，让对方感到被接纳和被理解，从而让对方愿意与自己站在一起，齐心协力解决问题。

以上 5 个价值观，并不是人脉型社群需要树立的全部价值观。我们需要在此基础上，根据自己社群的定位，来树立更多适合自己的价值观，如奋斗、创新、自由、享受当下、互助、分享等。

4.9 ▶ 如何建立人脉型社群的群规

社群价值观是需要好好规划的。但是，有时，它的发展会与规划不同。因为社群的价值观往往来源于最初搭建社群的那些人。这些初始成员包括社群的创建者、管理者、运营者等负责社群运营的人，以及第一批加入社群的成员。这些人的价值观、处事方式、对社群的认知和期望，决定着社群价值观的走向，决定着社群将吸引哪些人，也决定着社群能走多稳、多远。正是由于这个道理，即使有的社群初创时并没有明确说明自己的价值观，但它的价值观还是从它开始构建的那一刻起就在逐步成型。

由于初始成员对社群的影响极大，因此，需要在策划阶段制定一些符合社群价值观的规则，有意识地对初始成员进行约束和管理，从而为社群价值观的落地打好基础。

一套系统的社群规则，至少需要包括选人规则、行为规则和淘汰规则。

4.9.1 选人规则

选人规则，也就是常说的入群门槛。

选人规则对社群来说非常重要。社群从某种程度上来说是一个有界限的圈子。这个界限将圈子内的人和圈子外的人清晰地区分开来。这个界限不是为了将圈外人拒之门外，而是为了给圈内人营造一个安全的内部环境。而设定入群门槛，就是一个划定界限的好方法。

一说到入群门槛，很多人最先想到的可能是用各种方式收取一定的费用，例如收取会员费、购买商品后入群等。收取费用的确是清晰划定界限的一种方法，对很多社群来说都比较有用，尤其在线课程的社群。甚至有人总结：社群收费越高，社群成员越不舍得轻易离开。然而，并不是所有的社群都适合以收费为门槛。一个社群适不适合收费、需要收费多少等，要依据社群能够提供的资源和价值而定。

除了收费，常用的入群门槛还有很多种，如需要社群运营者邀请入群的"邀请制"；必须符合某些条件（如带着年幼孩子的"宝妈"、拥有管理能力和管理经验的公司创始人和职业经理人等）、完成某些特定任务（如回答一些问题，写一份篇幅较长的自我介绍等）才能入群的"任务制"；需要别人推荐才能入群的"举荐制"等。这些入群门槛的目的在于通过各种方式了解申请入群者，以筛选出符合特定条件的用户。

社群设定入群门槛是为了精准筛选用户，过滤无效用户。而为了更好地实现这个目标，我们在设定入群门槛时，可以对社群进行分群。例如，把原社群设为"体验群"，从中分出部分用户，建立"核心群"，如图 4-3 所示。

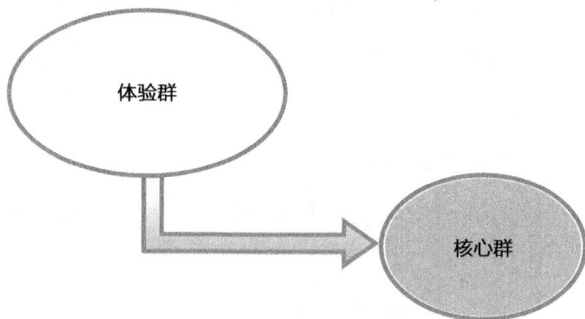

图 4-3 社群分群示意图

体验群，即来访群，群内是对正式群感兴趣的"来访者"，但不一定符合进入正式群的要求。核心群，也就是正式群，群内是正式加入社群的社群成员，即真正的社群成员。

我们可以简单设定体验群的门槛，同时设定从体验群进入核心群的筛选原则。如果有人对社群感兴趣，我们可以先将他拉入体验群，随后通过一定时期的观察或者一定数量的活动来考察他的各种表现，判断他是否符合社群的要求。对于符合要求的体验群社群成员，我们可以将他引入核心群。

当然，有一点需要明确说明：核心群的社群成员拥有的权限应比体验群的来访者更多、更有价值。这样，体验群就可以成为来访者的探索空间，又不会影响到正式社群成员的利益。

4.9.2 行为规则

行为规则，即告诉社群成员什么能做、什么不能做。

行为规则虽然是对行为做出要求和限制，但是不宜使用强势的、禁止型的表述。因为禁止型行为规则不但需要专人时时管理，费时费力，而且容易使社群成员无法判断想说的话是否违规，从而更倾向于选择沉默。如下所示的就是禁止型行为规则。

（1）不要发广告。

（2）不要"灌水"。

（3）分享时不要滥发表情包。

（4）不要在 × × 时间说话。

（5）不要私拉好友。

（6）发言不要少于 10 个字。

（7）如要分享文章，应事先和本群组织者联系，并说明理由，得到允许后才能发。

（8）广告集中发给管理员，由管理员周六晚 10 点统一代发。

（9）不许发别的微信公众号的链接，但可以发自己的。

（10）广告合作联系群主。

（11）长期不说话就"踢人"。

（12）不准讨论非本群话题。

一个社群如果总是在告诫人们不能做什么，那么即使它的要求是合理的，也是不利于运营的。试问，谁愿意在一个处处要求"不能说"的地方多说话呢？这就是禁止型行为规则的弊端。

那么，如何用行为规则来引导社群成员的行为呢？

我们先要明白：行为规则的作用到底是什么？行为规则不是要规定什么能做、什么不能做，而是要解释和传递社群文化。例如，某社群定义的行为规则如下所示。

（1）新人入群必须接受"戏谑"。

（2）新人入群必须发红包。

（3）发广告前必须发红包。

（4）完不成作业或打卡的要发红包。

（5）没做作业的3人小组移入"小黑屋"一天，听不到课程。

（6）进群改名字时必须带"姐"或"妹"。

这样的行为规则，不是禁止型规则，而是趣味奖惩型规则——不是以惩罚为目的，而是以激励为目的。

社群是弱关系组织，弱关系组织的文化建设更适用鼓励型、激励型的行为规则。我们应该用柔和、趣味的方式鼓励好的行为，带动社群的能量提升。禁止型的言辞、果断的处理，应该只用在触犯社群底线的人身上。所以，社群群规应该"三多三少"：多赞美、多鼓励、多表扬，少批评、少指责、少对抗。

4.9.3 淘汰规则

没有出局威胁的人是没有成长动力的，社群也是一样。虽然社群在一定程度上追求规模，社群成员越多越好，但这并不意味着社群不需要淘汰机制。

门槛低的社群需要淘汰机制。社群门槛低，社群成员鱼龙混杂，需要约束管理，触犯群规的人需要惩戒，否则就是对克己守礼、遵守群规的人不公平。

门槛高的社群也需要淘汰机制。高门槛的社群引入的社群成员往往能力突出，自我约束力强。但是，这样的人往往由于工作繁忙、不喜欢凑热闹，较少参与群内活动，对社群活跃度的贡献很小。因此，我们需要设定一定的淘汰规则，督促他们积极做出有价值的输出。

常见的社群淘汰规则有以下4种。

1. 人员定额制

人员定额制，即为社群成员的人数设定一个限制，达到即"群满"。群满后，若要引进新社群成员，就需要将长期"潜水"的社群成员或者其他方面表现得不好的社群成员移出群。这样可以促使社群成员珍惜社群。例如，"秋叶 PPT 69"群规定社群成员人数永远不超过 69 人，如果社群成员达到 69 人，那么每请进一位新成员就必须先请出一位老成员，被移出的基本上是长期"潜水"或者长期没有参与输出的社群成员。这样的动态调整过程有助于社群的更新、成长。

2. 犯规移出制

在社群运营中，影响社群正常秩序的行为必须及时制止。例如，一旦有人发布与社群主题无关的内容、广告，或者两个人在群内过度聊天，影响大家对社群价值的印象，我们就需要将他们移出社群，以示惩戒。当然，这里不是说一犯规就移出，而是要有一个缓冲的过程，即首次违规给予提醒，再次违规给予警告，三次违规直接移出。这样，当有社群成员一再违规时，我们按照制度将其移出才能合乎情理，让众人信服。

3. 积分淘汰制

人脉型社群是一个靠社群成员参与来实现价值的圈子。一个优质的人脉型社群离不开全体社群成员共同的价值输出。构建社群规则不只是为了淘汰不遵守群规的社群成员，也是为了激励社群成员做出贡献。因此，我们可以为社群建立一套积分淘汰制的规则，通过对贡献度的衡量来决定淘汰与否。例如，我们可以在群内布置小任务和"作业"，根据社群成员所提交的成果的质量，为他们积累社群积分。一个周期后，积分排位在最后几位的社群成员会被移出群，然后社群将进行新一轮的招募，为社群注入新鲜血液。

4. 主动劝退制

有的社群成员可能不会违反群规，但会做出一些让大家很为难的事情，例如和别人抬杠，打着分享的名义发布质量不高的广告，未经授权就把社群内容发布到自己的平台，以社群成员的名义套现……这些行为可能严格意义上算不上违规，但已在社群的红线边上。对于这样的社群成员，社群运营者可以主动劝退。

最后，补充一句，社群规则并非制定好就不可更改，尤其是策划阶段制定的群规。制定群规最好群策群力，因为社群成员共同参与拟订的群规，才更容易被认可和遵守。当然，在策划阶段和初期运营时，我们可以建立初步规则；但在后期，我们需要根据运营的情况逐渐丰富群规内容，最好每一次变更都经过社群成员的讨论，达成一致后再发布。

4.10 ▶ 如何设计人脉型社群的入群仪式

很多人加入一个社群后，说的第一句话就是："这个群是干什么的？"这样的社群很难产生足够的向心力。这也说明大家进群的过程过于简单，缺乏仪式感，以致没有深入了解自己加入的社群到底是做什么的。

要让入群的社群成员经历一系列入群仪式，这样社群将更有向心力。我们建议通过以下4个步骤增强入群时的仪式感，这里以"个人品牌IP营"社群为例进行介绍。

4.10.1 告知模式

入群前安排专人一对一进行资料审核，并告知社群的定位和运营模式，避免社群成员进入社群后对社群的主要安排一无所知或者一知半解。前期沟通做得复杂一些、到位一些，后期就能避免需要一一解释的情况，毕竟人们在决定要不要加入社群时会更仔细地了解社群的模式。

例如，学员成功报名加入"个人品牌IP营"后，我们发给每个人的须知如下。

恭喜您成功加入"个人品牌IP营"俱乐部第×期。IP营因为有您的加入而变得不一样，期待接下来的半年中可以产生更多的可能。

邀约时间：我们会从下周开始陆陆续续邀约新成员进群，因为分批进入有助于更好地介绍新老营员，让双方对彼此的印象更深刻。

进群流程：我们会提前通知并发布进群链接。

准备介绍：准备好你的个人介绍会有助于你更好地与其他营员建立连接。

个人介绍格式可参考：

- 我目前做过的最有成就感的事情（包含满足进营条件的描述）：××××。
- 我对"个人品牌IP营"的理解：××××。
- 我期待在"个人品牌IP营"收获什么：××××。
- 我能给大家提供什么帮助：××××。

有事找我：若想了解如何更快速地融入社群，可以找我哦。

提前熟悉：关注"个人品牌 IP 营"微信公众号，可查看往期"干货"，ID：××××。

4.10.2 分批入群

很多社群运营者喜欢同时让很多人提前进群，这样看起来群很热闹，但是也会造成一些麻烦，因为进群时间离正式活动开始可能还有一段时间，这段时间不安排活动不好，安排活动又会增加成本。其实可以让新成员一批批地入群，这样先来者看到不断有新人进入，会觉得自己来对了，还能主动帮助后来者。后来者看到有很多先来者，也会觉得自己来对了，还会感谢先来者的帮助，进而将这种互帮互助的文化传递下去。

4.10.3 引入"大咖"

人脉型社群离不开"大咖"。"大咖"什么时候进群呢？我们的经验是，在普通成员进入得差不多时邀请"大咖"加入，并郑重介绍，请大家欢迎"大咖"入群。这样的操作方式可以让"大咖"得到充分的尊重，普通成员也有机会充分了解"大咖"、认识"大咖"，对社群产生更深的认同感。

4.10.4 设置欢迎官

"大咖"加入社群时，即便没有特定的引导，也会被反应灵敏的成员看到并指出，社群内不会缺乏热闹氛围。但是普通人加入社群，如果没有任何人搭理，会觉得失落。所以我们可以设置一个助理职位——欢迎官，负责在新人入群时主动欢迎，并主动分享小伙伴的一些个人资料，引起大家的关注，使新人入群后感到被重视、被认可，从而喜欢社群。

4.10.5 开营活动

社群成员差不多凑齐后，可以安排一个开营活动。在开营活动上，可以安排群主、"大咖"、社群成员代表发表感言，请往期社群成员分享自己的成长感受，和大家一起讨论并颁布群规。

经过这样几个步骤，大家加入社群时应该已经对社群有所了解、充满期待、产生认同，这样比简单拉人入群的效果更好。

4.11 ▶ 如何收集和整理人脉型社群成员的信息

在新成员加入社群时，社群运营者需要向新成员收集一些信息。收集社群成员信息主要有 3 个目的：首先，充分了解社群成员加入社群前的情况和状态，便于一段时间后进行对比，以评估社群对他们的正面影响；其次，了解社群成员的需求和期望，便于调整社群运营的侧重点；最后，收集社群成员的联系方式和地址信息，便于后续服务的开展。

社群成员信息的收集与整理，有以下 4 个步骤。

4.11.1 制订社群成员信息收集计划

在招募社群成员之前，社群运营者要先制订一个社群成员信息收集计划，根据收集目的确定要收集的项目。社群成员信息表的内容不能太少，不然收集不到有用的信息；也不能太多，不然容易导致抱怨。此外，社群成员信息收集计划还应该有所侧重，侧重点就是符合社群价值的内容。

例如，"个人品牌 IP 营"社群的运营者要求大家填写的表单包括以下内容。

• 你的姓名和网名是什么？（要求告知姓名属于基本信息收集，网名则用于保护隐私）

• 你的推荐人是谁？在"个人品牌IP营"还认识谁？（人脉信息收集）

• 你为何申请加入"个人品牌IP营"？（诉求收集）

• 你是如何认识和理解"个人品牌IP营"的？（认知信息和态度信息收集）

- 你现在有哪些新媒体平台的账号？运营情况如何？（个人影响力现状信息收集）

- 你有哪些特长或资源？（资源价值信息收集）

- 你期望加入"个人品牌IP营"后实现怎样的改变？（诉求收集）

- 你的电话号码是什么？（基本信息收集，不公开，用于紧急联系和重要消息通知）

- 你的常用地址是什么？（基本信息收集，不公开，用于邮寄福利品）

在这些问题中，询问基本信息的并不多，而且考虑到了对隐私的保护；而个人诉求方面的问题则比较多，因为只有足够了解社群成员的诉求，才能帮助他们链接资源和人脉，实现互利共赢。

其实，不只是人脉型社群，其他类型的社群也需要尽可能地收集成员信息，以便有针对性地打造社群的内容，让社群更有价值。不过，不同类型的社群收集的信息是不同的，社群运营者需要按需设计合适的问题来收集信息。

4.11.2 制作社群成员信息收集表单

确定信息收集计划后，即可借助腾讯文档、金山表单等工具制作社群成员信息收集表单。例如，使用"金山表单"工具制作社群成员信息收集表单，具体的操作步骤如下。

（1）使用"金山表单"工具或者 WPS 软件之前，可以先用社群运营者的微信注册和登录 WPS 账号。

（2）在 PC 端打开 WPS，依次单击"新建"按钮和"表单"按钮，进入"表单"页面。

（3）在"表单"页面，单击"新建空白表单"按钮，即可进入表单编辑页面，在此可通过左侧的"添加题目"和"题目模板"选项组来编写表单中的问题，如图 4-4 所示。

（4）表单编写完成后，依次单击右侧的"保存草稿"按钮和"完成创建"按钮，此时会弹出创建成功的提示窗口，如图 4-5 所示。

图 4-4 编写表单中的问题

图 4-5 创建成功的提示窗口

（5）如果我们的社群主要在微信平台上活动，社群成员都聚集在微信群，想要通过微信或者微信群将表单发给社群成员，那么，我们可以在表单创建成功后，打开移动端的微信，搜索"金山表单"小程序，在此可以看到创建好的表单，如图4-6所示。点击表单下方的"邀请填写"按钮，即可将表单发送给微信好友或者发送到微信群，社群成员点击该小程序即可开始填写信息。

（6）社群成员填写后，我们可以在移动端微信中的"金山表单"小程序里查看表单的统计结果和答卷详情（见图 4-7）；也可以点击"统计结果"或"答卷详情"选项卡下方的"查看数据汇总表"按钮，跳转到"金山文档"小程序进行查看。

图 4-6 移动端"金山表单"小程序中的表单

图 4-7 查看表单的统计结果和答卷详情

4.11.3 在入群时收集社群成员信息

什么时候将社群成员信息表单发给社群成员填写呢？

一般而言，社群成员进群时是收集个人信息的最佳时机，毕竟运营者需要一对一地将社群成员拉入群中，在这个环节要求新成员提供部分个人信息，大家基本上都会配合。并且，这时若个别成员有疑问，运营者正好能解释清楚。

若是在社群成员入群一段时间后再来收集他们的个人信息，就可能因为各种各样的问题而效率低下。例如，有的社群成员不能随时在线，社群运营者就需要反复通知，这必然会影响收集效率。

4.11.4 对社群成员信息进行汇总和整理

社群的能量和价值来自社群成员。收集社群成员信息的一个主要目的是，将诸多信息作为体现社群价值的资源，分享给社群内的所有人。而有的信息涉及隐私，例如电话号码、地址等，并不能公开分享。因此，社群运营者需要对收集到的信息进行汇总和整理。

例如，秋叶系社群"个人品牌 IP 营"将所收集到的社群成员信息进行汇总和整理，在腾讯文档中按照一定的格式先制成会员小档案，再编入会员手册，放在公告栏，以方便社群成员查看。在汇总和整理的过程中，对于某些涉及隐私的信息，社群运营者并不做记录。但对于能够让社群成员感受到人脉价值、社交价值的信息，社群运营者会编排入册，并分享给社群成员。

社群成员信息是社群的基础能量，这个能量并非要紧紧握在社群运营团队的手中。相反，如果能将这些信息共享给社群成员，就可以实现人脉资源的有效利用，让社群发挥更大的价值。

4.12 ▶ 如何引导新成员融入社群

新成员刚加入社群时，往往带有一点心理压力。由于社群内大部分成员都不认识，新成员可能不知道该如何开口说话——若是贸然开口说话，一怕被认为不识趣，二怕说了没有人搭理，自讨没趣。于是，很多刚入群的新成员往往会选择"默默观察"。然而，沉默久了，他们可能会越来越没有说话的意愿。这样一来，新成员即使变成老成员，对社群也只有疏离感，而没有归属感。

对于人脉型社群的新成员，社群运营者需要用一些策略鼓励他们在入群第一周就主动参与群聊，参与群活动，消除陌生感。

4.12.1 引导新成员做结构化自我介绍

入群做自我介绍是最简单的破冰方法，可以让社群成员快速熟络起来。

然而，有些不擅长社交的人并不太会做自我介绍，虽然隔着屏幕，但在自我介绍时还是会显得比较局促，要么不知从何说起，要么抓不到重点。因此，社群运营者可以提供一个包含各种信息要点的自我介绍模板，让新成员在模板的基础上进行发挥。

例如，秋叶系社群使用的自我介绍模板是秋叶大叔提出的"8 个 1"式的自我介绍。这"8 个 1"分别是 1 个红包、1 个身份、1 个权威、1 个第一、1 个数字、1 个链接、1 个感谢、1 个礼物。其使用方法如下。

- 1个红包：进群后先发1个"感恩遇见"红包。
- 1个身份：我是×××，我的身份、背景是什么。
- 1个权威：我做的什么事情得到了哪些有权威的人的高评价。
- 1个第一：我做的什么事情得到了"第一"或被认为"最好"。
- 1个数字：我做的事情取得的成绩，以数字表示情况如何。
- 1个链接：如果大家想做什么事情，可以约我私聊。
- 1个感谢：特别感谢×××邀请我加入这个群。
- 1个礼物：我准备了一个什么样的福利包，有×××需求的朋友欢迎私聊我。

不管采用哪种自我介绍的方式，社群运营者都需要让社群成员明白，在人脉型社群中做自我介绍，不能只介绍自己是做什么的，而是要重点介绍自己能交换什么样的资源。如果一个人有商品，也有客户，那么他就可以成为别人的销售渠道，也可以让别人成为他的合作伙伴，这样，大家完成资源互换，在市场上形成一个共振的小生态系统，实现互利共赢。

4.12.2 集体欢迎新成员入群

新成员入群后的欢迎语决定了新成员对社群的第一印象。

新成员入群时，可以让几个社群成员带头说一句或正式或不太正式的欢迎语，并引导其他社群成员"列队"欢迎。一句欢迎语或许并不太起眼，但是列队式的欢迎语可以让新成员感受到社群的热情和活跃。

也可以在新成员介绍完毕时，由几个社群成员带头重复新成员的一句自我介绍，并引导其他社群成员依次复制和发布这句话，从而以"刷屏"的形式表示欢迎。

4.12.3 赠送有仪式感的入群礼物

正所谓"礼多人不怪"，在新成员入群后，如果能立即赠送新成员一份有社群特色的入群礼物，可以进一步提升新成员对社群的好感度。

一般情况下，入群礼物是含有社群名称、社群Logo、社群口号的定制礼物，能够代表社群形象的社群吉祥物，或者其他有价值的社群礼物。秋叶系社群"个人品牌 IP 营"给社群成员寄送的入会礼盒如图 4-8 所示。

图 4-8 "个人品牌 IP 营"
社群成员收到入会礼盒

4.12.4 积极回应新成员的第一次发言

新成员第一次在社群内"冒泡"时，要积极回应，尽可能进行一场有质量的对话。这关乎新成员对社群价值感的第一印象，也决定了他之后在社群内的活跃程度。

那么，如何回应新成员在社群内的第一次发言呢？简单来说就是：多说正面的、积极的、肯定的话语，少说负面的、消极的、否定的话语。

这是因为人的潜意识会把正面反馈视为友善的信号，而把负面反馈看作敌意的信号。每个人都希望得到正面反馈，厌恶负面的评价。由于对新成员还不了解，如果盲目判断、指导或说教，可能会给新成员留下"自以为是""好为人师"甚至"片面无知"的印象。

因此，在新成员第一次发言时，我们需要尽可能地表达尊重、理解、认可、赞美。就算不同意他的观点，也要表现出：我认真倾听了你的说法，理解你的情绪、理解你的感受、理解你的动机；我虽然不完全认同你，但部分肯定你。在此基础上回应对方，就比较容易做到进退自如。

4.12.5 邀请新成员参与社群的活动

人脉型社群的最好状态，是每一个人都能将社群视为一个大家庭。这需要社群成员对社群有归属感。而归属感需要社群成员通过自己的行动来获得。

社群成员需要通过付出行动来获得归属感，这并不难理解。社群运营者对社群的认可度往往比较高，归属感也较强，有一部分原因是，他们从进入社群开始就在为社群"做事"——策划交流话题、引导交流、记录整理、回答成员的疑问、发布通知和解答。换个角度想想，如果一个新成员一进入社群就被鼓励去做一些能够帮助大家的事情，是不是也更容易产生归属感？

具体如何做呢？社群运营者可以先了解新成员的个人技能和时间安排，明确建议对方空闲时做一些有利于大家的事情，例如主动记录社群内的重要消息、活动，分享给因没有及时浏览而在群里询问的人。这些都是烦琐的小事，但是，做这些小事能让新成员感到自己是社群的主人，而不是客人。他们整理重要消息，回答别人的疑问，把优质内容做成精华总结，分享给群内所有的人，这其实就是社群主人会做的事。而且，这种付出会得到其他社群成员的感谢，这种情感上的鼓励又会激励新成员继续付出。

如果新成员有独特技能，社群运营者还可以建议他们利用自己的独特技能为社群成员做一些事。例如，擅长手绘的新成员可以为每一位社群成员绘制一个卡通版的微信头像。当社群成员看到新成员为自己绘制的微信头像时，一般都会表示赞美和认可，这样积极的反馈会让新成员获得满足感和成就感。

4.12.6 引导社群成员积极展示才华

社群运营者需要让社群成员感受到人脉型社群的价值，觉得人脉型社群是有用的。这种有用不仅在于社群运营者能为他提供什么，在一个人脉型社群中，更大的力量在社群成员身上。社群运营者为每一个社群成员提供的价值，从某种程度上看是有限的，但是社群内的其他成员却可以把价值发挥到无限大，而且对人们来说，只有交换彼此正好需要的资源，才能达成让人满意的合作。

假如一个社群成员的职业是设计师，他刚进入社群，就在社群运营者的引导下充分展示了自己的设计才华，那么，当其他社群成员正好有设计需求的时候，就很容易想到他的设计才能，倾向于与他达成合作。而一旦达成合作，这位设计师就能感受到社群的人脉价值，继而更加认可社群的价值，更愿意在社群内表现自己。

在实践中，社群运营者不但要积极引导社群成员展示才华，还要尽可能地为他们链接可对接的资源，让大家通过合作实现共赢。例如，秋叶系社群"个人品牌 IP

营"就将很多不同知识领域势能相近的达人、专家等聚集在了一起。秋叶大叔负责组织大家彼此连接，创造各种各样的合作机会，给大家带来很多互补资源，让他们的事业得到更大的发展。因此，大家都比较认可社群的价值，对社群的黏性很高。

4.12.7 定期汇总群内资源对接案例

人脉型社群必不可少的功能是资源对接。

人脉型社群是一个拥有各种技能的人聚合的地方。人脉型社群的主要价值在于社群成员间的资源合作。社群运营者定期把社群内达成的资源合作整理成案例，积极展示出来，可以提升人脉型社群的影响力。而新加入社群的成员也会知道自己能在社群内得到什么，用什么方式得到，继而倾向于积极展示自己，融入社群。

秋叶系社群"个人品牌 IP 营"有个社群成员叫"小呆乐"，是一个普通员工。她每次听了别人的分享，都会将分享内容画成非常精彩的手绘作品，给大家留下了深刻的印象。由于她的这手"绝技"，有很多社群成员要加她为微信好友，跟她学手绘。后来，她不但开设了手绘班，还因为自己的作品链接上了"得到"平台，成为张泉灵战队中的一员，参加了"得到"举办的"知识春晚"。这是一个成功的资源对接案例，能够激励更多的社群成员主动在"个人品牌 IP 营"展示自己的优势。

"愿意主动去做"是非常有效的驱动力。当社群成员看到身边人的成功案例后，社群运营者或许就不需要再做很多引导了，他们会积极展示自己、积极融入社群，以抓住更多的机会。

4.13 如何引导社群成员阅读重要消息

社群内的很多重要消息，并不是通报了大家就会看。一些人即使加入了自己非常喜欢的社群，也不细看重要消息，还有一些人几乎从不看重要消息，总是等错过了，才知道自己没有看到消息。因此，为了避免出现一些麻烦，我们需要结合社群成员的特点，用恰当的方式引导社群成员阅读重要消息。

在此介绍几个引导社群成员阅读重要消息的方法。

1．发布群公告

将重要信息发布在"群公告"中，这样，所有社群成员的群聊顶端都会出现一个通知提示，只有点开阅读再关闭后才会消失。

2．发消息时@所有人

发送特别重要的消息时可以 @ 所有人，这样，消息发出后，所有社群成员都会看到消息。

3．将重要消息变成固定栏目

用固定格式编写重要消息，在固定时间发布，形成一个栏目，培养大家阅读的习惯。例如，在"个人品牌 IP 营"，社群运营者会每天汇总群聊关键内容，提醒大家关注"今日看点"栏目。

4．使用"爬楼"关键词

社群运营者可以每天定时提醒大家借助特定"爬楼"关键词，搜索重要历史记录。例如，提醒大家搜索群聊关键词"微信聊天礼仪""每周一晒"。

5．群里轮播通知

有的消息需要安排社群小助理早、中、晚群发多遍，这样可以让在不同时间进入群里的社群成员及时看到通知。毕竟不是每个人都有空翻看聊天记录，多发几遍通知，可以覆盖更多人。例如，在"个人品牌 IP 营"中，小助理会让多个小伙伴发消息"霸屏"，提醒大家及时参与活动，这样比一个人发消息效果更好。

6．制造话题通知

为了避免"刷屏"引起大家反感，有的社群运营者还会使用一种新技巧：先策划一个聊天话题，用这个话题引导大家参与群聊，等社群热闹起来，大家也聊得差不多的时候，再自然地发布通知。

7．特别人特别提醒

对于一些经常不看社群消息的社群成员，如果确实需要他们知道特定的消息，可以直接 @ 他们，提醒他们"爬楼"查看，或者私聊通知他们。

需要说明的是，社群成员错过群消息的问题是不大可能完全解决的。在企业组织里，正式消息和非正式聊天往往有不同的场景；而在网络社群里，两者的场景是一体化的，导致关键信息容易被淹没在大量无效信息中。因此，如果能培养大家搜索关键词查看特定消息的习惯，加上定时发布的聊天记录汇总，可以有效减少重要群消息被社群成员遗漏的情况。

4.14 ▶ 如何提高社群成员的社群参与感

很多社群运营者都有一个体会：即便我们合理搭配了入群的人选，安排了一系列"大咖"分享，时间长了，参与群活动的人还是会越来越少。现在很多人其实根本就不看群分享，除非凑巧赶上。这是偶然现象吗？

我们在运营实践中发现，很多群成为"死群"的一个很重要的原因，就是在运营环节没有激活大部分成员，让他们慢慢变成了"潜水党"。我们认为，当一个群的"潜水党"比例超过 50% 时，就不太妙了。当然，我们的目的不是要求这些人天天"冒泡"，只要社群成员能每周在群里"冒泡""刷脸"，就算参与过。

在"个人品牌 IP 营"，我们一直在关注社群成员的活跃情况，就是看看每周都参与社群的"周六分享""周三会诊""每日一问""早安晨语""每周一晒""快闪访谈""夜宵加个蛋""月度表彰"等活动的人是否高于 50%，这是我们判断社群运营质量的一个很重要的指标。

为什么有的社群总是能保持较高的活跃度呢？其实是因为它们创造了让每一个社群成员都能参与社群生态的机会。只有持续参与，社群成员才能共同碰撞出新的思维火花，得到成长、开阔眼界，从而更加愿意在社群内互动。

如何提高社群成员的参与感呢？根据我们的经验，提高社群成员的参与感有 3 个关键要素：时机、形式和互动。

4.14.1 时机

社群规模大了，很难做到大家同时在线，要使社群活动有参与感，时机选择很重要。

线下活动什么时间举办最好？就年度活动而言，每年举办一次年会是最佳的。

就月度活动而言，同城定期聚会是最好的。就具体某个活动而言，一起去参与某个活动，在活动上见面交流是合适的。

此外，线上社群互动有 4 个黄金时间段：早上起床到上班的时间段；中午午休的时间段；下班通勤的时间段；晚饭后的时间段。

4.14.2 形式

形式也影响着社群成员参与社群活动的兴趣。群里的人多了，很难使活动形式得到所有人的喜欢，也不是所有人都具备参与活动的能力。例如，某个活动是让大家早上六点半后发一段语音，念一首诗或读一段英文。这个活动看起来参与难度很低，但实际上这个时间段很多人都在准备上班或在上班的路上，要找到一首诗或者一段英文就很不容易了，更何况还得对着手机念出来，旁边的人会怎么看？所以这个活动的参与门槛并不低。

要提高参与感，就得降低活动的参与门槛。发语音就是需要额外准备的活动，参与门槛其实很高。如果将活动要求改成"晒一张你今天在路上看到的太阳"，参与门槛就会低很多。当然，活动参与门槛低，不等于大家就会积极参与。活动要求要尽量符合大家生活中的习惯，而且要采用大家愿意采用的互动形式。

例如，在中午午休的时间段，有哪些大家愿意参与，又乐于参与，而且不会轻易玩腻的互动形式呢？

（1）"晒"午餐："晒"午餐这种形式非常好，而且人们总能从中找到"槽点"。

（2）聊八卦：最新的八卦很容易引起普通人的关注。

（3）"晒"购物：很多女士喜欢在群内分享这一天自己买到的好货。

（4）小"吐槽"：允许大家发泄一下今天的负能量，互相减减压。

我们建议的互动形式基本上都能让大家放松，为什么？因为大家中午要吃饭、要午休，不希望神经紧绷。

4.14.3 互动

确定了参与感强的活动形式，还要做互动设计。

要做好互动设计，需要关注两个要点。

1. 打造互动的软环境

好的社群里的人似乎有说不完的话，而在不好的社群中，哪怕运营方使尽浑身解数，大家也不怎么说话。那么如何调动社群里的大多数人参与互动，而不仅仅是少数活跃成员天天发言呢？

这涉及 3 个关键问题：首先，人们喜欢和朋友聊天，不喜欢和陌生人聊天；其次，人们希望得到反馈，而不是没有人理睬；再次，只有大家有共同话题，才能聊得起来。

所以要使这些活动有人参与，必须先打造出互动的软环境。具体打造方式如下。

（1）积极引导。

要打造互动的软环境，首先要有人带头。要有人带头，其实就得预先安排，不能指望社群活动一开始大家就自动自发地积极参与。如果有人主动分享了，哪怕内容一般，也要积极鼓励，这是打造互动软环境非常关键的一点。普通成员一看分享门槛不高，也会愿意分享，打消顾忌，不再不好意思，参与感自然而然就提高了。参与的人多了，参与的氛围就有了，参与过程中自然会涌现出各种有趣的对话，让大家玩得高兴，甚至聊着聊着就坐过了站。

（2）积极回应。

如果有人参与活动，但发现自己参与后没有得到任何回应，参与活动的积极性就会大受打击。所以运营团队如果发现平时不太说话的人说话了，要尽可能地回复他，让他意识到，在这个群里，他做的事情有人会看，他讲的话会有人认真听。

（3）及时激励。

不管是什么样的互动，对于其中表现突出的人，我们要想各种方法给予表扬、给予激励，这样受到激励的人可能会从参与者变成组织者，带动更多人的参与，形成一个良性循环。

2. 策划多样化的日常活动

社群运营者要特别注意避免过分依赖某种互动形式，否则会影响社群成员参与互动的积极性。

例如，当年很多人发现微信投票特别好玩，大家热衷于开展 PK，借此"吸粉"，结果后来就发展成什么活动都搞投票，最后大家都不乐意投票了。这就透支了一个活动的生命力。

好的运营要每天早、中、晚变着花样和形式办活动，这样就不容易造成社群成员新鲜感的流失，从而可以延长社群的生命周期。

那么，如何策划多样化的活动形式呢？策划新的形式本质上和设计菜谱类似，时令菜就那么几种，关键是如何利用这几种菜设计出不同的菜谱，留住客人。这些工作放在社群中就叫运营。

在"个人品牌 IP 营"中，我们策划了以下几种形式的活动。活动的直接参与人数未必很多，但很多人会默默围观、深受启发，这也是一种参与感。

（1）群会诊。会诊这种形式能促使大家一起帮助一个人，还能通过一个人的经历和大家的诊断，启发更多人的思考，我们觉得这是一种非常好的有参与感的互动。

（2）群表彰。在群表彰中，一个人能看到自己为社群做的贡献被社群承认，我们认为这非常有参与感。

（3）微访谈。我们的社群内有一部分成员，负责对群里的另外一些小有所成的成员进行访谈，挖掘他们的人生故事，写成文字分享材料。我们觉得这样的访谈对象未必要是"大咖"，但是这种形式能使参与的人获得非常独特的体验，他们对社群的认同度会大大提高。微访谈对采访者、访谈者、审稿者，还有阅读者而言，都是一件有参与感的事情。

（4）群联欢。大家可以在群里约定一个时间唱歌、发表情包、"自黑"和"互黑"，还可以发小视频，就好像办了一场晚会。

（5）群福利。我们曾在"个人品牌 IP 营"中组织过一次元旦购书专场活动，出版社为我们提供好书和优惠折扣，只限社群成员参与。买书也是人人都可以参与的活动，而且只对内，不对外，这也是非常好的有参与感的活动形式。

有深度的参与感，能创造持续的积极体验，这比在任何一个群都能参与的"爆照"、唱歌、推文要深刻得多，也会慢慢转化成社群价值。我们认为，优质社群持续运营下去，一定会创造出让更多人有乐趣、也有动力参与的项目，这才是我们持续运营社群、研究社群希望实现的成果。

4.15 ▶ 如何为人脉型社群策划一场社群分享

在人脉型社群，社群分享是比较常见的社群活动，一般是每周规划 1 个或 2 个主题，然后邀请不同社群成员在社群内做分享，每次分享 1 ~ 2 小时。在分享的时候，社群成员可以一起参与讨论，这样的集体讨论会让大家产生一种身份认同感，从而在心理上更加认可社群的价值。

策划和运营一场社群分享，需要从以下几个方面来思考。

4.15.1 寻找合适的社群分享人员

一般情况下，社群内分享的方式主要有 3 种：社群运营者定期分享，优秀社群成员轮换分享，社群成员独家经验总结分享。不同的人做分享，适用的运营方式不同。

1. 社群运营者定期分享

很多社群，大家加入其中就是冲着社群运营者的威望来的。由社群运营者定期进行分享，很容易得到社群成员的认可。不过，这种分享机制对社群运营者的要求很高：社群运营者需要有很高的威望，有号召力，且有源源不断的分享主题和充足的分享时间。

2. 优秀社群成员轮换分享

如果社群成员本身质量都很高，那么可以让社群成员在社群内做分享。例如，秋叶系社群"个人品牌 IP 营"是一个藏龙卧虎的社群，在这个社群里，可以做"干货"分享的人很多。因此，可以直接从群中选择分享人员。

3. 社群成员独家经验总结分享

在社群分享中，社群成员喜欢看的往往是某一方面的经验和总结，而这样的"干货"，需要由有实际经验且成果丰富的人来分享。例如，在"个人品牌 IP 营"中，"橙为"社群创始人邻三月由于策划和运营学习型社群非常成功，曾应大家邀请在社群内做相关专题的分享。

4.15.2 策划分享活动的环节

社群分享是提高社群活跃度的有效方式。要做一场社群分享活动，需要考虑以下 10 个环节。

1. 提前准备

对于经验分享或者专业知识分享，社群运营者需要先邀约分享者，并请分享者就话题准备素材，提醒分享者在指定时间内提交分享材料。同时，要强调分享者应该分享对大家有启发的内容，而不是只想着借着分享给自己打广告。对于没有在社群内分享过的分享者，社群运营者需要检查他分享的内容质量。

而对于话题分享，社群运营者需要准备话题，并就话题是否会引发大家讨论进行小范围评估；也可以请大家提交不同的话题，由主持人来选择。

2. 反复通知

如果确定了分享时间，就需要在群里多发布几次消息，提醒社群成员按时参加，以免屏蔽了群消息的人错过活动通知。如果分享特别重要，还需采取一对一的私聊方式进行精准通知。

3. 强调规则

每次分享开场前都需要强调规则。这是为了避免分享过程中，新成员因不了解分享活动的规则，在不合适的时机插话，影响分享者分享。

如果是在 QQ 群分享，可以在说明分享规则后，临时禁言，避免规则提示被很快"刷掉"。

4. 提前暖场

在正式分享前，应该主动在微信群说一些轻松的话题，引导大家进入交流氛围。一般一个群在场的人越多，消息滚动得越快，越容易吸引更多人围观。

5. 介绍嘉宾

在分享者出场前，主持人需要进行一番引导，介绍分享者的专长或者资历，并提醒大家进入倾听状态。

6. 引导互动

分享过程中有可能出现冷场的情况，分享者和主持人需要提前制订互动引导计划，而且要适当耐心地等别人打一会儿字，因为有的人在手机上打字的速度不快。

一般情况下，需要提前安排几个人负责引导互动。当在分享过程中发现互动气氛不足时，可以让安排的专人说一说提前准备的问题或者看法，"你一言我一语"地讨论，这样更容易形成互动气氛。

7. 随时控场

有时候分享过程中会有人干扰，比如说一些和主题无关的内容，这个时候主持人需要私聊提醒，引导这些人先遵循分享规则。

如果是 QQ 群，直接在"小窗"沟通就很方便，必要时还可以直接用禁言的方式强制控场。但如果是微信群，只能先加好友才能沟通，操作起来要麻烦一些；直接在群内提醒，又会干扰嘉宾发言。因此，社群运营者需要提前做好控场计划，安排合适的人员做好突发事件的应对。例如，用特定内容"刷屏"控场，提前添加所有社群成员为好友，监控群内的分享氛围，将干扰分享的社群成员临时"抱出"，等等。

8. 收尾总结

分享结束后，要引导大家就分享做一个总结，鼓励他们去微博、微信朋友圈分享自己的心得体会。这样，分享就可以成为社群价值感的体现，也可以成为社群品牌扩散的关键。

9. 提供福利

在分享结束后，如果能向做出优秀总结的社群成员、用心参与的社群成员，赠送一些有趣、有用的小福利，那么大家会更加期待下一次分享。

10. 打造品牌

在分享结束后，社群运营者可以对分享内容进行整理，然后在微博、微信公众号等新媒体平台发布、传播。这样，社群就可以通过频繁的分享活动，打造社群价值感和社群品牌力。

4.15.3 编制分享活动的检查清单

依据分享活动的 10 个环节，社群运营者可以编制社群分享活动的检查清单，如表 4-2 所示，以确保活动的顺利执行。

表4-2　社群分享活动检查清单

序号	环节	工作要点
1	提前准备	分享人预约 内容质量沟通与审核
2	反复通知	确定分享时间 群中通知话术 发布分享通知的时间段
3	强调规则	分享规则设计 规则提示话术 小助手分工
4	提前暖场	暖场话术 话题诱导
5	介绍嘉宾	嘉宾资历、头衔、作品等的相关介绍 嘉宾照片或海报 嘉宾具有代表性的文章或视频链接
6	引导互动	热场话术 小助手或其他互动引导者的配合
7	随时控场	私聊提醒或警告 禁言或"踢人"
8	收尾总结	本次分享的总结 微信朋友圈、微博扩散的"诱导"
9	提供福利	福利准备 福利活动设计
10	打造品牌	将本次分享内容整理成长文章或者金句海报，发布到相应平台扩散和传播 分享主题系列化，以稳固品牌形象

4.16 如何为人脉型社群组织一场"大咖"分享

"大咖"分享，即"大咖"嘉宾"空降"社群分享，也就是请社群外的"大咖"或专家来分享。社群运营者需要在分享活动开始前几天就做好邀约，让分享嘉宾做好准备。有的分享嘉宾是长期的合作伙伴，有的分享嘉宾则可能是突然邀请到的知名"大咖"。

不管邀请的分享嘉宾与社群运营者是否熟悉，这种外部嘉宾"空降"社群分享的模式，都要求社群运营者有足够的人脉关系，能请来各路嘉宾"捧场"，或者社群有足够的能量吸引嘉宾来分享。

在此，以微信群为例，系统介绍如何组织一场"大咖"分享。

4.16.1 分享准备时

分享之前，需要做好准备工作。准备工作要从人物角色、话题策划、预告文案、互动话术、时间预设 5 个方面进行。具体如下。

1．人物角色

在一场分享活动中，社群运营者需要安排特定人员扮演 4 个角色：组织者、分享者、主持人及配合人。

（1）组织者：一般由提出好话题，并且有自己想法的人担任本期分享的组织者。

（2）分享者：即就话题内容做分享的"大咖"。一般由组织者根据预设的话题去寻找合适的"大咖"，邀"大咖"来社群分享。

（3）主持人：主持人的能力会直接影响活动效果，一旦确定合适人选，不能随便找人代替。在活动开始之前，主持人要做好充分的准备，了解各个环节，以把控现场的互动氛围。

（4）配合人：如果主持人是第一次主持这类活动，没有经验，需要一个有经验的人全程配合，一旦出现意外情况可以及时帮忙。

2．话题策划

每一场讨论的流程可以固定，但话题却不能固定，需要认真策划。话题基本决定了这场讨论能否活跃。策划话题时，可以参考以下几个小经验。

（1）话题不能太沉重，但要有深度，主题需要是社群成员关心的，是社群成员已经有一定了解的。这样，大家可以结合自己的需求参与简单的讨论。

（2）话题设计要有情景感、参与感，如果是社群成员经历过的事情，大家就会比较积极地参与讨论。

（3）话题能引导大家分享有益的经验，而不是分享自己做过的不好的事情，否则参与度很难提高。

（4）话题可以结合热点，更容易引发讨论。秋叶系社群一次分享的话题结合了微信朋友圈投放的广告，那次活动的互动讨论环节，大家表现得特别活跃。

（5）对于大家没有背景沟通的问题，尽量用封闭式提问；对于大家耳熟能详的话题，则可以采用开放式提问。针对不同类型的话题采用不同的提问方式，可以让社群成员迅速找到回答的方向。

（6）需要考虑话题的分享时段。有的好话题，讨论的时间不对，也会导致反应平淡。例如，关于"整理"的分享，放在放假时间就不太合适，但在开学或者临近考试的时候，大家就会意识到整理的重要性。

3. 预告文案

确定好话题之后，就要写预告，用于在微信群说明即将进行一场分享。那么，预告需要包括哪些内容呢？下面是一个预告模板，可供参考。

标题：第 × × 期分享来啦！

分享主题：这一期的分享主题是 × × ×。

分享嘉宾介绍：嘉宾简介，侧重表现其与分享主题相关的资历。

分享主题的价值体现：突出与分享主题相关的信息或问题，以体现分享的价值。

分享时间：分享尽量安排在非工作时间，如星期五的 20 时至 21 时。

邀约结尾：邀请大家参加分享活动，例如"期待大家来交流哦！欢迎大家对这次交流的内容进行记录、总结、分享"。

4. 互动话术

社群运营者需要按阶段准备互动话术，可参考如下小技巧。

（1）开场：一般情况下，在开场阶段，只需要将预告文案重新发一次即可。

（2）过渡阶段：过渡阶段，即几个讨论问题之间的衔接部分。需要考虑怎么说才可以让大家及时结束上一个问题的讨论，进入下一个问题的分享。根据经验，比较自然的过渡方式是先简单总结上一个问题的讨论，再加上主持人的看法，接着导出下一个问题。

（3）提醒"刷屏"者：在分享过程中，可能会有人进行和主题无关的"刷屏"。如果分享的时间较长，可以允许社群成员发出少量的无关信息，但无关信息渐多时，则需要委婉地提醒。

（4）观点提醒：当有人说出比较偏激的消极观点时，主持人也需要委婉地提醒该社群成员，并巧妙地转移观点角度。

（5）结尾：以积极的话语对本次讨论做一个总结，并顺势引导社群成员进行记录、分享。例如，"今天的分享已经接近尾声，大家的表现说明大家都在积极地思考。这是全员'涨知识'的节奏啊！我相信，就算是来不及'冒泡'的同学，看见大家的思考也一定会收获颇丰的。如果你意犹未尽，可以根据大家的讨论找其他同学'小窗'聊天。另外，欢迎大家对讨论过程中出现的好的故事、疑问、观点等进行记录、总结、分享哦。"

5. 时间预设

在整个分享过程中，社群运营者要把握这3个关键的时间点。

（1）预告时间。确定好了讨论的主题并写好预告之后，接下来就是发布预告，告诉社群成员什么时候来参加讨论。一般需要进行3次预告：分享的前一天晚上，分享当天的早上，分享开始前一小时。这3个时间段是我们经过摸索确定的比较合适的通知时间。

（2）互动时间。每次分享活动中，都需要明确互动讨论时间，并提前提醒主持人、分享嘉宾安排好时间，以避免有事耽搁互动讨论。

（3）不同问题的讨论时长。一般来说，每个问题的讨论时长为半个小时，如果讨论很热烈，可以适当延长讨论时间。如果大家对某个问题反应较为冷淡，则可以减少讨论时间，提早进入下一个问题的讨论。

4.16.2 分享进行时

分享过程中，要注意把握以下3个方面。

1．基本过程

如果已经做了充足的准备，那么整场分享活动基本可以按照之前的计划进行，不过也需要根据情况进行适当变动。一个问题大概讨论 30 ~ 40 分钟，可以视情况进行适当的延长或者缩短。

2．引导互动和及时分享

在引导互动时，如果发现缺乏互动，提前安排的人就需要出面引导，带动气氛；如果出现大量发言，社群运营者需要快速阅读发言内容，并快速分辨出优质发言，及时分享到其他群。

3．禁言

在结束上一个问题，进入下一个问题时，或者有重要的事情要通知时，就需要及时开启禁言，避免因为过度"刷屏"而导致重要的发言被淹没。

4.16.3 分享结束时

分享结束后，社群运营者需要做好发言总结和活动复盘。

1．发言总结

发言总结，即对本次分享活动的发言进行汇总。基本格式如下。

标题（第 × 期分享·讨论主题）

分享组织者：× × ×

分享时间：× × × × 年 × 月 × 日 × ×:00 —— × ×:00

分享内容：总结的正文

汇总完内容之后，可以参考群共享中已经上传的文件，修改汇总文档的标题，以与之前的分享保持一致。确认无误后，再上传到群共享，同时在社群里发布通知，提醒大家阅读。

2．经验总结

经验总结，即对本次分享活动的组织进行经验层面的总结。总结时要考虑几个问题：如果整场分享很成功，原因是什么？如果气氛冷清了，原因又是什么，应该怎么改进？完成总结后，将其发送到该分享活动工作人员的管理群，请大家提意见，供大家参考，为下一次分享活动积累经验。

4.17 ▶ 如何为人脉型社群策划一场线下活动

对于人脉型社群来说，打通线上和线下是必不可少的。从短期来看，社群的线下发展能提供成员与成员、成员与社群深度交流的机会，增强社群的凝聚力。从长期来看，社群成员从线上到线下的互动连接有助于实现二次扩散，辐射到更多的人群，可将线下成员再转化为线上成员。这样，持续将人脉型社群的辐射范围从网络扩展到现实，再扩展到网络，如此循环，就能为人脉型社群的持续发展打造良好的闭环。

有些人脉型社群是公司化运营的，线下活动资源、资金充足，由有经验的专业团队运作，线下活动成功率较高。但是有的社群不是公司化运营，其线下团队由社群成员组成，这些社群成员大多没有举办线下活动的经验，各个流程也不清楚，导致活动开展不顺利，没能更好地打造社群的口碑。没有专业活动运营团队的社群，做线下活动时尤其要注重策划工作。

4.17.1 撰写线下活动策划书

开启第一次线下活动前，先写一份完整清晰的活动策划书，这样能够帮助社群运营者以全局视角把控整场活动，做到心中有数，从而有节奏、有计划地开展活动。

线下活动策划书应该包括如下几个重要的部分。

• 活动运营团队名单。

• 工作权责与任务分配。

• 活动内容：活动名称、活动基调、活动主题、活动目的、活动日期、活动地点、参与人员、参与人数、分享嘉宾（如果活动有嘉宾）、活动环节等。

• 重要时间节点的安排。

• 物料、场地、嘉宾的安排。

• 宣传方式与报名方式。

• 费用说明。如果是收费活动，需要说明为什么收取这一活动费用。

- 奖品设置。如果有奖品环节，需要罗列奖品。
- 合影及后续的推广安排。

4.17.2 编制线下活动进度表

线下活动对时间、成本和质量的把控，体现了社群活动运营团队的效率和专业性。在策划阶段，还需要制作活动组织全过程的进度表，如表 4-3 所示。

表4-3 线下活动进度表

×× 社群 ×× 活动进度表						
制表时间: 2021 年 3 月 16 日 制表人: ××× 活动时间: 2021 年 4 月 16 日						
编号	阶段	工作内容	开始日期	结束日期	周期	进度
1	策划期	成立活动运营小组	3 月 15 日	3 月 15 日	1 天	
		拟定活动策划方案，拟定活动时间为 4 月 16 日	3 月 16 日	3 月 17 日	2 天	
2	筹备期	拟定分享嘉宾	3 月 16 日	3 月 17 日	2 天	
		讨论活动策划方案，修改并确定活动方案	3 月 18 日	3 月 19 日	2 天	
		邀请嘉宾，成立嘉宾群	3 月 20 日	3 月 21 日	2 天	
		拟定活动赞助方案，讨论并确定方案	3 月 22 日	3 月 24 日	3 天	
		洽谈赞助合作，接收赞助礼品	3 月 25 日	3 月 31 日	7 天	
		讨论并确定场地和收费标准	3 月 25 日	3 月 27 日	3 天	
		组建志愿者群、活动群（参与者全部加入）	3 月 28 日	3 月 28 日	1 天	
3	宣传期	制定宣传计划	3 月 28 日	3 月 28 日	1 天	
		制作活动海报、活动文案、活动短视频	3 月 29 日	4 月 2 日	5 天	
		在社群关联的新媒体平台开始第 1 轮宣传	4 月 6 日	4 月 7 日	2 天	
		在社群关联的新媒体平台开始第 2 轮宣传	4 月 10 日	4 月 10 日	1 天	
		在社群关联的新媒体平台开始第 3 轮宣传	4 月 14 日	4 月 15 日	2 天	
		活动报名期	4 月 6 日	4 月 15 日	10 天	

续表

编号	阶段	工作内容	开始日期	结束日期	周期	进度
4	执行期	与主持人对接活动流程	4月14日	4月14日	1天	
		确认物料和礼品已运送到场地	4月14日	4月14日	1天	
		确认报名成员和嘉宾邀请函的发送结果	4月14日	4月14日	1天	
		向所有参与者发送活动通知和注意事项	4月15日	4月15日	1天	
		会场布置，设备调试	4月15日	4月15日	1天	
		活动正式开始	4月16日	4月16日	1天	
5	复盘期	收集所有参与者的活动反馈	4月17日	4月17日	1天	
		寄送奖品	4月18日	4月18日	1天	
		团队内部复盘会	4月19日	4月19日	1天	
		总结复盘内容，提交资料归档	4月20日	4月21日	2天	

4.17.3 团队分工配置

社群类型不同，线下活动的内容就会不同，相应的团队分工也会有区别。在此，参考秋叶系社群线下活动的团队分工配置，制作一份团队分工配置示例表（见表4-4），社群运营者可以在此基础上根据具体活动的需求来增加或减少相应职责。

表4-4 团队分工配置示例表

小组	负责环节	工作内容
外联组	场地管理	筛选符合活动要求的场地
		预约场地洽谈，搭建场地资料库
		场地设备确认及现场设备管理（设备包括投影仪、话筒等）
	嘉宾管理	嘉宾邀约，向嘉宾介绍社群（采用统一的对外文案）
		嘉宾预约，确定分享主题与时间
		在各环节与嘉宾及时沟通
		确定嘉宾分享文稿与PPT

续表

小组	负责环节	工作内容
活动支持组	引导签到	现场签到、参与者信息采集、引导参与者入场、为参与者分发物料
	PPT 播放	负责现场设备的管理和调试，与主持人和嘉宾沟通播放要求
	活动拍摄	拍摄活动过程中有代表性的环节
		提前设置好机位，录制活动过程
		活动结束后的合影
	活动主持	介绍活动主办方、活动主题、嘉宾
		掌控活动流程，活跃现场氛围
线上工作组	活动统筹	策划方案，把控活动的流程
		负责活动的整体规划与安排
	群管理	接待参与活动的社群成员（答疑，告知时间、地点等）
		收集社群成员意见并反馈给统筹负责人（如期待的分享主题、活动建议等）
	推广	在社群关联的新媒体平台进行宣传
		社群活动主题关键字搜索排名优化
		引导嘉宾利用其线上资源进行推广，例如微博宣传、微信公众号宣传、微信朋友圈宣传
		活动结束后，微博、微信公众号、微信视频号、抖音等新媒体平台的二次传播分享
	复盘总结	整理社群成员、嘉宾的反馈和总结
		组织运营团队对整场活动进行复盘，完善最初的方案
		输出复盘报告

4.18 ▶ 如何为线下活动寻找赞助商

为线下活动寻找赞助商，与其展开沟通和合作，基本原则是互惠互利：社群获得赞助商提供的资金或者物资，赞助商则得到他所期许的商业利益。

寻找赞助商的过程一般包括以下几个环节。

4.18.1 留意和自己社群调性相匹配的赞助商

一般来说，找到与自己社群调性相匹配的赞助商，成功合作的概率会更大。社群运营者可以留心观察和自己社群相仿的其他社群找的赞助商是哪些，然后顺藤摸瓜，找到这些赞助商进行谈判。例如，"橙为"社群的一周年庆活动在深圳举办，深圳城市营长找到了同期赞助了"行动派"的一些赞助商，顺利地和其中的多家赞助商达成了合作。

4.18.2 盘点活动的回报资源

在寻找赞助商之前，我们需要盘点线下活动中可以给予赞助商的回报资源，并制成表格。

尽管线下活动多种多样、规模不同，但往往具备一些共同的可回报给赞助商的资源，如表4-5所示。

表4-5　线下活动的回报资源

回报资源类型	回报详情
荣誉回报	为赞助商颁发牌匾与证书，如"第××届××社群的高级合作伙伴"
品牌回报	在活动现场展示赞助商品牌及代表商品
广告回报	免费使用活动现场签到区的广告位置
	活动开始前免费在LED显示屏及电视上播放赞助商的宣传资料或双方合作信息及鸣谢语
	在活动现场，重点对赞助商进行宣传，赞助商代表受邀出席活动，尊享VIP待遇
	免费使用××社群××活动宣传册中一个版面的广告位置
	在××社群的微信公众号、微博、微信视频号、抖音等新媒体平台制作专栏统一鸣谢赞助商和品牌企业，并显示赞助商的新媒体账号链接
其他回报	在活动现场提供一个会议室作为赞助商代表的休息室
特别回报	单独举行双方合作签约仪式，在社群的新媒体平台发布赞助合作新闻

4.18.3 编写赞助方案

一份赞助方案看似复杂，但核心其实只涉及以下3个问题。

（1）哪些企业或机构是本次活动寻求赞助的对象？

（2）赞助商能得到哪些利益？

（3）赞助商需要投入怎样的资源或资金？

社群运营者只需要对这 3 个问题进行充分的描述，即可形成一份赞助方案。

在编写赞助方案时，需要写清楚以下 4 个方面的内容。

（1）活动的总体描述，包括活动的目标、活动的背景、活动的地点、现有的和曾经的赞助商、活动的时间、活动的运营团队、过去活动的和本期活动预计的媒体宣传力度、过去活动的和本期活动预计的参与度、本期活动预测的参与者画像。

（2）活动所提供的资源回报以及所需要的赞助费用。

（3）赞助协议的有效期。

（4）根据前面所述的活动信息资料，此赞助方案需与目标企业的商业战略相符合。

撰写完初稿后，还需要根据赞助商的需求进行修改。对任何一家赞助商来说，有吸引力的赞助方案往往包括以下 5 个方面。

（1）表达的是赞助商所能得到的利益和好处，而不是该活动所具有的特点。

（2）表达的是赞助商的需求，而不是活动的需求。

（3）为赞助商量身定做赞助方案。

（4）赞助风险低，强调某些稳定可靠的回报，列出已经加入活动的赞助商，并清楚地指出本活动将如何保障赞助商的利益。

（5）可以为赞助商带来更多的附加价值，如扩大品牌影响力、提高潜在消费人群中的知名度、增加商业合作的机会等。

4.18.4 赞助合作的沟通和谈判

准备好赞助方案后，即可开始与赞助商沟通。在正式沟通之前，我们需要清楚赞助商想跟外界合作的目的，是为了增加"粉丝"、曝光品牌，还是为了提高转化率。

在明确合作目的之后，我们可以提前了解一些谈判技巧，比如准备相应的成功案例。在沟通时，恰当展示出这些准备好的案例，能够有效地增强赞助商的合作意愿。

4.19 ▶ 如何做好线下活动的宣传工作

当活动方案基本成型后，即可正式进入宣传阶段。这时，一般需要召集参与此次活动的人员一起开一个宣传会议，根据已确定的活动时间向前倒推，梳理宣传期各个环节的关键节点，按照宣传期的工作流程（见图4-9），分配各项宣传工作。

制订宣传计划

制作宣传内容

设计报名通道

投放与监测效果

咨询接待与报名统计

图4-9 宣传期的工作流程

4.19.1 制订宣传计划

制订宣传计划，即根据社群主题、活动主题、活动目标人群等要素，对宣传渠道、宣传内容的制作以及宣传内容的发布节奏等方面进行策划，并制订活动宣传策划执行表。

可供参考的活动宣传策划执行表如表4-6所示。

表4-6 活动宣传策划执行表

×× 社群 ×× 活动宣传策划执行表								
内容制作计划								
宣传渠道	活动前宣传内容的制作				活动后宣传内容的制作			
	3月29日—4月2日				4月17日			
微信公众号	活动预告软文5篇				活动回顾文1篇			
微博	活动预告文案5篇（配图）活动现场文案5篇（配现场图）				活动回顾文1篇			
微信视频号 抖音 快手	活动预告短视频5条				活动现场短视频9条			
内容发布计划								
宣传渠道	第1轮预热		第2轮预热	第3轮密集推广		现场互动	活动后宣传		
	4月6日	4月7日	4月10日	4月14日	4月15日	4月16日	4月17日	4月18日	4月19日

续表

微信公众号	预告软文1篇	预告软文1篇	预告软文1篇	预告软文1篇	预告软文1篇	—	—	—	回顾文章1篇
微博	预告微博1条	预告微博1条	预告微博1条	预告微博1条	预告微博1条	现场微博5条	—	—	回顾文章1篇
微信视频号	预告视频1条	预告视频1条	预告视频1条	预告视频1条	预告视频1条	—	现场视频3条	现场视频3条	现场视频3条
抖音	预告视频1条	预告视频1条	预告视频1条	预告视频1条	预告视频1条	—	现场视频3条	现场视频3条	现场视频3条
快手	预告视频1条	预告视频1条	预告视频1条	预告视频1条	预告视频1条	—	现场视频3条	现场视频3条	现场视频3条

4.19.2 制作宣传内容

目前，社群线下活动的主流宣传渠道有微信公众号、微博及短视频平台。根据这 3 种平台的内容特点，一场线下活动需要准备微信公众号文章、微博文案、短视频 3 种形式的宣传内容。

1. 长篇图文的编制要点

为了提高发布在微信公众号、今日头条、微博等平台的长篇图文的阅读量，可以在标题和正文的编写上使用如下技巧。

（1）标题的编写。

编写标题时，社群运营者可以结合社群成员关注的话题关键词，如当下的热门话题、名人、社群成员的兴趣爱好、与社群成员自身息息相关的利益或目前正在进行的任务等，向社群成员提供有价值的或有反差的信息，或是制造有悬念的内容吸引社群成员的眼球，勾起社群成员的好奇和兴趣，让社群成员情不自禁地打开和阅读。此外，在标题上加入与社群成员自身描述相符的标签，如地域、年龄、性别、收入、职业等关键词，或者是利用对话式标题，让社群成员感觉作者在和自己对话，增强代入感和亲切感，有利于提升文章的阅读点击量。

（2）正文的编写。

在正文中，社群运营者需要先通过讲故事、提问题、场景化描述痛点等方法，使社群成员产生代入感，让社群成员在阅读故事、思考问题的答案及回顾自己相似经历的过程中开始关注自己，指出社群成员过去的行为或者选择中存在哪些不合理之处，让社群成员意识到自身的困扰和需求痛点。然后再将社群成员的需求与活动的价值绑定起来，告知社群成员他需要能解决什么问题的方法，而参加线下活动有助于解决这些问题，即给社群成员一个不得不参加活动的理由。

在正文中，还可以通过权威背书、罗列数据、展示细节、展示往期反馈及评论来增强活动价值的说服力。

- 权威背书。借助权威机构或组织的认证、业界权威或知名人士的背书，增强活动价值的说服力。

- 罗列数据。利用社群成员的从众心理，通过往期活动的参加人数、传播效果、成就数据和本期已报名人数等，激发社群成员的参与欲望。

- 展示细节。为社群成员提供更具体的活动信息，让社群成员更为清晰、深入地了解活动的价值点，能促使社群成员对活动价值产生信任感。

- 展示往期反馈及评论。选择能回答社群成员疑问和满足社群成员核心需求的真实评论或成果进行展示，以证明活动的价值和效果，有助于化解社群成员的顾虑，增强社群成员的信任。

很多线下活动是另付费的。对于另付费的线下活动，我们可以在正文的最后借助利益进行诱导，如强调活动的亮点、价格优势和优惠力度等，促使社群成员报名参加。其中，强调价格优势是软文营销中常用的策略，主要采取对比价格、提供附加价值的方式来刺激社群成员行动。

2. 微博文案的编制要点

微博文案在此指限制在140字以内的短文案。这种文案要求社群运营者提炼内容精华，用最为简洁有趣的语言把信息有效地传达给社群成员，用最短的时间抓住社群成员的眼球，促成转化。

（1）要制造话题，提高曝光度。

微博是人们日常分享、交流的一个社交平台，社群运营者通过在微博平台上制造有热度、有趣味的个性化话题，可以快速引起社群成员的热议，促使社群成员自发地进行口碑传播，提升社群品牌的曝光度及知名度，促成流量向销量的转化。

在微博上发布的话题主要分为两类，一类是根据社群定位、活动定位以及目标人群定位发布的话题，突出社群活动的价值；另一类是结合热点发布的话题，指社群运营者通过在微博的"热门微博""热门/超级话题"及"微博热搜榜"处搜索当下的热门话题，找到与社群文化、社群主题、社群价值相契合的热门话题，并将两者的共同属性结合起来，借势营销，有效提升品牌的曝光度及社群成员的关注度。

（2）品牌联动，优势叠加。

品牌联动指的是基于共同的目标受众，两个实力相当的品牌互相借势、借力，最终实现优势叠加，合作共赢。这种模式要求社群已经拥有一定的知名度和影响力。社群微博账号和合作品牌的微博账号各自发布品牌合作软文，可以充分发挥合作双方的势能优势，聚集双方的微博"粉丝"参与互动，引起微博平台其他社群成员和媒体的注意，从而达到共同提升品牌价值、进一步促成转化的目的。

（3）微博"大 V"转发点评。

微博"大 V"的宣传能够提高线下活动在微博的传播效率和影响力。具体来说就是，社群运营者邀请社群活动中的"大咖"嘉宾、能连接到的微博"大 V"发布微博，以他们的视角来参与、点评线下活动。当有多个"大 V"进行微博转发接龙的时候，信息会传播得更快、更广。

3. 短视频的编制要点

活动前期的宣传短视频形式多样：可以让社群运营者出镜介绍活动（见图4-10），可以邀请多名嘉宾出镜讲述个人故事（见图4-11），也可以展示活动会场，还可以通过剪辑嘉宾演讲（或分享）的精彩片段来预告活动。社群运营者可以根据素材情况按需选择。

图 4-10 秋叶大叔出镜介绍秋叶系社群的线下活动

图 4-11 活动嘉宾出镜讲述个人故事

4.19.3 设计报名通道

宣传阶段需要设计线下报名渠道和报名方式。如果有收费项目，还要确定收费渠道、支付方式。

有的社群活动只要付款即可报名，那么可以将活动设计成一款付费商品，将购买链接或者购买二维码嵌入宣传内容，报名者只要点击链接或扫描二维码即可进入商品介绍页面，实现一键下单。例如"媒老板商学院"推出的一个为期 2 天的线下课程，点击其宣传文章内的"报名"按钮，即可跳转到其小鹅通店铺的商品详情页，报名者可以了解课程信息后一键购买，如图 4-12 所示。

有的社群活动，报名者需要提交申请信息，经过信息审核后才可付费参加活动，也就是说，报名者需要先添加小助理微信号，填写表单，审核通过后才能获得购买链接，付费后报名才算成功。"橙为"的"流量经营闭门会"就是这样的模式，如图 4-13 所示。

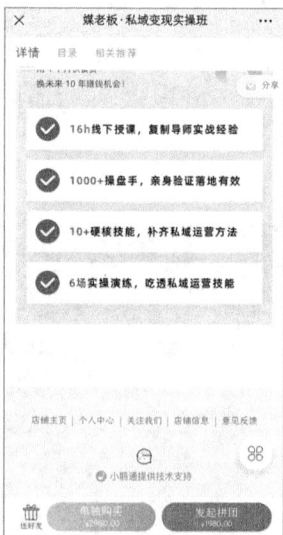

图 4-12 点击"报名"按钮跳转至商品详情页购买

图 4-13 先填写表单审核后再付费购买

4.19.4 投放与监测效果

社群运营者需要有节奏地投放与活动相关的内容，并监测投放效果。

1. 活动报名阶段：通过对活动预期价值的描述吸引线上报名

在活动的报名阶段，社群运营者需要向社群成员传达举办活动的目的、活动的性质、活动内容以及活动能给他们带来什么作用和影响等。这时的宣传将直接影响线上的报名情况和传播能量，所以内容既要准确又要具备吸引力；也需要根据报名情况来评估宣传成效，优化宣传策略。

此外，如果宣传内容还能降低期望值，或者如果在实际活动中，社群运营者能为社群成员送上惊喜，那么，当参与的社群成员发现活动水平超出自己的预期后，往往会和朋友分享自己的意外收获，从而引发社群的口碑传播。

2. 活动进行阶段：通过对活动现场内容的呈现吸引线上传播

在活动的开展阶段，优质的活动内容可以通过直播迅速引爆线上传播。在这个过程中，社群运营者可以对所有的活动参与者进行非官方、非正式的传播引导，引导大家在各自的微信朋友圈、微博等平台传播与活动相关的优质内容。对于大家发布的内容，社群运营者要注意引导评论和转发。

3. 活动结束后：通过对活动的总结建立线上的口碑，提升影响力

线下活动结束后，真实地记录活动的亮点，输出有质量的总结，能够引发二次传播，也能促使大家对下一次活动产生新的期待和关注。活动输出的文章需要包含数据、观点、故事，这样才会让人感觉客观、真诚，让人觉得社群有价值、人性化。在文章发布后，要注意监测文章的阅读量、评论量以及评论内容，以便总结宣传经验。

4.19.5 咨询接待与报名统计

报名情况一定要及时统计，一旦发现报名人数过少，与预期人数的差距过大，社群运营者应及时反馈给总负责人，立即商讨是否增加投放渠道、加大投放力度，以保证参与活动的人数。

对于活动前通知报名成功的社群成员，需根据其报名时留下的联系方式（电话、微信等）一一沟通，以确认能够准时参加活动的具体人数。

如果报名情况良好，可以适当加放 10% ~ 20% 的名额，因为线下活动常常有人因为种种原因不能到场，加放名额可以避免场地闲置率过高，浪费成本。而如果到来的人数过多，适当加座即可解决。

4.20 ▶ 如何保障线下活动的顺利执行

执行期有两项重要的工作，首先是明确活动的工作流程，其次是做好嘉宾的接待工作。

4.20.1 明确活动的工作流程

明确活动的工作流程，需要将活动执行期的诸多工作梳理成一个清单，明确列出各个环节的工作内容、责任人、执行时间点、完成情况等，让所有工作人员都明确活动当天在什么时间需要做什么事情。

要编制活动的工作流程清单，需要先明确以下 3 个问题。

- 本次线下活动在执行期有哪些工作环节？
- 每个环节有哪些具体工作内容？
- 每项工作内容是否已经责任到人？

根据以上问题编制活动的工作流程清单，如表 4-7 所示，既便于查漏补缺，又便于之后进行复盘。

表4-7　社群线下活动的工作流程清单

环节	工作模块	工作任务	具体内容	责任人	时间	完成度
活动确认	活动事由确定	活动名称	××社群的××活动			
		活动时间	××年××月××日			
		活动对象	××社群的社群成员			
		举办地点	××城市××场地			
		预期目标	本次线下活动的目标			

续表

环节	工作模块	工作任务	具体内容	责任人	时间	完成度
活动前期准备	活动准备	明确人员分工	使每个人都清楚自己的工作内容			
	人员信息	核查参与者信息	核查活动参与人数、参与者姓名及联系方式			
		核查分享嘉宾信息	核查分享嘉宾的姓名、联系方式			
	活动通知	通知并核查结果	通过电话、微信通知参与者活动信息,并核查是否通知到位			
活动前期准备	资料	资料准备及发放	活动流程表、分工表、签到表等资料都要在活动前制作成电子版资料并打印			
			相关流程、分工方案等资料分发到每个工作人员手中			
		海报、横幅等印刷品张贴	联系印刷厂印刷,提前 1 天送到现场			
			粘贴到会议场地的宣传栏等位置			
	餐饮	饮料 / 食物	准备一定量的矿泉水,放在座位边			
			采购暖场小吃或中场休息时的茶点,摆放在休息区			
			为活动当天的午餐、晚餐预约餐厅			
	道具	道具准备	准备好活动所需的道具,包括小游戏道具、话筒、扩音器等			
			如需颁奖,还需准备礼仪服装、奖盘、锦旗、奖状、奖杯等			
	场地	场地布置	桌椅、道具、横幅、指引牌、座位牌等物品摆放或粘贴到位			
	摄影	拍摄器材的准备	摄像机、照相机等拍摄器材搬到现场指定位置			
		活动拍摄	活动现场布置完成后,拍照,保留素材			
	设备	设备准备和调试	检查活动所需的计算机、投影设备、音响设备、道具等是否准备到位、调试到位			
活动现场工作	签到	签到表和签字笔	在会场入口处准备好签到表和签字笔,供参加的社群成员和嘉宾签到			
		资料和伴手礼分发	准备好资料和伴手礼,嘉宾和社群成员签到后发放			
	摄影	现场抓拍	摄影师抓拍会场情况			
		现场录制	录制现场视频			
		现场直播	直播拍摄			

环节	工作模块	工作任务	具体内容	责任人	时间	完成度
活动现场工作	后台控制	音乐/灯光	根据活动流程表或台上情况播放音乐、操控灯光			
	催场	安排出场人员	根据活动流程表提前安排出场人员在后台等候上场			
	话筒	话筒传递	若安排了台下代表发言的环节，需明确话筒传递负责人			
	医疗准备	医务人员/药箱	准备日常用药及安排医务人员候场			
	就餐	就餐确认	确认就餐人数，保障食物供应			
	合影	大合照拍摄	活动后组织全体人员合影			
	场地收拾	会场清理	回收并清空会场资料，检查是否有物品遗忘			
	场中宣传	发布活动相关信息	编辑活动现场的照片、短视频、文案，在微博、微信朋友圈、社群内发布			
活动后期工作	资料	资料存档	电子版资料，包括活动流程表、签到表、工作总结以及活动中产生的照片、方案等，都要在计算机中建立一个文件夹储存			
	活动后宣传	发布活动精彩回顾	在社群关联的新媒体平台和社群运营者的朋友圈发布以"活动精彩瞬间"为主题的文章、图片、短视频			
	后续工作跟进	费用结账报销	对活动期间发生的费用进行结账报销			
		复盘	工作团队进行工作总结，梳理工作流程中的出色之处及不足之处			

4.20.2 做好嘉宾的接待工作

分享嘉宾的分享对于线下活动来说非常重要，我们需要重视对分享嘉宾的接待。一般情况下，分享嘉宾的接待工作需要贯穿活动前、活动当天以及活动后。这3个时间段需要注意的事项如下。

1. 活动前

活动前，需要做好以下工作。

- 在活动开始前3～7天短信提醒分享嘉宾注意行程安排。

- 在活动前3天将接待人员的电话、车站和机场到会场的详细路线等信息以短信或微信的形式发送给分享嘉宾，以方便嘉宾观看。

- 在活动前1天，向分享嘉宾发送一份《嘉宾行程手册》，内含当地天气情况、行程安排等，并与分享嘉宾沟通其在活动当天的安排，询问其是否需要接送服务。

在此需要说明，《嘉宾行程手册》是适用于所有参与活动的社群成员的行程手册，需要提前制作。它可以是一份 PDF 文件，也可以是几页海报，还可以是一篇微信公众号文章。

相对来说，当前人们已经习惯使用微信来沟通各种事务，社群运营者用微信公众号文章来编写《嘉宾行程手册》是一个比较好的方法。这是因为，一方面，微信公众号文章可以容纳较为丰富的图文信息，将诸多信息详细地呈现出来；另一方面，文章可以直接推送给关注微信公众号的用户，可以精准推送到微信群，也可以一对一推送到用户的微信，方便参加活动的社群成员查看，也方便不参加活动的社群成员了解。

2. 活动当天

活动当天，社群运营者接到分享嘉宾后，需要第一时间告知分享嘉宾活动流程，包括预热、分享嘉宾或领导讲话、品牌宣传、互动环节、抽奖环节、活动后的合影环节以及住宿安排等，使分享嘉宾能对活动有一个整体的把握。如果活动有介绍分享嘉宾的环节，还需要将介绍文案给分享嘉宾再次确认。

如果分享嘉宾到达会场的时间较早，需要为分享嘉宾安排一个休息的地方，准备茶水，并顺便问问分享嘉宾演讲时习惯饮用什么饮品，并尽可能为其准备妥当。

在活动开始前，需要了解分享嘉宾对演讲设备和 PPT 的要求，如是否需要投影、是否需要无线话筒、是否用自己的计算机（如果是，需要提前测试笔记本电脑和投影仪是否可用）、是否对 PPT 软件的版本有要求、是否需要遥控笔、是否需要白板等。

需要提前询问分享嘉宾的时间安排。如果分享嘉宾行程紧张，需要在活动开场时说明，告知大家今晚分享嘉宾可能还要赶赴其他地方，不能多留，机会难得，请大家在互动环节抓住机会提问。

在活动结束后，如果有正式餐饮安排，需要向分享嘉宾介绍主人和陪客，并使分享嘉宾能够轻松愉快地享用美食。如果没有正式餐饮，只是便饭，也需要感谢分享嘉宾支持工作。

3. 活动后

活动后，往往会有很多社群成员找分享嘉宾签名、合影，因而需要将分享嘉宾引导到一个专属座位，方便其签名。分享嘉宾签名时，需要组织工作人员维护秩序、控制时间，以免耽误分享嘉宾的后续行程。

活动结束后，需要有专门的工作人员将分享嘉宾送到目的地。如果分享嘉宾需要在当地留宿，应该有专人负责其第二天的出行接送，以免耽误其出行时间。

活动结束后 1 ～ 2 天内，需要给分享嘉宾发一封感谢信。感谢信中首先要感谢分享嘉宾的到来和支持，其次就活动现场情况做一个汇总式反馈，最后请分享嘉宾对活动本身提出建议或希望，以便下次改进。此外，还需要随信附上精选的现场照片，分享嘉宾可以留作纪念或者在其新媒体渠道使用。

以上这些接待细节，往往能得到分享嘉宾的赞赏，从而为后续的长期合作打造信任基础。

4.21▶ 如何为线下活动复盘

线下活动结束后，社群运营者还需要进行线下活动复盘。复盘是把经验变成能力的过程。复盘能避免重复犯错，通过有针对性地改进和优化，提升活动效果和口碑。

一般情况下，线下活动复盘可分为 5 个基本步骤，即回顾目标、描述过程、分析原因、提炼经验、编写文档。

4.21.1 回顾目标

线下活动复盘，首先要回顾活动目标。

目标是评判一场活动成功与否的标准。将线下活动的实际结果与目标进行对比，社群运营者就知道一场线下活动的效果如何了。

回顾目标步骤可拆分为两个小步骤：展示目标、对比结果。

1. 展示目标

在线下活动的策划期，社群运营者往往已经根据实际情况设定了合适的目标。此时，把策划期设定的目标展示出来即可。

展示目标即将既定目标清晰、明确地写在复盘会议中的一个显眼之处，例如写在白板上或者投影在屏幕上，让参加复盘的所有成员都能看到，实时回顾、实时对比，从而确保整个复盘过程一直围绕目标来进行。

2. 对比结果

对比结果，即将线下活动的实际结果与希望实现的目标进行对比，发现两者的差距。只有了解两者的差距，才能在后续的复盘过程中分析这种差距出现的原因，探究实现目标的有效方法。

在线下活动复盘中，将结果与目标对比，往往有 4 种情况：结果比目标好、结果与目标一致、结果不如目标、结果偏离目标。

由于回顾目标的目的是发现存在的问题，为后续的分析提供方向，因此，在后续的分析中，需要重点分析结果不如目标和结果偏离目标的情况，从而找出"与目标不一致的地方"和"为什么出现这样的差距"的答案。

4.21.2 描述过程

描述过程是为了找出哪些操作过程是有益于目标实现的，哪些是不利于目标实现的。过程是分析实际结果与希望目标差距的依据。因此，在描述过程时，需要遵循以下 3 个原则。

（1）真实客观。社群运营者需要对线下活动的整个工作过程进行真实客观的记录，不能主观地美化，也不能进行有倾向性的筛选。

（2）全面完整。社群运营者需要提供线下活动工作中各个方面的信息，每一方面的信息都需要描述完整。

（3）细节丰富。描述在什么环节，什么人用什么方式做了什么工作，产生了什么结果。例如，在宣传期，哪些人在什么时间、什么平台发布了哪些宣传内容，这些宣传内容分别是什么类型的，观看量有多少，评论有多少，评论回复有多少，大家都在什么时间观看评论和回复评论，等等。不过，这里不是要描述线下活动工作的全部细节，但需要对与实际结果和目标差距有因果联系的细节进行详细描述。

基于这 3 个原则，描述的过程应与实际工作过程一致。社群运营者可以从活动策划开始说起，按照工作推进的过程，分阶段地进行文字记录，尽可能达到"情境重现"的程度。

在此说明一下，文字记录虽然比口述麻烦，却是最合适的过程记录方法。因为通过文字记录，社群运营者可以很轻易地检查出遗漏、不完善或者虚假的信息，并对记录内容进行修改和完善，从而为后续的复盘工作提供一个较为可靠的分析依据。

4.21.3 分析原因

分析原因是活动复盘的核心步骤。只有原因分析到位，整个复盘才是有成效的。

分析原因时，通常情况下，社群运营者可以从"与预期不一致"的地方入手，开启连续追问"为什么"模式。经过多次追问，一般能探究出问题背后真正的原因，从而找出真正的解决办法。

可以从以下 3 个角度追问"为什么"。

（1）从"导致结果"的角度，问"为什么会发生"。

（2）从"检查问题"的角度，问"为什么没有发现"。

（3）从"暴露流程弊端"的角度，问"为什么没有从系统上预防（事故 / 糟糕结果）"。

从这 3 个角度连续追问多次"为什么"，往往可以得出各自角度的结论。这些结论可能就是问题形成的根本原因。

4.21.4 提炼经验

经过"分析原因"的步骤，社群运营者往往已经能够认识到一些问题，甚至还能总结出一些经验，讨论出一些方法。然而，这样归纳出来的经验和方法并不能直接使用，因为任何一个结论都还需要进行逻辑推演，看看是否符合因果关系，即是否符合"因为做了哪些事情，所以出现了什么结果"。只有符合因果关系的结论，才是可参考的结论，结论中的经验和方法才是有指导价值的。

如何进行逻辑推演呢？社群运营者可以根据各种小结论、工作环节的"可控性"来进行判断。

根据程度的不同，可控性可以分为可控、半可控、不可控 3 个层次。

• 可控，是指社群运营者可以控制工作环节和成果。

• 半可控，是指社群运营者只能掌控部分的环节和部分的成果，还有一些环节和成果是无法掌控的。

• 不可控，是指社群运营者的工作成果由其他人或其他事件来决定，完全不由自己控制。

不难看出，可控部分及半可控环节中可控的部分是社群运营者可以在之后的活动中提高的部分，也可以作为经验保存下来，用来指导后续的活动策划和执行工作。而不可控部分由于无法预判结果，其相关结论可能不会符合下次活动的情况，因而就不具备指导意义，也就不能作为经验或方法保存下来。

可见，线下活动复盘的核心，就是要从一场具体的线下活动中提炼出经验和方法，从而解决线下活动工作中可能出现的一个问题甚至一类问题，从而提升线下活动的运营效果。

4.21.5 编写文档

编写文档是将线下活动复盘过程中发现的问题、原因，得出的经验和改善方法，以文字的形式固化下来，编写在册。

编写文档可以参考的格式如表 4-8 所示。

表4-8 编写文档的格式

复盘主题	关于 ×× 社群 ×× 线下活动的复盘
复盘时间	
复盘会议参加人员	

续表

线下活动基本信息	举办时间		举办地点	
	参加人数		参加人群	
目标回顾				
实际结果与目标对比				
线下活动过程描述				
原因分析	（与目标不一致的地方是什么？是什么原因造成的？如何改进？）			
经验总结				
经验适用范围				

编写文档看起来只是一个微不足道的步骤，但对社群运营者活动运营能力的提升有极为重要的作用。

首先，编写文档可以为社群运营工作留下真实、准确的记录，避免遗漏或遗忘。

其次，编写文档可以将活动过程、活动经验转化成具有一定逻辑结构的显性知识，可查阅、可传播，这样社群运营者可以避免再次为同样的知识支付学习成本。

再次，文档方便存储，也方便提取。若社群运营者后续工作需要，可以快速查找、借鉴，提升工作效率。

最后，文档还有利于进行对比学习。社群运营者不断地将刚完成的线下活动与过去存储的经验文档进行对比，往往可以提高对事情本质的认识，甚至提炼出新的认识事物的方法。

总之，编写文档虽然不是线下活动复盘的核心步骤，却是社群运营者学习经验的一个重要资料来源，是不可或缺的环节。

4.22 ▶ 如何组织一场标杆企业游学活动

很多人脉型社群都会组织标杆企业游学的线下活动。企业游学不是单纯的旅游，也不是纯粹的培训学习，其活动内容是贯穿企业培训和参观游览，介于游与学之间，同时又融合了游与学的内容。

组织标杆企业游学，需要做好以下几个环节的工作。

4.22.1 游学活动的策划理念

游学活动有以下 3 个策划理念。

- 开阔眼界。游学的过程是一个不断开阔眼界和改善思维的过程。

- 加强交流。游学将志同道合的人汇聚在一起，在扩大优质人脉圈的同时，促进社群成员之间、社群成员与优秀者之间相互交流，互相扶持，共同成长。

- 取长补短。在游学过程中，"学"还是很重要的。我们要了解社群成员的现实短板，通过游学帮助他们找到复制优秀者成长模式的方法，找到优化方向，提升自己的竞争力，向标杆看齐。

结合这 3 点，我们在策划游学活动时，需要明确"到哪里"和"学什么"的问题。

（1）到哪里。游学地点一般是一线城市和新一线城市，因为这些城市往往汇聚着诸多领域的知名企业。参观这些企业，往往能让社群成员有更多的获得感。

（2）学什么。学什么要结合社群成员的需求来判断。如果社群的主要成员是普通的职场人士，那么去知名大企业游学可能就不太合适，因为参观这些企业的人往往是去学习经营企业、管理企业的技巧的。

4.22.2 挑选拜访对象

拜访对象决定了游学的学习内容，决定了游学的学习价值，进而决定了一场游学活动能吸引多少人报名。

一般情况下，拜访对象的行业排名和知名度越高越好。为了让更多的人从中学习到一些有用的知识，拜访对象还需要在企业文化、人才管理、市场营销、品牌打造、行业创新等方面取得了一定的成就，成为行业标杆，比如华为、阿里、京东、腾讯、小米、美的、海尔等。

另外，为了让游学过程更有价值，我们需要对接到拜访对象位于权力中心的管理者，比如集团总经理、营销总监、商品总监，等等。

如果还不具备拜访知名企业的条件，我们也可以考虑将社群成员所在的做得比较好的企业作为拜访对象。

4.22.3 编写游学方案

一个完整的游学方案，包括游学活动背景、游学活动亮点、解决的痛点、拟定行程和招募条件 5 个方面，如图 4-14 所示。

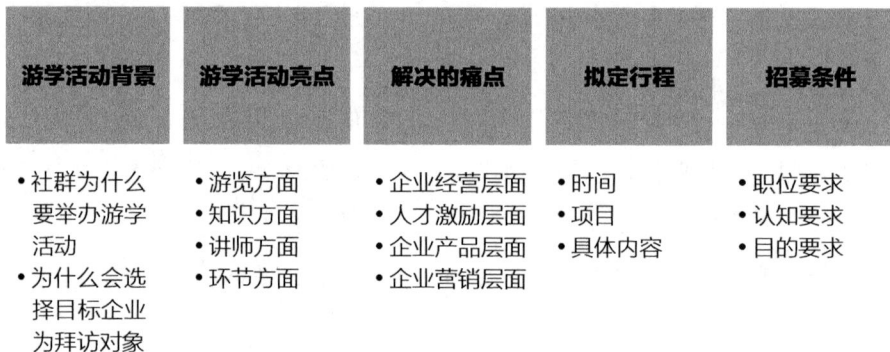

游学活动背景	游学活动亮点	解决的痛点	拟定行程	招募条件
• 社群为什么要举办游学活动 • 为什么会选择目标企业为拜访对象	• 游览方面 • 知识方面 • 讲师方面 • 环节方面	• 企业经营层面 • 人才激励层面 • 企业产品层面 • 企业营销层面	• 时间 • 项目 • 具体内容	• 职位要求 • 认知要求 • 目的要求

图 4-14 游学方案的框架

接下来，我们一一解说游学方案各个方面的编写方法。

1. 游学活动背景

在游学活动背景方面，我们一般要写清楚两个问题，即"社群为什么要举办游学活动"和"为什么会选择目标企业作为拜访对象"。对于"为什么会选择目标企业作为拜访对象"，需要从社群成员需求的角度来写拜访目标企业的优势，以激发大家的探索欲。

2. 游学活动亮点

在游学活动亮点中，一般要写明以下 4 个层面的亮点。

- 目标企业的经营环境有哪些独特之处？
- 目标企业可以分享哪些独家知识？
- 分享者在知识和经验方面有什么过人之处？
- 游学的各个环节有什么特别之处？

3．解决的痛点

在解决的痛点方面，我们要回答"游学活动能解决大家的什么痛点"的问题。这需要社群运营者充分了解人脉型社群成员的痛点，根据大家日常讨论的问题进行判断。

一般情况下，社群成员的痛点集中于 5 个层面：企业战略层面、资金层面、人才管理层面、企业产品和服务层面、市场营销层面。我们可以结合社群成员的需求从这些层面进行编写。

4．拟定行程

在拟定行程方面，一般情况下，我们会选择 1 ~ 2 家企业为一次游学活动的拜访对象。围绕拜访对象编写的行程表如表 4-9 所示。

表4-9 游学活动行程表

时间	项目	具体内容
9:00—10:30	第 1 家游学企业参观	参观游学企业的办公环境，包括办公园区、员工办公区域、企业文化区域、员工生活区域（如食堂、健身场地等）
10:30—12:30	游学企业高管主题分享	××× 品牌的管理之道
12:30—13:30	午餐及午休	午餐及午休
14:00—15:00	第 2 家游学企业参观	参观游学企业的办公环境，包括办公园区、员工办公区域、企业文化区域、员工生活区域（如食堂、健身场地等）
15:00—17:00	游学企业高管主题分享	×× 企业的企业文化及管理创新
17:00—18:00	总结、复盘	以小组讨论的方式，对游学活动进行总结、复盘
18:00	活动结束	活动结束，自行返程

5．招募条件

我们需要挑选拜访对象，也要挑选同行者。一般情况下，人脉型社群游学活动的参与者的招募条件如下。

- 职位条件，要求参与者为企业创始人、总经理或者核心团队的管理者。
- 认知条件，要求参与者对即将拜访的企业有一定的认知。

- 目标条件，要求参与者能够理解游学的价值，有比较明确的游学目标，能回答"我为什么要参加游学"的问题。

具备以上 3 个条件，意味着游学者能够理解游学的价值，会更配合游学的行程，更愿意参加活动。

当然，由于游学活动是人脉型社群的线下活动，游学者必须是人脉型社群的现有成员或者往期成员。

4.23 ▶ 如何为人脉型社群制作社群期刊

优秀的社群期刊，对外可以塑造社群良好的社会声誉和品牌形象，对内可以传递社群的运营理念和运营方法，深化用户对社群的运营理念、运营方法的理解。社群期刊不仅可以记录社群的发展历程，而且可以记录社群成员的成长历程。

因此，对于人脉型的社群而言，如果有足够的条件，可以定期推出自己的社群期刊。社群期刊的制作流程如下。

4.23.1 组建期刊编辑团队

要想打造一本优秀的社群期刊，就需要有一个编辑团队来承担期刊的编辑工作。社群期刊并不是文章和资讯的简单罗列，而是社群文化、社群理念的外化表现，本身就是社群运营的一部分。

编辑团队需要深刻理解社群日常运营工作对社群文化、社群理念、社群价值的影响，以便有效提炼有价值的内容，进行合理的加工，并达到升华的目的。因此，我们在组建好编辑团队后，需要为编辑团队打通信息渠道，使他们拥有大量的信息源。

这意味着，我们需要尽可能地让编辑团队参与运营工作。对于编辑不能参与的工作，需要运营者平时注意记录工作内容，在编辑需要的时候提供原汁原味的稿件，以利于编辑组织文章。

4.23.2 确定期刊周期

确定期刊周期，即确定多久推出一期期刊。在资源充足的情况下，可以设置为月刊或双月刊；如果资源有限，可以设置为季刊或半年刊。

不过，我们需要注意的是，社群期刊周期越长，人们对期刊的期待越高，对内容质量的要求也就越高。

当然，这并不是说，周期短的社群期刊就不需要保证内容质量。不管是一个月推出一期，还是半年才推出一期，都需要做好社群期刊的内容。只有好内容才能让期刊发挥出凝聚社群的价值。

4.23.3 策划栏目

社群期刊需要有能引人共鸣的卷首语，需要有深度思考的内容，也需要俏皮轻松的内容；需要展示社群文化，也需要展示社群成果。

这意味着，在设置栏目时，我们需要尽可能地多设置一些栏目，如"卷首语""趋势""解读""深度""链接""人物""语录""成果""活动预告"等。

而为了展现栏目的价值，我们还可以为每个栏目做一个简介，包含栏目的主题定位、内容来源等。

在策划栏目时需要注意，期刊的主要读者是社群成员。我们需要根据社群成员的阅读偏好进行设计。当然，也可以先尝试一版，征求大家的意见，再根据大家的意见进行调整。

4.23.4 为栏目搭配稿件

确定栏目后，我们就可以为期刊搭配稿件。

搭配稿件一般有自己撰写和外部征集两种方式。

1. 自己撰写

自己撰写，就是编辑团队可以根据社群的运营工作来编写某些文章。编写时需要注意言辞，避免敏感词、错别字的出现，篇幅也应适当。

2. 外部征集

外部征集，就是编辑团队提前向社群内部甚至外部"大咖"约稿。

社群期刊虽然是内刊，但如果只停留在反映社群内部情况的内容上，而缺乏对社群以外的经济现象、行业变化、行业热点的有效整合，不仅很难对外产生影响，对内也不会有太大的吸引力。一本好的社群"内刊"也应该是一本好的"外刊"，内容可以重"内"，但也不能轻"外"，我们应适度往外看，站在更高的角度思考，做到"内刊外向"。

因此，社群期刊不仅要向外部人员约稿，还需要尽可能地遴选外部专家，邀请其围绕行业发展撰写有指导意义的文章，使社群成员以及其他读者能够更好地了解行业发展趋势，正确理解行业政策等。

此外，我们也可以邀请社群成员来撰写与社群相关的文章，让社群成员站在自己的角度，讲述对社群的品牌、文化和运营理念的理解，对社群的运营服务进行评价。

需要注意的是，为了有效激励大家提供稿件，我们需要为提供稿件的专家或者社群成员支付稿酬。稿酬应该根据目前报刊的稿酬标准合理确定。

4.23.5 期刊制作

内容编辑完成后，就可以制作期刊了。

社群期刊可以做成电子刊或者印刷刊。

如果要做成电子刊，我们可以找合适的平台直接制作。做好以后发布在社群内，或者放在微信公众号内，大家只需要下载即可阅读。

如果要做成印刷刊，我们就需要找广告公司或者设计师，根据策划好的内容进行排版。排版完成后，交给印刷厂印刷。

一般情况下，印刷刊的成本较高，但给人的感觉更正式一些；而电子刊实惠，且分发方便。两者各有益处，我们可以按照自己的需求进行选择。

4.24 ▶ 如何培养人脉型社群的交流习惯

人脉型社群更注重社群活跃度，更注重人和人之间的交流。而借助"每日一问"，我们就可以有策略地培养人们在社群内的交流习惯。

"每日一问"是秋叶系人脉型社群"个人品牌 IP 营"的一个日常活动，很多社群都借鉴了这一活动。"每日一问"还可以与群打卡、群分享调研、群互动结合。

如果"每日一问"的话题设置得当，很多人都会有吐槽欲望。又因为格式相对固定，参与难度不高，好的回答还会引起社群成员讨论，促使社群成员相互了解、相互交流。而且，有的社群成员能从其他人的回答中发现不同的思考角度和思考方式，从而了解其他社群成员，找到一些志同道合的人，产生私下的连接，成为好友。

"每日一问"的问题可以由社群成员贡献。除了答题环节可以人人参与外，出题环节也可以人人参与，而且可以这样持续运营下去，这能够非常好地引导成员互动。关键是，如何提问能使大家都愿意回答？

我们发现好的"每日一问"可以激发成员想被了解的意愿。通过"每日一问"，他们能够讲述自己个性化的观点、经历和经验；想"晒"一些自己喜爱或"种草"的东西，能得到大家的喜欢和认同；可以"吐槽"自己遇到的不开心的事情或社会热点；对社群成员普遍关心的一些专业问题，能进行有质量的深度思考。

了解了这一点，我们就可以组合不同问题，设计成每天的"每日一问"。要避免问题类型单一，也要避免提问过于肤浅或者过于复杂，因此最好对这些问题进行合理的搭配。

关于如何做好"每日一问"，我们有如下 10 个建议。

（1）"每日一问"可以由 3 类问题组成，即专业性问题、热点性问题、生活化问题。

（2）建议固定格式，如"每日一问：时间 + 问题 + 提问者"。

（3）尽量多用场景感强的文字诱发大家参与，问题尽量少用否定语气或被动句，避免增加理解难度。

（4）"每日一问"的问题不能超过 3 个，减轻回答的负担。

（5）如果回答"每日一问"需要提前阅读某些新闻或文章，需要在问题后附上原文链接。

（6）如果很了解社群成员，可以围绕着能使他们发挥自己专长的话题提问，并邀请他们分享自己的看法。

（7）社群运营早期可以多问轻松的问题，增进大家的了解；中期可以多问专业性问题，促进大家的深度连接和合作；后期可以多问成果性问题，让大家感恩在社群里的收获。

（8）如果社群有重要活动，可以结合这些活动开展"每日一问"。

（9）没有灵感时多从热搜热文榜、社会热点、专业平台、日常群聊、生活体验里挖掘问题，规划问题库。

（10）设计好问题后，建议先发到运营成员的小群测试，如果大家都不感兴趣，建议重新设计。

另外，要提醒的一点是，在运营早期，大家没有形成主动回答"每日一问"题目的习惯之前，要提高"每日一问"的参与度，建议提前找一些人，邀请其问答。这样做可以让"每日一问"快速度过"冷启动期"。也可以在养成一定的参与习惯后提高"每日一问"的活跃度，还可以通过一些有准备的回答激发其他人参与的兴趣。

4.25 ▶ 如何激活不爱说话的"潜水者"

即便在很活跃的群里，也有人总是"潜水"，不爱说话，我们得弄清楚他们不说话的原因，实施分级管理。

4.25.1 找出"潜水者"，私聊原因

要激活"潜水者"，我们需要先找到"潜水者"。

首先，我们需要知道在一段时期内，谁有发言，谁从来没有发言。社群运营者可以定期导出群聊记录，生成 Excel 表格，利用 Excel 表格的统计功能，得到社群成员发言频率。

随后，我们需要将统计出来的发言成员和社群成员名单做比对，以了解究竟是哪些人不爱说话，一直"潜水"。

接着，我们就可以安排运营者一对一地了解这些人"潜水"的原因。

这个过程也说明了让社群成员在进群之前先加核心运营团队成员为好友是必要

的。如果一个社群成员进群前没有加社群运营者为好友，等到运营中后期，这个社群成员日渐沉默时，我们再想加他为好友就不大可能了。

4.25.2 根据"潜水"原因，对应解决

经过了解，"潜水"一般分为以下 4 种情况。

（1）对社群已经失望，不想参与社群活动，甚至屏蔽了社群。如果属于这种情况的人不是特别有价值，不用非要其参与活动，重点是了解其失望的原因。

（2）习惯在社群里"潜水"，经常看大家聊天，只是自己不发言。对于这样默默按自己的节奏观察和思考的人，我们尊重他们的习惯就好。

（3）想参与，但是最近实在太忙，无法参与。对于这样的人，我们可以和他们约定将哪些重要信息一对一私发给他们，让他们提前安排时间，避免错过重要活动，从而提升他们的服务体验。

（4）想参与，但是和社群中的很多人不熟，有心理顾虑。对于这样的人，我们可以主动邀请他们一起策划活动，帮助他们打消顾虑，勇敢发言。一旦他们突破这一关，往往会成为社群的积极支持者。

其实，要让一个人愿意在群里聊天，我们得先做到让他愿意私下和社群运营者聊天，等他把社群运营者当成自己的朋友时，他就会愿意在群里加入自己朋友发起的对话。

我们还可以鼓励一些爱聊天的社群成员主动和沉默的社群成员私下互动，借助他们的聊天能力把一些沉默的人带动起来。当然，使用这个方法要考虑双方的兴趣爱好，征得双方的同意，否则可能引发冲突，结果不但"带不起来"，反而使社群成员相互厌烦，纷纷退群。

4.26 ▶ 如何化解群内"尬聊"

在社群里，我们总会遇到发言令人尴尬的用户。令人感到尴尬的发言主要有以下几种。

（1）冒犯别人。如"查户口"、用语音、问隐私、一直说、插话等。

（2）总强调自己的观点。例如，对某些人或事评头论足，指责自己不赞同的观点，等等。

（3）总说自己的不足。例如，说自己的外貌不足。

（4）在不熟悉的情况下要送别人东西。例如"我最近发现……想送给大家，大家给我个地址呀"。

（5）在不熟悉的情况下问大家正在干什么。例如"哎呀，大晚上睡不着，大家在干吗"。

（6）随意揣测别人的想法。例如"你泡社群这么多年，怎么还没找到男朋友，是不是……"。

当群内出现这些"尬聊"时，我们需要通过一些方法来巧妙化解这种尴尬的气氛。毕竟"尬聊者"本身可能意识不到自己的不妥，当然也不会主动停止"尬聊"。

4.26.1 转入私聊引导

社群运营者可以主动向"尬聊"的社群成员发起私聊："关于××的事情，我觉得你的提问（或者想法）很不错，能在这里聊一聊吗？"

一般情况下，可以转入私聊的情况有以下几种。

1. 聊天内容啰唆

有时候，社群成员可能是真的有自己的想法，在私聊中一对一地引导，更容易找出关键信息。如果对方不擅长表达，一直"绕圈"，那么，我们也可以趁机帮对方抓重点。

如果对方只是想要分享一些信息，可以在私聊中进行夸赞和鼓励，以满足对方的自尊感。

2. 负能量的话题

如果社群成员聊起一些负能量话题，如感情不顺、内心空虚、生活不容易、事业低潮等，运营者在私聊中可以尝试用"自嘲"的方式进行开导，这能通过共情拉近两个人的距离。但要注意以下两点。

（1）自嘲不是自贬，不是自我否定，不是妄自菲薄。

（2）自嘲并不是说两个人要围绕负能量话题越聊越深，否则，谈话会越来越沉重。人有趋利避害的本能，如果一直沉浸在负能量的聊天中，对方可能会觉得"聊感"不好，下一次会潜意识地拒绝主动来找你聊天。所以，自嘲要有一个度，在拉近距离后，要将话题"拉"出去。

3．审问式聊天

有的社群成员可能是想要多了解一些信息，所以在聊天时不停地追问问题，一个问题接着一个问题，把聊天弄得像审问一样。这样的聊天方式，回答者开始时可能还回答几句，但后来很快就会不想继续聊了，只想结束话题。

聊天一定是信息互换的。一直问问题就是一种索取，当然会让人反感。不是不可以问问题，而是应先抛出自己的信息，再问对方。这样才是礼貌的提问方式。

对于审问式聊天的社群成员，社群运营者也需要用私聊的方法将他的注意力从群内拉出来。

与这样的社群成员私聊时，可以先问对方的意图，提出自己或许能够帮忙。同时，注意了解对方的身份，观察对方的沟通方式，以了解对方的真正企图和对方的性格。然后再决定是想办法回答对方的问题，还是转移话题。

4.26.2 群内巧妙化解

有的聊天与社群运营者无关，不适合私聊引导，但是需要社群运营者介入。这样的情况，就需要在群内巧妙化解。

1．站在自己角度评判他人

有的人喜欢站在自己的角度评判他人的生活方式。例如，"你应该多陪陪小宝宝，他还太小，需要爸爸妈妈的爱。"

这样的言论表面上看起来没什么问题，但是会让被评论者感到尴尬甚至气愤。

这时，我们不方便私聊，但可以在群内进行适当的引导。

如果被评论者反驳，那么就告诉建议者，要充分相信被评论者能自己处理好；同时，引导大家提供相应的资源和帮助，解决被评论者的问题。

如果被评论者没有回复，那么，我们可以向建议者表达对其专业能力或共情能力的认可，但也要提醒对方理解被评论者，给被评论者自己判断的权利。

2. 无意识的错误

微信里的联系人多了，难免会犯一些无意识的错误，比如发错图片、发错链接、内容转发到了错误的群。对于这样的错误，我们要认识到，这不是对方有意为之，对方发错信息也很尴尬。这时，我们要做的就是缓解对方的尴尬。

怎么缓解呢？我们可以使用这样的话术："一定是宝宝把我们的群置顶了，所以不小心点错，这是'铁粉'呀。""宝宝太热心了，后面我们做活动的时候，再邀请宝宝赞助（来帮忙）呀。"

4.26.3 群内直接控场

有时候，会有社群成员有意或者无意扰乱群内聊天秩序，比如"开外挂"抢红包、不停发语音、不停发表情包，从而造成无法控制的局面。这是违规行为。遇到这样的情况，我们需要做的是直接控场。具体做法有3步。

（1）把违规的社群成员直接"抱出群"。

（2）安抚大家，说可能是小孩在玩家长的手机，或者这个成员的手机中病毒了，小助理会先将他"抱出去"，了解情况后再"抱进来"。

（3）私聊违规者，比如"刚刚发现群内发生了一些误会，可能您的手机中病毒了，为了避免群内成员产生不好的印象，我们'抱出'了您，不过已经在群内做了解释，等您手机好了再进群"。

总之，当群内的聊天氛围不那么让人愉快时，我们需要先冷静下来，控制自己的情绪，然后使用一定的方法妥善处理，万万不可因为急躁或者生气，在群内盲目抬杠、怼人。

4.27 如何解决群内争议

再友好的群，偶尔也会出现争吵。有的争吵源于和社群成员之间的矛盾，若处理不好，会影响社群成员对社群运营者的看法。有的争吵是出于社群成员对社群运营者的不满，若社群运营者太强势，会失去"民心"；若不强势，又控制不了局面。

毕竟人和人看事情的角度不同，这就导致了分歧和争议。

社群运营者需要尽可能地做好运营和服务，争取有效地把负面问题消除在萌芽阶段，同时还需要掌握一些处理群内争议的技巧，从而在分歧或争吵出现时妥善处理它们。

4.27.1 社群成员之间发生争执的处理策略

社群中发生争执是很常见的。一般情况下，如果没有产生恶劣影响，做好情绪疏导就好。这些争执一般不是什么原则问题，只是社群成员一时情绪上头，社群运营者不要上纲上线、火上浇油，最好的方法就是转移话题，给大家台阶下，例如突然发一个红包说"午餐加个蛋"，自然有人心领神会抢红包，帮忙转移话题。

但是如果出现人身攻击的情况，社群运营者需要立即站出来。不论谁对谁错，都必须让争执的人明白，这种行为在社群里是不被允许的。

如果是社群里有影响力的人之间发生争执，处理起来就更要谨慎。社群运营者要站在社群运营的全局视角评估问题，不要就事论事解决矛盾，以免积累更大的不满，不利于未来的社群运营。

社群内发生争吵，有效的处理方法如下。

（1）发现有矛盾，不要立刻在群里表态，避免被双方看作拉偏架，吃力不讨好。

（2）发现有争吵的苗头，先转移话题，给大家一个冷静的机会，因为社群的很多争吵都不是什么大是大非的问题，只是一些小问题，要解决问题，情绪管控更重要。

（3）马上询问可能了解情况的人，了解争执双方是否之前就有矛盾。有时，争吵只是借题发挥。社群运营者需要冷静判断解决问题的难度。

（4）先私聊弱势一方，安抚其情绪，再在群里公开安慰。

（5）客观、公正地对待双方的矛盾，在对争议事件的对错判断上不偏向任何一方。这里的操作要点是，陈述事实和自己的感受，不偏向任何一方，不过多地添油加醋，要实事求是，可以尝试站在第三方的角度分析双方的立场、逻辑和预期，开导双方换位思考。

（6）对于强势一方，陈述在社群里争执会带来的负面影响。这时，可以用示弱的方式请对方支持自己的工作。

（7）对于弱势一方，也分析争执的利弊，随后请弱势一方给对方一个道歉的台阶。

（8）大事化小，小事化了，别过多解释问题。处理完问题，就用积极的话题"刷屏"，把争议事件和负面情绪的影响冲淡。

（9）事后，为避免双方在群内再起争端，可以单独和争执双方再沟通，但不必在群里提起。

4.27.2 恶意找碴儿的处理策略

有时候，社群运营者并没有错，但是有些人期望值过高，因此产生了不满，继而在群内表达自己的不满。此时，一般可以针对对方提出的不满之处做出恰当的解释。具体方法是先表示理解对方的情绪，再解释。

而如果对方态度极差，不听解释，不讲道理，社群运营者就可以判断对方是恶意找碴儿，直接将其移出群聊。

还有一种情况：如果一个人的找碴儿行为引起公愤，社群运营者只需要在群内简单解释，即可马上将其移出群聊。这样大家反而会认为这个群有人管事，会更认可社群。如果在采取行动之前，找碴儿者已经在群内说了一些误导性的话语，为了避免不明真相的社群成员受到误导，社群运营者需要先同核心运营团队沟通，说明自己想将找碴儿者移出群聊的理由，请大家理解和支持；再将其移出群聊；随后立即请核心运营团队的诸多成员帮忙向社群成员解释，争取大部分社群成员的认同和理解。

4.27.3 运营失误的处理策略

社群运营者也会犯错。若是因为社群运营者没有做好而引起群友的不满，就需要立即认错，表达歉意。真诚地承认自己的错误是化解矛盾的最好方法。

人脉型社群一般是付费社群，若是运营出错，可能还会引起退费。这个时候，社群运营者可以采取以下3个处理方式。

首先，表示歉意，不推卸责任。

其次，立即全额退费，并额外发红包，再次表示歉意。一定要额外给一些福利表示歉意。如果可能，给退费退群成员寄一份礼物，附带手写卡片，这样做也许会给他们不一样的感受。

最后，不要在群里说退群成员的坏话，因为这次的问题是社群运营者自己的失误导致的。如果引起了比较大的反响，可以借此机会公开道歉，并提出改进措施，请大家支持。当然，公开道歉之前，可以先与有影响力的社群成员一对一沟通，争取到他们的理解和支持。

4.28 ▶ 如何维持社群的凝聚力

人脉型社群要发挥商业价值，必须有凝聚力。而要维持社群的凝聚力，有的事需要多做，有的则不能做。

4.28.1 多为社群成员谋求福利

如果一个人脉型社群运营得好，拥有一定的影响力，可以连接一些广告资源，为社群成员谋求一些惊喜福利。

谋求福利其实是一个重要的意识。在社群连接外部资源的时候，我们不仅要考虑我们能为对方做什么、创造什么价值，还要考虑这些价值是否可以换得一些对等的资源。这些资源就可以作为社群福利分发给社群成员，以提高社群活动参与度和社群成员满意度，同时也为外部资源方创造更大的价值。

可以和不同平台对接的福利如表 4-10 所示，这些福利可以内推给对社群做出过贡献的人，也可以作为给积极参与运营社群的社群成员的奖励，还可以作为全体社群成员的福利或抽奖奖品。

表4-10　社群福利对接表

类型	福利项目
荣誉类	优质平台签约名额、顾问名誉、聘用证书等
体验类	旅游 VIP 卡、新品评测机会，以及与"大咖"单独吃饭、合影的机会等
服务类	免费电影票、免费餐饮卡、购物卡等；"大咖"的免费一对一指导机会、社群分享答疑机会

类型	福利项目
虚拟类	免费电子书、免费 PPT 资料、免费直播课等
名额类	付费线下活动免费名额、付费线上活动免费名额
商品类	小礼品（由社群活动的各种专业赞助单位提供）; 图书（由有推广需求的新媒体、作者和出版社提供）; 食品（由有推广需求的商家提供）
团购类	商品内部团购价、课程内部优惠价
现金类	报销人脉型社群的年费、线下年会或其他线下活动的入场费或食宿路费; 直接给予表现积极或者有贡献的社群成员现金奖励

一个社群的福利越多，说明这个社群得到的认可越多，能连接的外部资源越多，能调动的内部资源越多，自然也代表着社群的凝聚力越强。

4.28.2 不可透支自己的社群能量

在人脉型社群中，有些事情不要轻易做，以免透支我们的社群能量，影响社群的口碑和凝聚力。运营人脉型社群，我们建议尽可能做到以下几点。

（1）不要给社群成员过高的期待。比如当年罗辑思维做会员制，提出"发罗利，收会费，组织一帮人要企业的钱"，这个设想是很好的，但是企业提供的罗利是有限的，罗辑思维的会员规模是庞大的，真正能抢到福利的人还是少数，有些人连续几次抢不到福利，就觉得社群福利是骗人的。其实福利不是假的，只是从概率上讲，僧多粥少，难以平衡。

（2）不要随便拉和社群价值观不合的人进群。社群运营者都想把社群的规模做大，但是扩大规模也需要门槛，如果没有门槛，就会导致社群里鱼龙混杂，反而破坏社群气氛。

（3）不要频繁在社群里组织"人情拉票"这样的活动。遇到合适的事情，组织大家点赞、投票、捐款或帮忙是可以的，运营得好还能使社群气氛更融洽。但是如果认为社群成员关系好，就总想借助社群能量帮助社群成员完成心愿，反而会消耗社群的能量。

（4）不要为了活跃社群气氛，就容忍几个人长期在群里闲聊无意义的话题。当大多数社群成员不愿意参与社群内的聊天时，就意味着社群的运营出了问题。这时，我们需要优化运营，而不是用几个人的热闹掩盖问题。

（5）看到破坏群气氛的人和事要马上处理。如果社群里有人发广告，社群成员都看到了，但是社群运营者因为忙，迟迟没有处理，大家就会对社群感到失望，觉得运营者对社群没有上心。所以社群运营者工作压力很大，需要负起责任，时常盯着群，甚至休息时间也得注意这些事情。我们提倡社群定期升级，尽量把精力放在核心成员、高价值成员以及尊重社群文化的成员身上，对于管不过来的社群，直接解散就好。

（6）不要舍不得给社群成员发红包。社群运营者经常给社群成员发红包是符合成员期待的。不过，发红包要有技巧，要尽可能地引导大家一起发红包、抢红包，营造欢乐的社群氛围。

（7）不要频繁进行商业推销。社群运营者希望通过运营社群快速找到商业化变现的机遇，这是可以理解的。但是如果在人脉型社群里频繁发布商业性质的商品链接、活动信息，甚至所谓免费福利的推广信息，会引起一部分社群成员的反感，结果反而得不偿失。

4.29 ▶ 如何在社群内发红包

发红包是社群活跃度运营的一个特别有效的方法。即使死气沉沉的群，只要有人在群内发红包，社群也会立即活跃起来。不管是什么群，大家都喜欢抢红包。

正所谓"无功不受禄"，在社群发红包，也不能没有理由地随意发。发红包要因势利导，最好不只是社群运营者发红包，而是大家互相发红包；也不是给每个人都发红包，而是要把红包发给为社群凝聚力、品牌力、输出力做出了贡献的人。

归纳起来，社群运营者在社群内发红包，可以使用以下策略。

4.29.1 设置发红包的规则

发红包的规则很多，常见的红包规则就是"先发红包再发广告"；或者红包接龙，抢到最大金额红包的人继续发红包。在此分享一些比较有趣的红包规则。

（1）分享红包。邀请一些社群成员做分享，分享完让大家用红包评价。如果大家觉得内容有足够多的"干货"，就给分享者打赏小额红包表示感谢。

（2）任务红包。如某学习分享群这样规定："惩罚措施为，每日没完成任务的社群成员，发小额红包，奖励措施为，社群运营者定期向未完成任务的社群成员收取小额红包，然后由每月完成率百分之百的成员平分红包。"

（3）禁言红包。社群内还可以设置一个特殊的规则，即有的社群成员因违反了规则而被禁言，看到群中的交流非常活跃，想插话，但等不到解禁，就可以主动发红包求解禁。

（4）专属红包。例如，谁在活动中表现得好，就给谁打赏专属红包。这种专属红包的特点是公开发放，通过打赏优秀社群成员，可以激励其他社群成员努力。在如今的微信群，可以给指定的社群成员发专属红包，这样可以避免其他社群成员误抢红包。

（5）含义红包。如果资金不多，只能发小红包，如何让大家印象深刻呢？一个方法是，在节假日所有人都群发祝福时，社群运营者可以发出数字有特殊祝福含义的红包，如 6.66 元、8.88 元的红包。借着祝福，哪怕红包里只有 1.68 元，也会有"礼轻情意重"的感觉。

4.29.2 找个合适的发红包理由

社群运营者发红包不能"任性"，需要有一个理由。

有的社群运营者每天早上发一个小红包，原本是为了激活气氛，最后却培养出了一群每天早上默默抢完红包就走的人，而另外一群人被每天早上抢到小红包的发言吵到，愤然离群。

中秋、国庆、元旦、春节……在这些喜庆的日子发红包，大家花点儿时间抢一抢，互相说一说祝福的话，的确会更开心。有喜讯，有"大咖"入群，有重要通知，发个红包活跃气氛，吸引大家的注意力，也是不错的方法。

在秋叶系社群里，秋叶大叔发红包总是有足够的理由。具体如下所示。

@秋叶：请大家暂时安静一下，不要发言，我发 5 个 69 元红包定向感谢 5 个人，体现本群价值导向。看看都有谁？

第 1 个红包给 ×××：每天整理群分享，辛苦！而且她整理得很用心，尽量方便大家阅读，要打赏。

第 2 个红包给 ×××：他充满正能量，还分享了好多"干货"。

第 3 个红包给 ×××：他的观点犀利，能启发大家不同的思考。我们欢迎有深度的辩论，君子和而不同。

第 4 个红包给 ×××：她为了主持分享做了很多幕后工作。

第 5 个红包给 ×××：我们鼓励他这样对群里的发言做深度总结，并分享到朋友圈的行为。

在发红包时，把理由说清楚，能让大家明白在社群内做出什么样的行为能得到红包奖励，继而激励大家多做对社群有益的事情。

4.29.3 选择合适的发红包方式

一般情况下，社群运营者这样发带含义的红包效果更好。

（1）签到红包：新人入群可以发签到红包。

（2）喜事包：社群成员有开心的事情，可以发喜事包，对其他成员"雨露均沾"。

（3）抽奖红包：如获得最佳手气或者第一个点中红包的人得一箱饮料。

（4）积极互动红包：如果需要社群成员回答问题，或者需要暖场，那么只要有人回答问题，就可以发一个奖励红包。

（5）专属喜庆包：如在某个人生日、结婚、生子、新媒体账号关注量破 × 万时给他发庆祝红包。

（6）感恩包：当社群里有人为自己答疑解惑时，主动发专属红包感谢。

（7）节日喜庆包：重要的节假日，大家主动发红包。

（8）加餐红包：如中午发个"加蛋包"，晚上发个"夜宵加杯酸奶包"。

（9）超出预期大红包：如有的社群成员分享了大家特别受用的小技能，发一个200 元大红包激励。

（10）私包：不在群里发，而是一对一发"小私包"感谢。

红包要变着花样发，大家才有新鲜感。在发红包的过程中，大家的智慧会被激发出来，花样会越来越多，大家的情感连接会越来越紧密。毕竟，谁愿意没事在不喜欢的社群里发红包呢？

此外，如果总是社群运营者发红包，大家抢，大家会慢慢形成一种习惯，觉得就应该社群运营者发红包供大家抢。其实，好的社群应该是大家互相发红包。

为了培养这样的氛围，在"个人品牌IP营"中，社群运营者请一些社群成员担任"打赏官"，社群运营者为他们提供发红包的资金，要求他们在看到好人好事时，如果社群运营者没有注意，就主动给大家发红包。"打赏官"的人选可以包含高势能的人，也可以包含一些相对普通的人，尤其是年轻女士——因为高势能的人的打赏会带来成就感；普通人，尤其是年轻女士的打赏会带动社群形成互相打赏的氛围，两种"打赏官"都有自己的独特价值。

4.29.4 设置合适的金额和份额

社群运营者发红包的目的是活跃气氛，需要设置合适的金额和份额。

金额不能太少，因为抢红包也是要花费时间和流量成本的。人们抢到几分钱的红包，懊恼感会比惊喜感更强。

那么，发大红包好不好呢？一般而言，也不建议发大红包。对于不喜欢占别人便宜的人来说，无缘无故抢到大红包，也是一种负担和压力。而且，在陌生人多的社群，更不建议"任性"发大红包，因为没有感情基础的红包，发得再多也换不来大家的喜爱。

因此，若只是为小事发红包，金额就不需要太高。将红包设置为多人随机分配，就可以活跃群内气氛。

到底设置多少份呢？红包要"抢"，一般不需要"人人有份"。假如一个群有500个人，让50个人抢到就已经很好了，没有抢到的人也多了一个聊天的话题。但是如果群规模很小，且成员都是朋友，就要做到人人都可以抢到红包。

4.29.5 在正确的时间发红包

有的社群运营者发红包不注意时间。例如，在工作时间发红包，就会被很多专注工作的成员忽略。就算有人抽空抢了红包，但打开一看是小钱，结果可能不但没有抢到红包的喜悦感，反而会因为了占小便宜耽误工作而懊悔，以后可能就不会积极参与抢红包，通过发红包活跃气氛也就无从谈起了。

经过观察、总结，我们发现，一般早上发红包效果不好，因为大家马上要进入工作状态，没有心情互动；而在中午、下午临下班、晚上 9 点后、节假日大家都闲着的时间段发红包，人气会比较旺。

此外，夜间发红包要注意，临睡时间最好不要发红包，因为很可能会诱使很多睡不着的人参与发红包，然后大家一兴奋就更睡不着，又怕错过下一个红包，影响成员们的正常作息。

如果要发通知红包，要先发通知信息再发红包，而且过一会儿就要补发一次通知，否则抢红包的消息太多，社群成员容易忽略通知。

4.30 ▶ 如何建立社群成员之间的强连接

要实现人脉型社群中社群成员之间的商业合作，必须先建立大家的强连接。社群运营者可以通过哪些运营方法来建立社群成员之间的强连接呢？

4.30.1 创造交叉连接

大家不应该仅仅是群友的关系。单纯的群友关系是缺乏信任的，是不足以让大家齐心协力去做一件事的。社群运营者需要尽可能引导大家进行更多维度的连接，让大家的关系从群友延伸到其他层面。

在社群成员之间创造有效交叉连接的方式如下。

（1）一起学习一门课，成为同学。

（2）合著一本书或者合写一篇文章。

（3）一起去旅游。

（4）一起进行一项投资。

（5）一起去关心一个人。

（6）互相定向打赏对方优秀的工作成果（这种有诚意的打赏能促使双方"互粉"并深度交流）。

（7）在对方遇到喜事时给对方发专属红包。

（8）一起加入一个区域小社群，经常见面聊天。

（9）互推对方的商品或服务。

（10）一起合作一个项目。

（11）给对方寄心意小礼物。

（12）发现对对方有价值的信息主动 @ 对方或私聊发给对方。

"脑洞"一打开，我们就会发现创造连接的可能性是无穷的。这也回答了一个问题：为什么好的社群总是创造新的玩法？因为产生了新的连接模式。

所以，评估社群一年的发展时，一个很重要的观察指标就是社群连接维度的增多和连接效果的提高。个人则可以观察自己在社群里的收获，如果一年来在社群里增加了很多的深度连接，就可以认为社群的回馈是超值的。

4.30.2 创造情感连接

创造情感连接，就是引导大家在社群里做帮助他人、感动他人的事情，积累自己的社交货币；而不是做让他人反感的事情，消耗自己的社交货币。

不管是在社群里，还是在现实中，我们每个人都需要积累自己的社交货币。这就像拥有一个社交货币账户，我们帮助别人就是存款，我们要求别人帮助就是取款。如果平时没有存款，取款就会遭遇尴尬。为什么有的人总是有人帮，有的人总是遭遇冷场？这种大家愿意帮的人，平时一定积累了大量的社交货币。

某年年底，"剽悍一只猫"（以下简称"猫叔"）推出了一个付费直播平台的直播课《普通人迅速崛起的十大狠招》，这门课程只需要 1 元即可收听，最后吸引了超 7 万人收听，加上打赏，收入超过了 12 万人。

为什么猫叔的付费直播课能有超过 7 万人收听？除了他个人的影响力之外，一个很重要的原因就是他待过的社群的成员都愿意帮助他，很多人主动花钱听课程，还分享给身边的朋友听。猫叔所讲的内容也的确是有价值的，很多人觉得一堂课下来受益匪浅。

那么为什么社群里有那么多人愿意帮猫叔呢？我们问过大家的看法，大家的反馈如下。

（1）先付出，首先为别人着想。

（2）认可他这个人，认为他靠谱。

（3）猫叔老帮别人。

（4）猫叔经常发红包，大方。

（5）猫叔有魅力。

（6）为有这样的好友骄傲。

（7）帮猫叔感觉爽。

经过讨论，我们发现，同样是发红包，猫叔发红包和很多人不一样。猫叔发红包的时候，没有什么功利性的要求，就是希望大家开心。猫叔还经常在社群里气氛有点小尴尬的时候主动发一个大红包让大家开心，顺便转移大家的注意力，使社群气氛转好。不仅仅是发红包，猫叔一旦发现社群里有人不开心，总是默默地"抱抱"；一旦得知谁有喜事，总会主动替他发红包，和大家一起开心。这样的人想做什么事，不需要他自己讲，社群成员就会主动帮他。

相反，如果一个人对社群没有付出，那么不管他是谁，都不应指望能获得社群成员的帮助。在社群里，我们要先爱别人，而不是把生活中的每一件事都变成功利性的来往。

那么在社群里有哪些积累社交货币的好方法呢？

（1）主动回应别人的分享，让别人感觉被关心、被尊重，就是积极的"情感存款"。

（2）分享自己生活中柔软的一面，激发情感共鸣，也是好的"情感存款"。

（3）主动看别人的朋友圈，积极点赞和评论，甚至打赏，也是好的"情感存款"。

（4）看到社群成员有困难，主动介绍资源并帮助连接，也是好的"情感存款"。

作为社群运营者，我们应该尽量引导大家积累自己的社交货币。

在"个人品牌 IP 营"中，有位社群成员家里遇到了一些伤心事，群友知道了纷纷安慰，并尽量提供帮助。她感觉很多人在帮她分担悲伤，非常感动。看到别人难过，我们正常人都有同情心，往往会停下手中的事情，向其表示关心和爱，这就是一种"情感存款"。也许对其他人而言，这只是一分钟的事情，但对当事人来说，却是难得的关心。在网上，由于这种关心不涉及现实的利益，反而显得更加真诚。大家应该意识到,在一个社群里,我们真正记住的不是谁帮我互推了,谁帮我转发广告了,而是在我最需要情感关心的时候,谁陪伴了我。

当然,社群里也有一些消耗社交货币的行为。例如,一进群就发广告;发红包只是为了让大家帮忙转发广告;在大家对自己并不了解时到处添加别人为好友;见了红包就抢,也不看是不是给自己的;抢了别人的红包不退回;在别人聊天时强行发表达自己想发的内容;在需要别人帮助时就特别友善,不需要帮助时就只忙自己的事情;等等。社群运营者应提醒大家尽量少做或完全不做这些暗暗消耗社交货币的行为。

不管是交叉连接还是情感连接,社群运营者需要用各种方法促使社群成员实现进一步的连接,一旦连接成功,社群成员会感谢社群,更愿意留在社群。

4.31 ▶ 如何解散负价值社群

如果一个群已经变得死气沉沉,除了发红包根本没有人冒泡,甚至发红包都没有人抢,这样的群怎样激活?或者,已经沉寂的群还有重新活跃的可能性吗?

这样的群其实就是负价值社群,维持负价值社群需要高昂的运营成本。算起来,激活1个负价值社群要花费的精力和成本可能比重新建5个新群还要多。而且,即使付出了这些运营成本,也不一定能激活社群,重现社群的价值。因此,我们的建议是尽早解散负价值社群。

一个社群是怎么变成负价值社群的?

使社群保持活跃需要持续的运营,不断增强社群成员之间的直接联系,从而让社群成员彼此信任,自发创造出活跃且良性的氛围,降低运营成本。这需要前期强投入,而很多社群组织者都低估了社群运营需要的投入和专业能力,导致社群新鲜感消失后变成"水群"或者"死群"。

即便能使社群保持活跃,但由于很多运营者一开始并没有规划好商业模式,社群不能获得稳定的商业回报,社群运营入不敷出,社群运营的投入自然也就慢慢变少了。从这个角度看,最先放弃社群的并不是社群成员,而是运营者自己。

也就是说,人脉型社群不仅需要有专人负责"打理",还需要有战略性的运营计划和商业回报规划。否则，其结果很可能是慢慢沉寂。

如何避免社群慢慢走向沉寂呢？

我们反复强调，对于人脉型社群来说，社群内的活动只是社群运营的一个方面，更重要的是各种线下连接。我们认为，社群内的活动只要保持一定的节奏和频率，在需要的时候可以激活社群就好。对一个人脉型社群来说，让大家适应和认可的节奏就是好节奏，不一定非要追求高活跃度。

而如果一个人脉型社群已经死气沉沉，就不要指望使它重新活跃起来了。但是可以在恰当的时机发一个小红包激活大家，告知本群要解散，请"还想在一起的小伙伴"加入新群，最大限度地把群中的积极成员留下来。这样的通知可以多发几次，尽量转化更多人，然后果断解散老群。

总之，强行激活一个负价值社群是没有多大意义的。最好的处理方式是将一些认可社群价值、认可社群运营者的社群成员聚合起来，打造一个有口碑的小圈子，形成势能，再设置加入门槛，逐渐扩大规模。如果使用这个方法，在打造小圈子的时候，务必解散老群，以便将运营资源全部用在新群上。

此外，为一场活动临时组建的群，往往无法长期运营。对于这样的社群，应该在社群成员还有积极性的时候，用分享、答疑、送福利的方式快速积累好感，然后推出大家需要的商品，把临时群变成用户群。有了付费服务关系，群的生命周期将得到延长。接下来，只需要通过一些智能管理工具，保证群内没有人滥发广告，就可以不解散群。等到我们又需要做活动的时候，可以通过抢福利、"晒"案例的方式尝试激活一部分社群成员，促使他们帮助扩散或者付费购买。

4.32 ▶ 如何打造人脉型社群的品牌价值

在人人都在抢占注意力的经济时代，社群要想获得影响力，就需要成为一个能够抢占更多注意力的社会化媒体。做社会化媒体不仅是发布广告，还要通过互联网和移动互联网渠道来传播社群的价值和乐趣，从而引起目标人群的兴趣和参与愿望，获得他们的认同。

社群要成为社会化媒体，需要借助现代移动互联网的诸多媒体平台，构建一个基于不同传播渠道的多维度的立体化传播体系。

4.32.1 搭建多元化的传播渠道

构建立体化传播体系的第一步是搭建多元化的传播渠道。在当今的互联网时代，搭建各种各样的传播渠道并不难。虽然传播渠道多多益善，但由于每种渠道都需要持续地输出优质内容，因此，在社群运营中，并不需要搭建每一种渠道，只需要在适合社群的几个渠道持续运营即可。

1. 微信公众号

微信平台具有公开性、互动性和跨平台传播等特性，微信公众号推送的文章一经发布，就会被"粉丝"看到。由于微信公众号一般是由微信用户主动搜索或者是主动扫描二维码关注的，因此，"粉丝"对于自己关注的微信公众号是有一定的信任基础的。基于这层信任，如果微信公众号的文章令用户感兴趣，且有说服力，用户就很可能在其朋友圈进行二次传播。

因此，一般情况下，在微信平台创建的社群，其最好"搭档"就是微信公众号。微信公众号可用来展示和传播社群内容和活动，并在一对多的可信任氛围中实现链式传播。

2. 微博

微博作为传播渠道，有两个显著的特点：一是传播迅速，二是可拟人化。基于这两个特点，一条有趣的社群信息，可以通过拟人化的运营，快速触及微博引爆点，随后在短时间内通过互动性转发抵达微博世界的每一个角落，使互动人数尽可能地多。因此，微博也是社群运营者需要认真搭建的一个传播渠道，社群运营者可以借助微博转发在更广的范围内放大社群的能量。

3. 今日头条

从属性上看，今日头条不是社交平台，而是资讯类平台。它从诞生之日起，即靠着平台算法、个性化推荐，一举超越了很多新闻资讯平台。近年来，今日头条更是凭借着独特的算法推荐，一跃成为用户黏性最高、活跃度最高的资讯类平台。

同时，今日头条也已经建成了完善的作者体系，拥有图文、短视频、直播等诸多内容共计形式，还有诸多作者激励措施，并搭建了付费内容体系。如今，今日头条已经成为新媒体创作者们的另一个重要阵地。根据今日头条发布的数据报告，2020 年，共有 1566 万新用户首次在今日头条发布内容，年度发布多种形式的内容共计 6.5 亿条，累计获赞 430 亿次。

也就是说，今日头条不但拥有了大量高黏性的阅读用户，还拥有诸多不同形式内容的创作者，可以为平台读者源源不断地提供他们感兴趣的内容。

而对社群运营者来说，今日头条平台的这些特性，正好可以弥补微博和微信公众号的不足之处：在此，社群运营者无须刻意追娱乐圈的热点，可以制作能传达社群理念的内容，或者更符合社群成员及目标人群日常兴趣的内容，例如时尚、美食、房产、家居、汽车、职场、育儿、教育、游戏、旅游、体育、健康养生、文化财经、科技数码等，并借助平台，将这些内容传播给对这些内容感兴趣的用户。

4．垂直类平台

人们聚合在一个社群内，往往是因为有共同的兴趣或者需求。因此，在相关内容的垂直类平台构建社群的传播渠道，可以更及时地将社群品牌内容传播到目标人群中。

互联网上有各种各样的垂直平台，按需选择即可。例如，旅游方面有携程旅游、驴妈妈等；育儿方面有辣妈帮、宝宝树等；创业、商业方面有 36 氪、虎嗅、钛媒体等。此外，豆瓣、百度贴吧、天涯社区等综合类平台也有诸多垂直类的小社区，小社区内聚集了大量有着不同兴趣的活跃用户，因而也具有很大的营销价值。

不过，在垂直类平台传播社群的内容，需要注意运营技巧，赤裸裸的广告会被严厉打击。在此，我们建议，要在这些平台上分享优质内容，而不是发有广告性质的内容，通过内容的价值，慢慢使垂直类平台的用户建立起对社群的信任，积累自身的影响力，然后借助自身的影响力和平台上的 KOL 来提升用户对社群的关注度。

5．短视频平台

抖音、快手和微信视频号，是目前的三大短视频平台。在条件允许的情况下，可以三者都布局。在运营能力有限时，可以仅选择其中一个平台深度运营。例如，秋叶系社群以微信视频号为主要的短视频内容传播渠道。

不同于抖音和快手，微信视频号是微信官方于 2020 年新推出的一个短视频平台。由于它是微信系商品，依托于微信社交生态而生，且具有独特的"社交推荐"算法，因此，微信视频号天生即具备与微信公众号、微信朋友圈、微信用户、微信社群互相"扶持"的特性。

此外，目前的微信视频号还有两个独特的功能：每条视频都可以带微信公众号文章的链接；相应地，微信公众号的图文内容中也可以插入微信视频号账号。利用这些功能，社群运营者可以通过社群的视频号内容直接为社群的公众号导流，也可以通过社群的公众号内容来推荐社群的视频号，从而有效放大社群在微信平台上的营销效果。

4.32.2 在新媒体平台持续输出高质量内容

在各个平台搭建好新媒体账号后，我们需要对账号持续进行高质量的运营，持续输出高质量的内容。其实，对人脉型社群来说，持续为新媒体账号输出内容并不难。我们只要做好一个平台的内容策划，就可以将内容以不同的形式发布到不同的平台上。

以一篇书评而言，我们可以进行以下操作。

（1）阅读一本书，写一篇长书评，发布到微信公众号、今日头条上。

（2）把书评改编成短视频脚本，录制一条荐书短视频，分发到各个短视频平台。

（3）修改书评，发布到豆瓣。

此外，我们可以向社群成员征稿，在微信公众号的二条或者三条发布社群成员撰写的内容、个人介绍或其品牌广告，提升社群成员的曝光度，进而提高社群成员对社群的认可度。

4.33 ▶ 如何为社群成员链接商业机会

人脉型社群组建的初衷，就是聚集、整合人脉资源。有了人脉资源，不管是做公益事业，还是进行商业合作，都比较容易成功。人脉社群的运营核心就是通过挖掘社群成员的集体力量来促成人脉变现。归纳起来，有以下几种方法。

4.33.1 众包能量

众包能量，即通过发挥社群成员的群体能量，发挥出巨大的商业影响力。

例如，秋叶大叔在豆瓣发布《驴得水》影评，只用了 3 天时间，就从 4200 多条影评中脱颖而出，冲到了该页面的前 20 条。这是怎么做到的？除了他有豆瓣"粉丝"外，主要就是因为社群成员主动为他的影评点"有用"。"有用"多了，影评自然排名靠前，秋叶大叔等于抢到了一个流量很高的品牌曝光广告位。当然，秋叶大叔请社群成员给自己的影评点"有用"，是知道自己的影评写得有看点，不然排名越靠前，被批判得越惨。

可见，如果社群的规模足够大，有足够影响力的社群运营者，仅仅发一条微博或写一篇微信公众号文章，就能引爆互联网。

这种汇聚普通人的力量，不需要"大咖"出手也能实现规模效应的模式，被称为"蚂蚁战术"。这一战术中，可能每一个人的能量并不大，但是人数足够多，聚合起来就能形成一股很强的力量。

其实，就算没有足够的影响力，就算只是普通的社群成员，也可以在社群里请大家帮忙。条件是，需要先用足够的时间在社群里给大家带来价值，如热心回答大家的问题、经常帮大家转发等，"刷足"存在感。社群是一个小圈子，在这样一个小圈子里，先好好树立自己的形象，等得到了大家的认可，自然容易得到大家的帮助。

例如，秋叶系社群里一位平时非常热心的社群成员在知乎回答了一个问题，他将链接发到群里后，很快就获得了诸多社群成员的点赞，该回答瞬间排到了该问题下的前几名。这就是社群的力量。

一个人力量有限，但是借助社群的力量，一篇好文章被多个人点赞，就会被前置，而前置的好文章会得到更多关注，进入自我强化阶段。如果文章中除了高质量的"干货"，还巧妙地植入了一定的广告，那么其高曝光量背后的商业价值毋庸置疑。

众包能量实际操作的技术含量并不高，拼的就是有多少社群成员参与。借助这样的众包能量，不只是文章的打开率和阅读量，连短视频和直播的浏览量、点赞量、评论量、转发量也都可以快速攀升。如果某一个内容能够被一个社群里的人同时转发，由于同圈子内人群在职业、兴趣或者其他方面的相关性、重叠性，这个内容将在该圈子内制造"刷屏"效应，引导更多的圈内人甚至圈外人观看。这些运营指标，如果安排专职人员或者请商业团队来操作，往往需要付极高的费用，但借助社群，运营目标的实现成本要低得多。

4.33.2 创意孵化

创意孵化，即社群运营者将创意展示在社群里，引导社群成员讨论及反馈，然后将其完善成可执行的方案或者可落地的商品。这种商业变现模式，适合需要创意的社群。

例如，秋叶 PPT 核心群相当于一个小型的人脉型社群。这个社群起初只是秋叶大叔带着一群人玩 PPT 的地方，没有明确的商业模式。社群成员有共同的爱好和特长，彼此了解，当遇到 PPT 设计难题时，大家能群策群力，碰撞出好创意。秋叶大叔愿意花钱维护这个社群，也是希望能在这个社群里面找到好创意。

2015 年年底，秋叶大叔受邀参加申音老师的《怪杰》节目。他在群里发起了为申音老师做自我介绍 PPT 的社群任务，并提供了几张照片与一段文字，让社群成员自由发挥。社群内的 PPT 高手很快响应，一方面可能是因为任务有趣，另一方面可能是大家把这次任务当成了一场高手的比拼。

结果，仅仅一个晚上，社群成员就提交了 108 份作品。这些作品个个创意十足。

这次高效率的协作让擅长做社会化传播的申音老师也感到了惊喜。后来，这 108 个创意作品的合集在微博上大量扩散，给各位社群成员增加了"粉丝"，提升了名气。而通过网友们对这个合集的反馈，秋叶大叔着手开发了以自我介绍 PPT 为主题的一节在线 PPT 课程。

这就是社群的创意孵化价值。很多社群都有一些具备独特才华的人，也有一些带有资源的人。这些人的才华和资源如果能够整合，往往能创造惊人的商业价值。

4.33.3 众筹创业

众筹创业是指社群运营者把众筹的思想和模式切入社群,调动社群的人脉力量,实现社群价值最大化。

大家平时接触到的众筹,大多是通过众筹平台进行的。这些众筹平台的操作流程一般是"项目方提交项目→平台审核→项目上线→投资者判断是否投资→入资→项目启动"。在这种模式中,众多投资者一般不认识这些知名度不高的项目方,投入资金后,也较难追踪项目进展。因此,除非遇到感觉非常好的项目,否则人们是不愿意参与众筹的。

而基于社群的众筹创业,由于项目方和投资者属于同一个社群,便有了一个独特优势:熟人关系。

项目方和投资者在同一个社群里,他们可能是直接的亲戚朋友,也可能是间接的"朋友的朋友";可能有共同的兴趣,也可能有共同的目标。对投资方而言,相比陌生人众筹,这些关系显得更为可信一些。由于"熟人关系",不管是出钱,还是出力(转发众筹信息),社群成员的参与度都会比较高。"三个爸爸"的案例就说明了这一点。

起初,"三个爸爸"的 3 位创始人产生了创业的念头,决定做一台专为孩子定制的净化器。他们拿到 1000 万美元的融资后,开始为这款还没有生产出来的产品设计传播体系。

为了针对有儿童的家庭研发差异化产品,他们建了 8 个微信群,询问了 700 位家长,挖掘出了 65 个痛点,从而确定了用户最关心的问题——净化器效果如何,能否换滤芯,以及净化器的外形不要花哨。

明白了用户的需求,他们开始研发,为产品定型,随后估计出货时间。而在此期间,他们还在京东平台做了一次众筹。虽然是在京东平台做众筹,但在社群里做的传播。借助社群的力量,他们的众筹创造了京东众筹的纪录:上线 2 小时众筹 100 万元,10 小时 200 万元,30 天 1122 万元。

他们是怎么做的呢?成功的因素除了产品本身的定位以及有情怀的故事外,主要是社群的帮助——在众筹的第一天,依托"黑马"社群完成 200 万元的众筹。根据"强者愈强"的马太效应，一个不错的开始，很容易带来一个不错的结果。

这个精彩的开始是怎么发生的？

"三个爸爸"的创始人是"黑马"社群核心圈子"黑马营"的成员。在众筹之初，他们与"创业黑马"一起制定了一整套传播方案。这套方案看起来只有5步，却环环相扣。

（1）由《创业家》的官方微博发布一篇讨论"为什么没有千万级的产品众筹项目"的文章，引起了比较热烈的讨论。

（2）"三个爸爸"创始人之一戴赛鹰在个人微博中就这篇文章回应："三个爸爸"想代表"黑马们"冲击国内千万级筹资。这相当于把"三个爸爸"做众筹这件事上升到了一个新的高度——这不是"三个爸爸"的事，是"黑马们"共同的事。

（3）《创业家》的官方微博对戴赛鹰的个人微博进行回应："三个爸爸"这样一个创业公司敢喊千万众筹，听起来就不靠谱，但"黑马"就是要通过努力，把不靠谱变成靠谱，最后号召大家支持他们。

（4）"三个爸爸"的另外一个创始人陈海滨写了一篇题为《一路与你同行，我与黑马不得不说的事》的文章，描述自己是怎么在"黑马"社群兄弟的帮助下走出困境、走向成功的。这篇文章调动了社群成员的情绪，大家纷纷表示愿意支持。

（5）"三个爸爸"的创始人们在朋友圈展开了3轮集赞转发，在"黑马"社群内请求大家帮忙转发。转发对这些社群成员来说是一件微不足道的小事，动动手指就能送出个人情，何乐而不为呢？"黑马"社群的成员都是企业高管或者创始人，他们在朋友圈的影响力可想而知，他们的转发效果自然不同凡响。

就这样因势利导，"三个爸爸"借助社群的力量，打造了精彩的众筹第一天。

很多人脉型社群也许不会发生"众筹创业"的故事，但所有的商业故事几乎都包含借助社群成员凝聚在一起的力量的情节，这也是人脉型社群能够吸引很多人加入的一个重要原因。一个人脉型社群越是团结，它蕴含的力量越是强大，对社群成员以及外部人员的吸引力也就更大。因此，运营人脉型社群，我们有必要从一开始就注重打造社群的凝聚力文化、抱团文化、互助文化。如此，社群在成长到一定阶段后，才会自然而然地衍生出真正与社群成员共赢的商业模式。

4.34 ▶ 如何组织一场社群表彰大会

有很多人之所以喜欢待在社群，是因为在好的社群总能看到别人的进步，激励自己成长。所以社群除了平时及时肯定为社群做了贡献的社群成员之外，也应该集中召开表彰大会，激发社群成员对社群的认同感。

那么，如何组织一场表彰大会呢？需要做好 3 个方面的工作：评选维度，记录和统计，表彰大会的运营。

4.34.1 评选维度

社群表彰的人选应该根据获得个人进步、促进社群成员情感连接和提高参与度、分享有价值的经验、发生特别值得恭喜的大事这 4 个维度选出。例如，在"个人品牌 IP 营"中，这 4 类活动在月度总结中要特别统计。

（1）获得个人进步。社群成员在新平台上做出了一定的成绩，如开发了新的微课、出版了新书、成功开设了线下内训等，都是重点表彰的内容。

（2）促进社群成员情感连接和提高参与度。社群成员为其他成员谋取了福利，或默默做了幕后工作，在线上线下组织大家积极参与活动等。

（3）分享有价值的经验。如向社群贡献的金句最多，积极参与"每月会诊"，主动向社群成员分享有价值的经验等。

（4）发生特别值得恭喜的大事。如有结婚生子等人生大事、喜事。

4.34.2 记录和统计

表彰大会是按照固定的频率进行的，例如一月一次。因此，社群运营者需要在平时做好信息记录和统计。具体方法如下。

（1）从社群聊天记录、社群成员发布的微信公众号文章或微信朋友圈等搜集表彰内容素材。

（2）在表彰大会召开前一周，在社群内以表单的形式征集大家的成果事件，避免遗漏。

（3）在表彰大会召开之前，对所有素材进行复查，对于表彰事件的真实性、数据的准确性、当事人是否愿意曝光等，都需要向当事人核实。

经过上述 3 步之后，才能确定当期表彰大会上要表彰的人物和事件。

4.34.3 表彰大会的运营

为了让表彰大会顺利召开，社群运营者需要做好以下几个方面的工作。

（1）提前制订月度表彰主题，所有呈现形式围绕主题来展开，包括主持人的措辞、表彰奖状和奖项名称的设计等。

（2）表彰大会需要准备主持人串词、"大咖"表彰词、表彰奖状，确保各个环节紧凑有序，总时长控制在 1 小时内。

（3）需提前通知被表彰人在表彰大会召开时上线，但可以不告诉他们获得了什么表彰，给他们惊喜。表彰后请他们现场发表感言，这样做的目的一是启发更多社群成员，二是给被表彰者一个表达感谢的机会。

（4）表彰大会开始前 3 天发预热海报，吸引更多人在线参与。

（5）安排专人控场，随时准备好 @ 被表彰的人。

（6）表彰奖项公布后，需要把设计好的奖状私发给当事人。这样做的作用有两个：一是给当事人荣誉感和仪式感；二是很多人会将奖状转发到朋友圈，从而给社群带来影响力。

（7）一场表彰大会不可能统计到所有取得了成绩的人，如果发现有遗漏，需要及时安抚被遗漏的社群成员。

总之，表彰大会的主要目的是借助榜样的力量激励社群成员积极参与群内活动，提升社群成员对社群的认同感。由于人脉型社群往往需要长期运营，按照一个月一场或者两个月一场的频率召开表彰大会比较合适。若一个季度表彰一次，刺激的间隔时间太长；而若一周表彰一次，表彰的成效可能比较有限，缺乏内容。

4.35 ▶ 如何评估人脉型社群的运营成果

我们需要定期评估人脉型社群的运营成果。如何评估呢？可以从以下几个维度展开评估。

4.35.1 社群活动频次

人脉型社群要保持社群成员对社群的认可度，常见的做法是组织一些活动。能否按照一定的节奏组织社群活动，保持适当的活动频次，是评估一个人脉型社群的运营规范与否的主要方式。

我们需要关注社群活动频次，同时也需要了解社群都组织了什么样的社群活动。理想状态下，我们希望每一场社群活动都能够根据社群成员的兴趣点、利益点来策划和组织。

而某些社群运营者为了不让社群死气沉沉，没话找话，试图讨论一些没有营养的话题，不但不能活跃气氛，反而让人觉得群里信息太多、很烦，只能屏蔽或者退出。这样的活动显然是无意义的，是需要在总结运营成果时提出来，明确禁止的。

4.35.2 活动参与度

活动参与度，即社群成员是否积极参与活动。这是评估一个人脉型社群运营质量的指标。

有的活动可能看起来意义不大，如步数排行榜，但这种活动的参与度却很高。一方面，几乎每个人的步数每天都会更新；另一方面，它符合人的竞争心理——"我要比别人更强一点"。因此，这样的活动不仅参与度高，而且很多人还会为了占领榜首位置，在截止时间到来之前"刷步数"。

这样的社群活动是可以提倡的。据此，我们也应该总结出这样一个道理：高参与度的社群活动往往具备两个条件，一是参与门槛低，参与方式简单，大家不需要做出什么努力就能参与，或者不自觉地就已经参与了；二是能迎合社群成员的某些隐藏的心理，如竞争心理等。社群运营者在策划活动时，可以在活动的原本架构上增加一点竞争元素。

4.35.3 潜水规模

潜水规模就是社群"潜水"成员的规模。

一个社群虽然不可能做到人人活跃，但是绝不能人人"潜水"，甚至，对于人脉型社群来说，一半的人"潜水"也是个不好的征兆，因为如果社群的"潜水"成员规模过大，社群的运营很可能已经出现了难以解决的问题。此时，要么投入大量的精力和成本找出问题、解决问题，要么直接放弃运营，因为激活的成本太高。

我们要定期关注社群中"潜水"成员的规模，一旦发现"潜水"成员人数过多，就要开始干预，如一对一私聊，邀请"潜水"成员回归；或者策划参与门槛低的有趣活动，特别提醒"潜水"成员参加。

4.35.4 新媒体账号的用户新增量

如果人脉型社群开通了关联的新媒体账号，那么，我们也需要做好新媒体账号的日常维护，尽可能地增加新媒体账号的用户新增量。如果一个新媒体账号没有新增用户，这个新媒体账号在某种程度上已经"死亡"了。

不过，我们需要关注相关新媒体账号的用户新增量，但是不能过于在意这一指标。如果过于在意这一指标，可能会"逼迫"运营者采取高额奖励手段引流，导致大量无效用户、"潜水"用户关注账号，这并没有意义。有的社群运营者为了给社群相关的新媒体账号"吸粉"，使用哗众取宠的标题来吸引别人打开，但内容无法保证，导致社群成员对此感到失望，纷纷取消关注甚至退群。

第 5 章 如何打造高效的社群运营团队

　　高效的运营团队是社群持续稳定成长的保障。因为高效的团队往往有高凝聚力、高执行力和高战斗力，能够高效地完成社群的运营目标。对于社群来说，高效运营团队的成员并不都是从竞争者团队挖来的"空降人才"，更多的是培养和磨合出来的"原生人才"。而培养和磨合的基础，就是社群科学、合理的团队架构、人才选拔标准、团队沟通机制、考核制度等。

5.1 ▶ 如何建立社群运营团队架构

　　有影响力的社群往往有一个分工明确的团队，但这个分工明确的团队并不是一开始就建成的。在社群初期规模较小的时候，可以先构建精简的组织架构，整个运营团队具备基本的岗位就可以尝试启动了。但随着社群规模的扩大，就需要逐渐完善运营团队。

5.1.1 搭建合适的社群运营团队架构

　　运营团队要维护一个社群，不能没有组织架构，那么，社群运营团队的架构应该怎样设置呢？和实体组织一样，社群的运营团队应该尽量层级精简、权责分明。层级过多会导致信息不通畅，传达效率低。因此，运营团队架构需要依据社群所处的发展阶段来设计。

　　社群刚建立起来，还处于萌芽期时，并不知道能不能运营好，能不能活下来。这个时候，社群的运营团队可以只有群主和一个小助理。此时，两个人的分工是，群主负责构建社群、管理社群、策划社群活动、担任社群 KOL 等；小助理则主要负责收集、汇总、归档群内的聊天内容，活跃社群气氛，解决社群成员遇到的问题，等等。此时的社群运营团队架构如图 5-1 所示。

　　社群建立一段时间后，例如一个月后，如果发现运营状况尚可，就需要做好内容输出，并吸引新的

图 5-1 萌芽期社群运营团队的架构

优秀人才加入社群，调整组织架构，成立小规模的运营团队。此时的团队扩展，需要建立专门的信息收集组和新媒体运营组，进行社群内容输出和对外展示；需要新增设计组，以通过精致的宣传海报提高社群的品牌传播力度。此时的社群正处于成长期，其运营团队架构如图 5-2 所示。

图 5-2 成长期社群运营团队的架构

随着社群的发展，社群成员数量增加，社群影响力增强，社群对外合作工作增多，社群逐步实现变现功能或者从线上延伸到线下，社群运营团队架构需要再次进行大范围的调整。此时的社群已经走到了稳定期，拥有了一定规模和品牌知名度，运营团队成员需要具备专业化的能力，因而需要依据各项工作内容设置完善的职能部门。此时，社群需要规划的职能部门如表 5-1 所示。

表5-1 稳定期社群的职能部门

职能部门	工作组	职责
统筹部	—	社群发展和社群运营方向的统筹
新媒体部	编辑组	负责各个平台的文章、文案的策划和撰写
	选题组	搜集符合社群定位的选题，研究能够增加社群曝光度的选题
	运营组	负责微信公众号、今日头条、微博、知乎、豆瓣、简书、贴吧等新媒体平台的建设、日常互动、维护推广，增加社群品牌的曝光度
资料部	社群资料组	收集和整理社群内的日常讨论、嘉宾分享
	团队资料组	审核运营流程，追踪成果，制作运营团队的周报、月报
	资料管理组	负责各种资料的汇总、归档、管理
	数据分析组	整理数据，并按照需求进行数据分析
品牌部	品牌宣传组	负责社群文化和社群品牌的宣传推广
	社群外联组	筛选、邀约以及维护社群活动的嘉宾
	设计组	负责社群 Logo、运营海报、活动海报等的设计；社群相关视频的拍摄和剪辑
	活动策划组	整理、汇总活动资料，把活动流程标准化、书面化；策划、跟进、分享、主持群内活动，并在活动中进行控场

续表

职能部门	工作组	职责
项目部	短期项目组	负责社群内短期项目的策划与统筹
	地区项目组	专职统筹人员 负责地区项目的策划与统筹工作
		临时调用的相关岗位人员 负责地区项目的成员招募、文案、外联、设计等工作

在稳定期，运营团队成员的工作模式是项目驱动，即做项目时，大家需要齐心协力承担起自己的项目责任，共同实现项目目标。例如，如果社群需要开一个新手PPT营，需要一个设计人员，一个文案人员，一个外联人员，那么新手PPT营的营长可以到设计组、编辑组、社群外联组各借调一个人，组成临时项目组——新手PPT营项目组。当项目结束时，各组借调来的人各归各位。

总之，社群运营团队架构需要根据社群的发展来动态调整，不断适应社群。

5.1.2 招募合适的运营人才

当社群运营团队架构组建好后，就可以为各个岗位招募合适的人才。可以按照以下5个标准进行人才选拔。

1. 能力出众

网络运营需要的能力可以分为以下3类。

• 打造优质内容的能力。不管是文字、图片、PPT、视频，还是H5，能创作出优质内容即可。

• 网络项目协调、运营、沟通、组织的能力。

• 建立连接、活跃交流气氛的能力。

一个优质社群应该配备具有这3类能力的人才，其中，负责社群内容输出的人员应占运营团队的60% ~ 70%，负责项目运营、组织的人员应占运营团队的20% ~ 30%，负责活跃社群气氛的人员应占运营团队的10% ~ 20%。

2. 行动力强

社群需要有能力且行动力强的人才。有的人虽然有能力，但是做事情有拖延的倾向，这样的人如果做社群运营，成效可能会比较差，显然不适合运营工作。

如何考察人才的行动力呢？可以给他安排一项工作，看他能不能如期完成并主动反馈。能如期完成并主动反馈的人，即使完成得不够完美，也是合适的，因为相关经验不足可以学习提升，但快速行动的能力和反馈意识却不易学会。

3. 产出稳定

只有能稳定产出作品的人才有可能高质量地工作。可以通过安排小任务来评估一个人是否能够持续、稳定地输出有质量的作品。

"秋叶 PPT"运营团队的管理者一旦发现合适的新人，马上就会联系他们，安排一些小任务让他们挑战。如果发现新人做事效率高、质量好，特别是作品能显示出其思维深度和广度的，就会让他们加入运营团队的小群。在这个小群里，大家可以自由发言，日渐熟悉。同时，管理者也会不定期安排一些小任务给他们，评估他们的工作质量的稳定性。

4. 文化认同

在社群发展壮大的过程中，运营团队常常会遇到各种各样的困难。有福同享易，有难同当难。不认同社群文化、不认同社群价值观的人是不会跟着社群一直走下去的。因此，要找到真正认同社群文化、认同社群价值观的人才。

当然，社群文化不是一成不变的，而是动态发展的。例如，有些社群早期实行的是非营利模式，后来可能会在发展中逐渐过渡到商业化的营利模式。模式改变了，那么哪怕核心价值观还和从前一样，社群文化也已不再相同。此时，认同新文化，愿随社群的主流观念一起进化，是筛选人才的一大门槛。

5. 自带资源

不论什么样的团队都很难抗拒一个自带资源的新人，因为有些资源不能通过后期培养得到，如人脉资源。

"橙为"社群同时在深圳和上海做了两场大型活动。在深圳开展活动时，场地费是 3 万元。但是在上海，因为有新人提供场地资源，通过沟通，最后社群只花了1000 元就租到了同样规模的场地，场地方还派专人全程协助协调设备和安保工作，节约了大量成本和人力，整个线下活动开展得极为顺畅。

可见，对于自带资源的人才，是可以优先考虑的。

5.2 ▶ 如何打造运营团队的文化

运营团队需要有团队文化。运营团队的文化是核心成员甚至所有成员达成共识的态度与行为，可以决定团队中所有人的行事方法以及日常交往的模式，使新人加入时，也会适应并奉行这一团队文化。

运营团队的团队文化对团队内部的人有激励作用，对团队外部的人而言并不重要。因此，在打造团队文化时，不需要过多考虑外部人的看法，只需要从运营者的角度出发，打造有激励作用的团队文化即可。

运营团队文化并没有一个统一的模式，因为社群创始人的工作风格是不同的，更何况社群本身还会有自己的业务特色。不过，好的团队文化也会有一些共性，这些共性体现在以下几个方面。

1. 尊重

尊重文化能让团队成员感受到认可，能够使他们安心在团队发挥作用并促进他们的协作。尊重文化具体可以表现为以下几个方面。

（1）团队中的每一个成员都是平等的，不会因为过去成就的高低、职位的高低而受到不平等的对待。

（2）鼓励团队成员表达自己的看法，让团队成员敢于提出建议。

（3）认真倾听每个成员的看法，让他们感受到自己的价值。

（4）鼓励成员尝试新方法，允许团队成员犯错。

一旦产生尊重文化，就能有效激发每一个成员的主人翁意识。

2. 信息透明

信息透明文化，即在运营工作中没有所谓的"机密"，只要对推进运营工作有帮助的，都是运营工作所需要的，都可以共享。

3. 团队协作

在社群运营中，不能依靠一两个团队中的"明星"去完成重要工作，也不能依靠一个像"超级英雄"一样的群主来力挽狂澜，而是需要所有社群运营者高度协作。因此，好的团队文化更强调团队的力量，更鼓励人和人之间的协作与互补，而不是赞扬出风头的个人。

4. 坦诚沟通

我们要注重运营团队内部的坦诚沟通。坦诚沟通就是让团队成员交流彼此真实的想法。在坦诚沟通的文化中，团队成员不需要花时间判断信息的真实性和有效性。真实的信息可以快速流动，从而减少信息不对称所带来的风险，提高问题解决的成功率。

5. 解决问题

有的团队在遇到问题时会致力于寻找问题的责任人，这可能会导致团队成员相互推诿、失去信任、彼此争吵，不利于问题的解决。因此，好的团队文化往往更关注解决问题的方法，而不是问题的责任人。这样的团队文化才可以让大家将精力和关注点用在重要的事情上。

6. 及时反馈

好的团队文化强调及时反馈。每个人都可以在工作中提供反馈和接受反馈。大家会说真话，会实事求是，会认真对别人提出意见，以及接受别人的意见。

7. 贡献至上

好的团队文化不会过多关注成就，而更鼓励贡献。这是因为关注成就会让每个团队成员将精力放在一些有显性业绩的事上，但这些事可能并不是运营团队发展所需要的；而关注贡献能将团队的注意力拉回到真正有价值的事情上，这种价值有助于团队的长期发展。

确定团队文化之后，在招募团队成员和管理团队成员时，我们就需要放弃不认同团队文化的人才，因为我们不能把新的价值观或者使命"安装"到一个人身上，而认同团队文化的人自然会接受既定的核心价值观和使命，会与我们的行动保持一致。我们需要寻找认同团队文化的人，并留住他们；而对于不认同的人，我们要允许他们离开，允许他们另谋高就。

5.3 ▶ 社群运营团队如何实现有效沟通

不同于实体组织的团队一般聚集在一个地区，社群运营团队的成员可能来自天南海北，大家靠线上的核心运营群来沟通工作。

线上沟通可能会导致各种各样沟通不顺畅的情况。例如，就一件事情反复沟通，依然没有结果；约定各自负责的内容后，发现有人因太忙而忘记执行；等等。这些情况会导致工作效率低下或者工作出现纰漏，影响团队的工作成效；反复低效沟通也可能使大家身心俱疲，心生怨念，产生离开团队的念头。

为了避免这些情况，社群运营团队的成员需要按照标准化沟通程序进行线上沟通，并及时记录总结。

5.3.1 编制社群介绍手册

标准化沟通的基础是让所有社群运营团队成员都了解社群以及社群的运营工作。这就需要一本完整的社群介绍手册。该手册需要包含社群简介、社群制度、社群团队 3 个方面的内容。具体内容框架如图 5-3 所示。

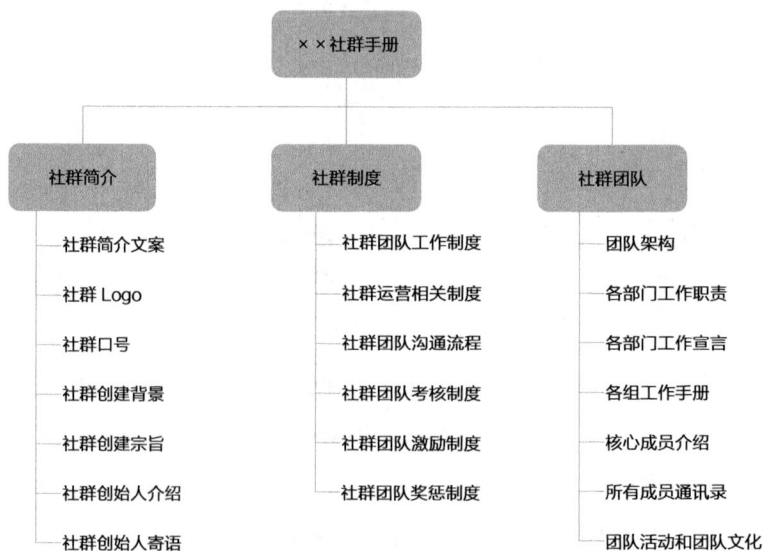

图 5-3 社群手册的内容框架

在实践中，需要根据以上内容框架，按需填充和完善。

5.3.2 定期进行在线会议沟通

要保持社群运营效率，社群运营团队内部必须保持有规律的沟通。有规律的沟通可以让运营团队中的每一个人都能及时反馈工作中遇到的问题，及时获得帮助。

在社群团队管理中，常见的团队沟通模式就是在线会议。例如，秋叶系社群的运营群坚持每天晚上 10 点在线沟通当天业绩数据，确定需要改进和调整的工作；还约定每周日晚上在群内汇报本周工作的完成情况和下周计划要完成的工作。通过这种简单的工作会议，社群运营团队的成员可以知道彼此的工作安排和进展。

不过，由于运营团队在线沟通时，可能会不自觉地带入网络聊天的习惯，如发言脱离主题、经常"潜水"，这些习惯显然会影响沟通效果。因此，需要在在线会议前先用"5W2H"梳理出会议的关键沟通要素。5W2H 关键沟通要素梳理模型如表 5-2 所示。

表5-2　5W2H关键沟通要素梳理模型

WHAT	WHO	WHY	WHEN	WHERE	HOW	HOW MUCH
沟通内容	谁参与沟通	沟通目的	沟通时间	沟通地点	如何完成	成本

运用这个模型，运营团队能够快速整理好会议的关键沟通要素，帮助大家紧紧围绕会议目标进行在线沟通。例如，一个运营团队要开会讨论"线上团队如何有效沟通"这个话题，那么会议开始前可以做一次 5W2H 梳理，如表 5-3 所示。

表5-3　在线会议5W2H梳理

WHAT	线上团队如何有效沟通
WHO	团队核心成员
WHY	讨论出一套具体可行的方案来实现线上的有效沟通
WHEN	3 个小时之内
WHERE	线上微信群
HOW	有关资料发放，1 ~ 2 个小时头脑风暴，1 个小时复盘总结 提前确定发言机制、讨论顺序、禁止事项 适当给予高质量发言者一些小奖励 组长全程引导发言方向，活跃气氛 安排书记员全程记录发言要点
HOW MUCH	无直接成本

此外，在线沟通过程中，要注意以下 4 点。

（1）要注意培养"对事不对人"的文化。沟通是为了把团队的事情更好地完成，而不是找最佳辩手。沟通完运营工作中出现的问题并处理好后，就要将这个问题翻篇，不可纠缠不休。有了这种沟通文化，新成员加入团队后，即使在沟通中有人指出其问题，他们也不容易产生挫败感，不会认为是老成员故意找碴儿，针对他们，反而会把注意力放在团队关注的事情的解决方案上。

（2）在线沟通时，要特别提醒大家不能因为是在网上发言就过于随意，尤其要注意开玩笑的分寸。

（3）要特别注意发言技巧。在提出问题或建议时，要照顾对方的情绪和感受。在网络交流中有一个讨喜的技巧：为自己的话加个可爱的表情，这样语气会缓和很多。

（4）对高质量发言者进行奖励，使大家逐步形成积极思考、参与发言的习惯。例如，在"橙为"社群中，线上沟通由一个主持人控场，一个计分员统计积分。每轮发言后，主持人给出评分，发言者的有效建议或意见作为有效发言，能为发言者赢得加分。分数最低的成员需要接受一个小"惩罚"，如编写会议纪要等。这样可以让所有参与会议讨论的人认真对待自己的每一次发言。

5.3.3 建立社群云共享日程表

管理社群运营团队，需要有一个社群云共享日程表。各项目的管理者可以通过共享日程表查看大多数团队成员的固定空闲时间段，如每天晚上 8:00—9:00，在这个时间段进行集中沟通。这样安排有两方面好处，一方面可以保证更多人在线，解决不同成员在线时间不统一的问题；另一方面，可以提高沟通效率，节约社群成员的交流时间。

在社群发展的早期阶段，管理者可以制作周工作计划表单给各部门填写，然后整理并公布下一周各部门的工作安排。这样，各部门心里有数，可以更好地安排和其他部门的合作。但是这样的计划表单无法反映团队成员的工作变化和时间安排。为了解决这个问题，"秋叶 PPT"团队选择使用 360 日历：团队成员及时将日程安排更新到团队共享日历中，这样，所有人的日程安排就一目了然了。

在"橙为"社群，因为经常要组织线下讲座，团队使用 Tower 互联网协同办公软件。团队的所有人加入 Tower 后，只要输入每周的安排，整个团队的时间安排就非常清楚了。

使用 Tower 的方法很简单，只要关注 Tower 的公众号，即可用手机直接操作。Tower 中有个"项目"选项，点击后按要求操作，即可提前安排项目，而且添加项目任务后还能将其指派给别人，做到责任到人；日程能自动同步到共享日历中，有助于团队提前沟通日程安排。

5.3.4 对资料进行分类和归档

每一次沟通结束后，都需要及时对各种资料进行分类和归档，以减少因为查找资料产生的各种沟通成本。特别是重要的沟通内容，需要进行记录、总结、输出，这样一方面可以帮助大家回顾和总结沟通内容；另一方面能够进一步追踪和落实沟通内容，避免工作繁忙，没有持续跟进而造成不必要的纰漏。

一般常用的资料可以存放在社群文件夹中，需要分类整理的资料可以存放在有道云协作之类的云协作工具里，也可以存放在百度网盘、360 云盘等中。这样大家就可以根据自己的分工和需要，自行寻找和下载相关的数据、图片、视频等资料。

分类整理时，可以把资料归档为：团队成员资料库、团队标准作业程序（Standard Operating Procedure，SOP）库、内部素材资料库、嘉宾资源库、社群成员资料库、媒体资源库、线上活动资料库、线下活动资料库、紧急事件预案库、项目总结归档库等。

资料及时归档后，再写后续报道或者相关新媒体文章就变得相对容易了。

5.4 如何设置社群运营者的薪酬机制

薪酬是对社群运营者工作的回报。合理的薪酬机制是运营团队齐心协力运营社群的主要动力。

由于社群运营工作的特殊性，社群运营者有全职和兼职两种。不同的运营者适用于不同的薪酬机制。

5.4.1 社群全职运营者的薪酬机制

设计社群全职运营者的薪酬机制时，需要注意以下几点。

（1）薪酬适当。如果薪酬太高，意味着运营者处于一个太过宽松的大环境，大家会缺乏危机感，不利于运营工作目标的实现；如果薪酬太低，可能会让运营者心生不满，常常抱怨，结果也是得不偿失。所以，设计薪酬机制时，要注意薪酬的合理程度，不能"不及"，也不宜"过头"。

（2）不同岗位适用的薪酬机制应有所不同。虽然都是社群运营者，但在实际工作中，大家的分工不同、职责不同，工作强度和工作难度也有所差异。因此，薪酬机制要因岗而定，多劳者多得，贡献多者多得。

（3）有明确的赏罚机制。社群运营者的薪酬制度要有赏有罚，赏罚分明。每个人的工作能力是不同的，贡献程度有多有少。对于贡献多的人，要肯定和奖赏，以进一步激发他们的工作热情；而对于工作态度不认真、贡献过少的人，该罚则罚。

（4）薪酬制度要考虑成本。社群全职运营者的薪酬属于社群运营成本。我们需要在社群运营成本可控的基础上，尽可能给予让运营者满意的薪酬回报。

5.4.2 社群兼职运营者的回报机制

社群兼职运营者的工作考核有两个需要特别注意的点。

（1）对于兼职的社群运营者，不能按企业的严格规则进行考核，要采取奖励优秀者的策略，而不是采取惩罚措施，惩罚措施只能对全职员工采用。

（2）社群的很多活动是项目型的，很多成员是这次有时间就这次参与，下次没有时间下次就不参与，所以考核要及时，活动结束后马上复盘，马上改进，马上给予考核评价，马上奖励优秀者，这样才能在社群里达到激励效果。

同样，社群兼职运营者的考核也关系到利益分配。我们建议遵循以下这3个利益分配原则。

（1）必须给予劳动报酬。

我们自己可以学雷锋，但不能让社群成员做义工。社群运营者为社群无偿付出是自己的选择，但不能因此要求社群兼职运营者都义务付出，要给予他们劳动报酬。

不过，很多社群缺乏收入来源，报酬可以适当减少。另外，我们也可以用争取到的各种福利作为报酬。

（2）多劳多得。

在一个社群活动或者一个社群项目中，出力多的人要多激励。对于做出关键或重要贡献的人，要多激励，不能搞平均主义。与其做人情，让每个人都得到奖励，不如把大部分奖励分给做出了关键贡献的人，这样会吸引这些人留在社群。

（3）报酬结算不拖拉。

社群兼职运营者一般仅参与具体项目，不是长期合作，所以发放奖励也要适应这一特点，按项目结算，项目结束后立即奖励，这样可以大大鼓舞兼职运营者的士气。

5.5 ▶ 如何留住社群运营人才

社群运营人才往往熟悉社群流程和制度，投身于社群运营的日常工作中，维系着社群的正常运转。他们对社群运营工作的参与程度高，对社群的归属感、成就感比其他社群成员更强，对社群的贡献更大。他们的存在是社群良性发展的重要条件。但是，社群运营人才的离开会贯穿社群发展的整个过程。当有社群运营人才要离开社群时，需要了解其离开的原因，改善组织管理模式，提高人才的留存率。

5.5.1 社群运营人才流失的原因

社群运营人才流失有以下几个常见的原因。

1. 工作量大

社群没有形成规模的时候，各方面的机制都在完善之中，都需要从 0 到 1 地去梳理、建设、输出，工作量可能会很大。当社群形成规模后，沟通变得更为复杂，内部事务和各方合作都会大大增多，工作量依然很大。高强度的工作很可能影响社群运营人才的日常生活，甚至引发他们的不满。如果不能及时处理，很容易造成人才流失。

2. 回报较低

许多社群运营团队一开始并不是以公司的形式运营的，由于经费有限，甚至没有经费运营，团队采用的是志愿者模式或兼职奖励模式。社群运营人才的投入产出比不理想。

如果社群管理不善，社群的定位和发展前景也不清晰，一味让人埋头干活，既没有重视社群运营人才在社群中的价值，也没有让他们得到应有的回报，那么当在其他的平台看到新的机会时，他们会预期用同样的时间、同样的精力，自己会有更大的回报，离开也就是意料之中的事了。

3. 成长停滞

一部分运营人才在社群发展初期势头很足，能够担起社群中的大任，但在社群发展的过程中没有后劲，没有跟上社群发展的脚步，无法在社群中找到他们新的位置。

如果社群运营人才之前对自己的期望很高，社群对他们的期待值也很高，但后来，社群发展快速，而个人能力的成长却不够快，甚至停滞，很多工作不能完成，那么他们可能会产生巨大的心理落差，怀疑自己的能力、自己的工作价值，心生失败感，从而选择逃离。

4. 内部分歧

一个经常发生争吵和分歧的团队，只是一盘散沙，没有凝聚力。在这样的团队里，大家会觉得工作氛围差，得不到理解，工作成就感低，就会产生离开的念头。

5. 前途不明

经过社群发展的活跃期后，整个社群活力下降，社群成员黏性变弱，社群开始走下坡路。社群运营人才看不到社群的未来，觉得留下是浪费时间，则会考虑另寻出路。或者，若社群力量过于弱小，当其他实力强大的社群来"挖人"的时候，那么社群运营人才会选择转入更强大的社群。

5.5.2 留住社群运营人才的方法

归根结底，社群运营的真正挑战是如何建立一个适合互联网工作的组织模式，而不是天天谈"去中心化""连接一切"这些概念。

只有做好社群的运营流程建设、内部沟通文化培育、团队组织分工、运营绩效评定、商业收益转化，让社群运营人才有畅快的工作心情、默契的工作氛围、合理的工作回报、可控的投入时间，他们才会更愿意留在社群。

因此，在社群运营团队的管理过程中，需要做好以下几个方面的工作。

1. 持续完善社群运营流程

要逐步将工作标准化，减少社群运营人才在产出比低的琐事上耗费精力。例如，秋叶系社群的运营团队一直在强调社群运营工作的标准化。一开始，课程开发、内容运营、项目推广和客户服务的工作都集中在两个人身上。随着社群规模的快速壮大，团队逐渐总结出了一些工作方法，诸多事务也都有了标准化流程。后来，团队把一些非核心业务外包出去，这样既可以节省社群运营人才的精力，也可以控制运营工作的质量。当然，标准化流程并不是制定好了就不再改变了，而是应随社群的扩大持续优化、完善。

2. 不要追求大而全的管理规模

很多管理思想都强调把正确的人放在正确的位置，合理分工，尽量让每个人做自己擅长的事情。社群运营团队的管理也是如此。社群运营人才并不需要扎堆在一个群或加入所有群，以免给社群运营人才带来极大的信息过载负担。因此，对社群运营团队的管理，可以使用"核心群 + 多讨论组"的管理模式。

例如，在"秋叶 PPT"的运营团队，有的运营人才的兴趣点在于与专业课程内容有关的问题，那么就没有必要让他们参与社群日常运营工作，甚至没有必要让他们加群，以减小弹窗消息给他们带来的负担。管理者可以另外建群讨论有关的工作，邀请他们参加线下聚会，加深彼此之间的感情。

3. 建立情感连接

社群运营人才由于经常一起工作，很容易建立起情感连接。而一旦建立了情感连接，大家就更可能团结一致。

因此，要经常鼓励社群运营人才互相关心、互相帮助。当一个人遇到好事时，鼓励大家给予祝福；当一个人遇到困难时，也要发动社群资源帮助他解决困难。

4. 设置有弹性的组织架构

有些社群运营人才是作为兼职人员或志愿者来为社群工作的，那么当他们的本职工作和学习压力过大的时候，就只能退出。出于这类原因离开社群的兼职社群运营人才往往不会再回来。而如果采用有弹性的组织架构，设置组织架构的高速区和低速区，当兼职社群运营人才的本职工作繁忙的时候，允许他们待在低速区，只处理少量的社群工作；当兼职社群运营人才空闲时，就鼓励他们进入高速区，让他们多负责一些社群事务。这样能给兼职社群运营人才提供一点回旋的余地，他们就可以更好地安排自己的本职工作和兼职工作。

5. 建立合理的回报机制

回报机制合理，才能留住社群运营人才。

在社群发展初期，留住社群运营人才主要靠成就感。精神上的回报要高于物质回报，要让社群运营人才觉得自己的存在是有必要的，他所做的事情是有价值的，而且在团队里能够找到自己的定位，产生归属感。

随着社群的发展，社群运营人才开始深度参与社群的运营，为社群的发展出谋划策，见证社群的成长。那么，社群对他们来说，就变得不仅仅是一个平台，更像是自己的作品和陪伴自己的朋友。他们已经与社群建立了深厚的感情，不会轻易割舍。

当然，当社群获得盈利能力时，社群就需要建立一套清晰的绩效考核和奖惩制度，让付出有效劳动的社群运营人才获得相应的经济回报，让精神力量有经济回报的支撑。

6. 及时清理"不同频"的人

对于社群运营人才，应"用人不疑、疑人不用"，给予对方足够的信任和尊重。真正的信任能促使社群运营人才发挥自己的主观能动性，增强他们对社群事务的参与感。但是对于加入社群后一开始表现积极，却并不真正认同社群核心价值观的人，或者为谋取个人名利而加入社群的人，也要及时清理。留下一个"不同频"的人就是伤害大部分志同道合的人。

及时清理"不同频"的人，从源头肃清内部矛盾，使社群成员保持一致的价值观，这样能提高团队的凝聚力。

7. 提升社群品牌影响力

社群发展的根本在于社群自身逐步形成品牌影响力，这个影响力是社群运营人才所带不走的。相反，社群影响力越大，社群运营人才越不舍得离去，因为离去意味着会失去一些发展和连接的机会。

因此，社群运营团队的管理者需要用长远的眼光来规划社群的发展，提升品牌影响力，并通过社群品牌影响力来提高社群运营人才的能力和影响力。这样，表现突出的社群运营人才即使有离开的念头，也会慎重考虑自己的决定，不会轻易离开，从而能够保持社群健康发展的节奏。普通的社群运营人才因为能看到社群的发展和自身的成长，也会更珍惜留在社群的机会。

5.6 ▶ 如何挖掘有潜力的运营人才

对于社群运营人才，我们也可以从社群成员中发现和培养。挖掘有潜力的运营人才有以下 3 个关键环节。

5.6.1 考核有潜力的社群成员

寻找有潜力的社群成员，并对其进行考核。这个过程有以下 3 个步骤。

（1）内部推荐。由一些长期陪伴社群成长的人士推荐优秀的社群成员。

（2）给出明确的推荐理由。推荐者需要写一封推荐信，说明推荐理由和被推荐者背景。具体包括：被推荐者是谁，是什么时候加入社群的，他做了哪些事情让你觉得他可以胜任更重要的岗位（需要有客观事实和具体数据），你对他的评价（主观看法）。

（3）布置社群小任务，以检验被推荐者的能力。

5.6.2 培养观察员

很多社群活动并不需要太多人参与执行，即使是有限的几个人，一般也可以让社群活动顺利进行下去。因此，刚刚通过考核的被推荐者，可以先担任社群活动的观察员。

观察员的任务是了解整个活动流程的情况，而不是处理具体工作。观察员需要有了解全局和观察细节的意识，能够留意运营细节，理解每个细节的意义，从而对社群运营活动进行更多的思考，学到更有用的运营方法。

由于观察员能够在社群内通过耳濡目染了解社群的运营模式和运营方法，因此，当运营过程中出现突发状况时，观察员就可以及时上场处理问题。

5.6.3 完善社群岗位工作移交说明书

一旦观察员表现合格，就可以正式将其发展为社群运营人才，让其负责一些社群运营工作。此时，可以通过社群岗位工作移交说明书帮助新人熟悉新工作。

社群虽然是非正式组织，但也需要有岗位职责说明书、工作流程及岗位工作移交说明书。因为在网络环境中，人员变动频繁，没有辅助文件体系的帮助，沟通效率会比职场中面对面沟通的效率低很多。

有的社群规模不大，大家互相熟悉，工作默契，可能不需要任何说明书就能把工作完成得很好。而对于规模较大的社群，社群运营人才可能遍布全国各地，人员变动又极为频繁。此时，社群必须像企业一样制作岗位职责说明书，以方便新入职者查看。

而由于线上社群的特殊性质，社群的岗位职责说明书中还应配备岗位工作移交说明书。

一份规范的岗位工作移交说明书主要包括以下内容。

* 对社群现状的介绍，包括对各组主要工作内容及人员分工安排的详细说明。
* 工作内容，即该岗位的工作职责。
* 正在推进的工作事项，推进过程中存在的问题及后续注意事项。
* 后续工作推进计划。
* 资料清单。

此外，对于敏感的信息，团队管理者需要单独告知接管人留存，如微信公众号、微博、公共邮箱等的账号及密码等。

完成以上信息的交接之后，团队管理者就需要正式向团队成员以及诸多社群成员介绍接管人，以方便接管人开展工作。

岗位工作移交说明书的作用是让接手工作的人快速开始工作。在现实情况允许的情况下，可以让移交人和接管人花一段时间共同推进工作，这会让工作的衔接更为顺畅。

5.7 ▶ 如何培养运营新人

有一定规模的社群需要定期引入新人。由于新人对社群活动的积极性更高，投入的时间相对较多，因此，需要积极主动地挖掘新人、培养新人，给新人机会，让他们尽快融入团队。只有愿意培养新人且能够持续不断地推出新人，才能形成一个真正健康的社群运营团队。

5.7.1 识别值得培养的新人

要培养新人，首先要能识别值得培养的新人。根据经验，值得花时间、花精力培养的新人，往往具备以下两个特点。

1. 团队至上

线上社群的人才流动性大，如果一个人愿意跟着社群从 0 到 1 不断成长，愿意和社群一起面对困难，共担责任，哪怕他的能力并不突出，也是值得培养的。

这样的人往往愿意服务社群，愿意在运营团队内分享经验，愿意跟社群一起实现更为长远的目标。他们通常会受运营团队喜爱，得到更多的鼓励，因而会更愿意服务和分享，对社群和运营团队的黏性更强。他们的存在可以使社群的凝聚力更强。

2. 积极主动

积极主动的人有强烈的上进心和强大的学习力，能主动通过各种方式学习和提升。他们的执行力较强，能根据反馈及时调整行动，实现螺旋式进步。在工作中，他们会主动给自己安排任务，甚至在还没有收到下一步的任务指令时，他们就已经把下一步该做的提前完成了。

对于社群来说，培养这样的新人，需要付出的培养时间和培养成本更少。因此，这类人应该重点培养。

5.7.2 提供成长指导

在很多社群，新人一加入就需要立即开始工作。因此，为新人提供成长指导就成了一项非常重要的工作。

例如，"橙为"社群会为新人提供详细的《新人成长手册》，积极主动的新人可以通过自学了解社群规则及相关运营知识。

又如，在秋叶系社群，运营团队会定期组织核心成员的线下聚会，聚会上除了常规的娱乐项目外，社群创始人秋叶大叔还会联合行业"大咖"分享观点、经验。至于线上兼职人员，秋叶系社群的管理层会经常利用出差的机会，与位于出差地的兼职人员聚餐、交流。通过线下交流，兼职人员会更加认同社群，更能通过网络协同发挥"战斗力"。

此外，对于还不太了解社群运营工作的新人，可以考虑为其配备一位经验丰富的工作人员，担任新人的专属教练。这样，在重要节点或者容易被新人忽视的节点，教练就可以给新人明确的提醒。通过经验丰富的教练在一旁适时指导，新人往往可以快速成长。

如果条件允许，也可以采用师徒制来帮助新人成长。师徒制可以使社群运营人才之间建立起更深的感情连接。当新人在执行任务过程中遇到问题的时候，可以直接找师傅请教，以获得更多及时的帮助。

5.7.3 提倡试错文化，鼓励尝试

新人对工作从陌生到熟悉，一定是需要不断实践的。在以老带新的过程中，指导者如果事必躬亲，不但会拉低团队合作效率，还会让新人养成依赖的习惯。因此，我们建议，在新人了解了一些基本情况后，指导者就可以放手让新人自己尝试着做，并给予其足够的资源支持。同时，指导者指导新人时，不要随便把自己的想法强加于对方身上。

当然，为了降低风险，可以先让新人小范围地独立完成一些工作。积累几次经验后，就可以放手让新人独立工作，通过承担更大压力来锻炼综合能力，并通过复

盘总结实现能力的螺旋式上升。

为了使新人敢于尝试，运营团队需要有试错文化，即允许新人犯一些不触及底线的错误，并引导新人总结犯错原因，找到改进方法，从而实现能力的提升。

秋叶系社群"秋叶 PPT"的运营团队比较注重内容输出，会通过内容的各项数据来评估工作质量。运营团队内部会不定期结合数据同创作新人交流文章的主题方向，提出改进建议，鼓励大家尝试新的写法，挑战新的话题，避免内容创作陷入停滞或重复状态。对于需要调整的部分，不会要求创作者一步做到位，而是允许其在一段时间内不被市场认可。但文章数据不好，需要总结原因，寻找改进方向，并逐步完善。

5.7.4 设置晋升机制和回报机制

社群的晋升机制不同于企业的晋升机制。企业的晋升机制一般是金字塔结构，是从一线员工晋升至管理层，一层一层获得更高的管理权限；而社群的晋升机制则是圈层结构（见图 5-4），是从社群运营的外圈（新人圈、兼职圈或实习圈）进入中间圈（正式员工圈），再进入内圈（核心员工圈）。

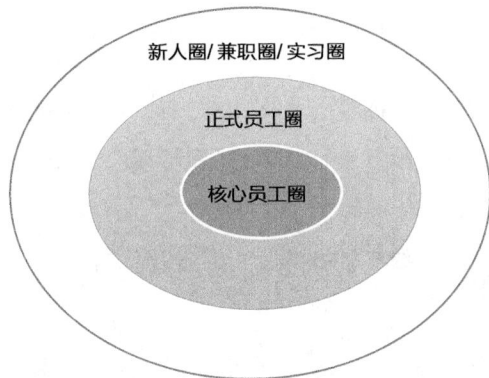

图 5-4 社群晋升机制的圈层结构

在这种圈层晋升的过程中，管理权限可能并没有明显的提升，核心员工也可能是执行层员工，而不是管理层员工，但精神回报和物质回报会有所提升，即核心员工承担更多的社群运营责任，获得更多的回报。

例如，在"橙为"社群，社群运营人才被划分为 3 个圈层：新人团队、"咖啡厅"团队、"CPU"团队（CPU，原指"中央处理器"，即计算机系统的运算和控制核心，在此代指"核心团队"）。刚加入"橙为"社群运营团队的人才属于新人团队。经过为期一个月的实习后，这些人才才可以晋级到"橙为"的"咖啡厅"团队，拥有"橙为"社群运营团队的"编制"；"咖啡厅"团队的人才如果表现特别优秀，可以被选拔进入"橙为"的"CPU"团队，成为社群运营的核心人才。不同圈层的社群运营人才可以获得不同的社群福利。"CPU"团队成员能优先得到社群内的任何福利，"咖啡厅"团队成员能得到在编成员的福利，新人团队成员在实习期内一般没有福利。

可见，圈层结构的晋升机制可以让新人更有动力提升自身的运营能力。

5.8 ▶ 如何吸引优秀人才加入团队

互联网时代，微博、微信的普及，使资源更加容易连接，其中包括各种优秀人才。社群就有着这样的魔力，能够容纳各行各业的精英。我们要做的就是找到他们，然后吸引他们加入我们的社群运营团队。

5.8.1 分析人才加入动机

我们需要思考一个问题：优秀人才加入我们社群的好处是什么？我们的社群是能给这些人才带来成就感、新鲜感、新机遇、影响力、发展舞台，还是丰厚的酬劳、有效的人脉，又或是其他？

我们可以根据动机，大致把被社群吸引的各种优秀人才分为4个类型。

1. 奉献助力型

这个类型的人才喜欢帮助他人和分享。当他们遇到一个"同频"的群体，加入这个群体的运营团队便于他们提供帮助，使他们获得成就感和满足感。社群发展初期，尤其是各方面人才都缺乏的时候，这个类型的人才能提供强大的能量和助力。

2. 求知探索型

这个类型的人才有着更强的求知欲、好奇心。他们中有的从未接触过社群，感到好奇；有的对社群的运营模式、管理方法、优质内容感兴趣，想要主动参与其中，一探究竟；有的看到社群运营团队中的优秀人才，想加入学习，使自己得到提升和进步。这个类型的人才往往学习动力强，自我驱动力强，有助于团队整体学习氛围的形成。

3. 成长反哺型

这个类型的人才在进入社群之前或之后，受到社群的帮助或者实现了自我成长，希望出力反哺社群。因为参与度高、忠诚度高，他们往往会成为社群中的核心运营力量，与社群共同发展。

4. 资源互换型

这个类型的人才可能自身具有某方面的能力或者资源，有的希望通过资源互换得到相应的酬劳、人脉、平台、影响力，有的希望通过连接创造更多可能性。

一个人可能同时具有多种动机，只不过在某个阶段，某种动机可能会更加强烈。我们可以根据自己社群的性质、规模和发展需要，针对这些动机，运用不同的方法吸引人才。

5.8.2 "修炼"社群品牌

社群吸引优秀人才最有效的法宝是"修炼内功"，提升社群自身的能量和品牌形象。只有优秀的团队才能吸引优秀的人才，只有有能量的社群才能通过影响力辐射更多具有不同特点的人群，通过资源互换实现跨界激荡。当社群影响力和规模都还不那么大的时候，可以集中精力打造"微品牌"，通过专注、持续地做好一件事来打造好口碑。当有影响力的优秀人才源源不断地加入社群时，就会产生多米诺骨牌效应，其他的优秀人才和资源会随之倾斜过来。

例如，"秋叶PPT"团队最初只是以PPT为起点发力，做精品线上课程，吸引了PPT圈中的一群高手。高手们灵感激活灵感，创意激发创意，推动了精品教程的升级，进而使社群拓展到在线教育的其他领域，形成品牌和影响力的良性循环。

5.8.3 有节奏地曝光

有节奏地曝光能够保持社群品牌的存在感，让更多人开始认真关注社群的运营，并一步步了解团队的方方面面，参与进来，最后产生感情。

社群曝光可以是开展"高端、大气、上档次"的活动，也可以是在活跃的群发一些轻松愉快的段子，在朋友圈集体"卖萌"，还可以是创作优质文章、金句，输出到各个社交媒体平台进行传播，呈现社群的方方面面。

1．内容曝光

定期对自己的核心项目或者活动内容进行适度曝光。不断优化升级的内容代表着一种持续进步的能力，能够使一些旁观者转化为求知探索型或资源互换型人才。

比如，秋叶团队通过各种社交平台、活动培训、出版书籍等渠道让大家知道"秋叶"品牌下有一些精品课程。团队还通过将学员提交的优质作品发布在朋友圈或者其他新媒体平台上进行二次传播，将更多的人才吸引过来。

2．团队曝光

外界无法看到社群运营团队的情况。我们可以通过曝光团队一些优秀的闪光点，让外面的人对团队有更多的了解，降低认知成本。

例如，微信公众号"秋叶大叔"经常发布一些社群运营团队内成员的故事，以展示社群运营者的工作态度、工作能力以及运营团队的团队文化。

3．话题曝光

一个好的话题可以引发很多人的点评和思考。心情感悟、书评影评、热点事件都是好的话题。找准一个能引发讨论的话题，录制一条短视频，或者编写一篇微信公众号文章，往往能迅速传播。而内容的迅速传播，即意味着社群品牌的传播。

5.8.4 完善激励机制

不同的人适用不同的激励机制，因为不同的人对激励的反应和期望是不同的。对于不同的社群成员，我们可以先问自己 3 个问题。

- 根据社群内的日常行为，我们的社群成员可以分为哪些类型？
- 不同类型的社群成员对社群的参与度如何？
- 不同类型的社群成员对其他社群成员的影响力如何？

以"秋叶 PPT"社群为例，运营者把社群成员分为：积极参与优质内容创作和输出的"PPT 圈高手",偶尔参与作品创作和输出的"PPT 爱好者",基本是在围观点赞的"围观者",以及自身有一定能量并想做跨界资源互换的"分享者"。

不论是哪个领域的社群,"高手"都是稀缺的。这也意味着,这些稀缺的"高手"为社群贡献了大量的内容和影响力。

因此,秋叶团队对"PPT 圈高手"的激励策略是:只要有优质内容输出,就会积极地帮助他们传播、扩散,帮助他们打造个人品牌。当这些"PPT 圈高手"对秋叶团队的信任积累到一定程度时,秋叶团队就会邀请他们进入核心团队进行更多的培养,如出版图书、开发在线教程、开发培训课程、开发内训课程等。

对于"PPT 爱好者",秋叶团队采取只要做了作业就会认真点评的策略,帮助他们提高技能,引导他们成为在线课程的付费学习者。

对于"围观者",秋叶团队则注重培养他们的学习兴趣,引导他们动手练习,让他们在动手做中体会学习是一件快乐的事情。

对于"分享者",秋叶团队为他们提供的是一群爱阅读、爱思考、爱动手的学员。如果分享者的内容在秋叶学员群内受到欢迎,大家就会自觉自发地写读后感、做 PPT、发微博和朋友圈,甚至购买分享者推荐的商品,这相当于对分享者的内容和品牌进行了良好的二次传播。

在以上策略中,秋叶团队对"PPT 圈高手"的强激励机制,也形成了对"PPT 爱好者"和"围观者"的莫大刺激,促使"PPT 爱好者"精进自己的技能,"围观者"通过"PPT 圈高手"和"PPT 爱好者"的作品了解学习 PPT 能够得到怎样的成长,并跃跃欲试。三者可能转化为求知探索型、成长反哺型、资源互换型的人才。

对于"分享者",秋叶团队始终坚持一个原则:只向付费学员提供分享福利。付费是福利的门槛。团队认为,没有门槛的福利是任何人都不会珍惜的,没有珍惜就没有投入,没有投入就没有效果。

不仅如此,秋叶团队还鼓励技能获得团队认可的"PPT 圈高手"以"'秋叶 PPT'团队核心成员"的名义去其他社群参与开放式分享,这也是一种品牌对外输出,这种"个人品牌＋团队品牌"的输出模式会激励团队内其他成员不断成长。

第 6 章 如何用企业微信做好社群私域流量运营

前面讲述的都是社群运营的方法。我们一直没有谈到在什么平台建立社群。就目前而言，过去的一段时间里，人们是习惯在个人微信平台搭建社群的。然而，随着微信对一些社群工具的限制，很多社群运营者渐渐将社群转移到企业微信。

6.1 ▶ 为什么要用企业微信做社群运营

很多社群都是建立在微信平台上的，运营者也是通过微信与用户沟通的。虽然个人微信的用户群体大，并且人们使用微信不需要额外学习什么技巧，但是随着微信的规则越来越多，社群运营者的微信常常一不小心就陷入了封号的风险中。因此，企业微信就成为很多社群运营者的选择。

与个人微信平台的社群运营相比，用企业微信做社群运营，有以下四大特点。

6.1.1 商业活动合规

企业微信的基础功能体现了企业微信连接商业生态的价值。

企业微信是腾讯官方指定的私域流量运营平台，不仅合规，还自带消息群发、欢迎语、群管理等基础营销功能。同时，企业微信还开放了丰富的 API 接口。携手经过腾讯授权认证的第三方公司，可以通过开放平台的接口，开发更多的功能软件。使用这些第三方功能，可以有效提高社群运营效率。

用企业微信来进行营销活动，不但合规，而且更加专业，也更有效。

6.1.2 运营过程便捷

用企业微信来做社群运营，不仅有丰富的运营触点，还有智能化的运营方法。

1. 可以添加更多客户

个人微信最多能添加 5000 位好友。企业微信外部好友的上限是 5000 人，但如果使用了客户联系功能，把外部联系人确认为客户后，当客户接近 5000 人时，可申请扩容。目前，每一位使用企业微信的运营者的客户上限是 20000 人。

企业微信与个人微信连通，可以无障碍对接微信的全部好友和主要功能，如私聊、群聊、朋友圈、小程序以及微信支付等。

因此，如果社群运营者的个人微信上已经拥有较多的客户，可以注册企业微信，快速地把好友添加到企业微信中。添加成功后，好友不需要下载企业微信，社群运营者可以在企业微信内与使用微信的客户直接聊天。

2. 可以自动回复

管理员可以在企业微信管理后台设置"欢迎语""入群欢迎语""自动回复"等内容，帮助运营者将特定信息自动或者快速推送给用户。

例如，如果管理员设置了"欢迎语"，客户在添加其为联系人后，会自动收到该"欢迎语"。欢迎语的形式可以是"文字＋图片"，也可以是"文字＋链接"，甚至可以是"文字＋小程序"；欢迎语的内容可以是简单的问好，也可以是微信公众号文章。

又如，管理员设置"自动回复"后，当客户在群里＠小助理或运营者进行提问时，小助理或运营者将根据关键词自动回复。自动回复的内容可以设置为文字和图片，也可以设置为网页和小程序。

3. 可以添加多样化的客户标签

在社群运营中，我们需要根据客户的喜好、身份信息等资料给客户添加标签，从而为个性化运营打好基础。

使用个人微信时，我们基本上没办法在电脑上给微信好友添加标签。而企业微信不但支持在电脑端和手机端给客户添加标签，还可以设置多样、多层的自定义标签，如学历、职业阶段、购买意向、客户类别、渠道来源等。这样，运营者在与客户沟通时就可以根据标签来调整和优化运营策略。

4. 可以设置快捷回复

在企业微信里，管理员和运营者可以通过"快捷回复"功能，提前设置好常见问题的答案。这样，运营者在与客户沟通时，就可以快速搜索、复制答案，快速回答客户的问题，让1个运营者发挥出3个运营者的效果。

6.1.3 营销曝光适度

运营者可以在企业微信里发布朋友圈。朋友圈在企业微信中被称为"客户朋友圈"。运营者可以将商品介绍、营销活动信息等发布到客户朋友圈。

不过，客户朋友圈是有限制的。一个客户每天只能收到 1 条运营者发布的朋友圈信息，每月只能收到 4 条。

换个角度看，这样的限制也有好处：不希望在朋友圈看到广告的客户，基本上不会因为被打扰而取消关注企业和运营者。如果客户对企业或者运营者发布的信息感兴趣，就可以点赞、评论，或者查看企业或者运营者的历史朋友圈来了解更多信息。

6.1.4 客户资源安全

企业微信的"离职继承"和"在职继承"功能可以使所有的客户资源都掌握在企业的手里，而不是变成员工的个人资产，也不用担心员工离职后把资源带走。

1. 离职继承

离职继承，即有运营者离职后，企业管理者可以分配他的客户和客户群给其他在职运营者。

管理员将离职的运营者从通讯录中删除后，如果他有已添加的客户和管理的客户群，管理员就可以通过"客户联系"→"离职继承"→"分配离职成员的客户和客户群"的路径将他们分配给其他在职运营者继续跟进。分配客户后，客户会收到一个新运营者接替原运营者的提醒信息，如"新运营者 ××× 将在 24 小时后添加到你的企业微信联系人中，接替原运营者 ×× 继续为你提供服务"，并带有"暂不添加"选项供客户选择。如果客户没有点击"暂不添加"选项，客户将在 24 小时后自动成为新运营者的联系人。如果客户拒绝添加，新运营者还可以选择主动添加客户为联系人。分配客户群后，接手的在职运营者就成为客户群的群主，可继续管理群聊。

2. 在职继承

对于在职员工的客户，企业管理者也可以自由分配。

在职继承，是当某位在职运营者的岗位或客户有变更时，企业管理者可以将其客户分配给其他在职运营者，由其他运营者继续为客户提供服务。

与"离职继承"功能相似,使用"在职继承"功能分配客户后,客户和接替的运营者将在 24 小时后自动成为联系人。如果客户主动拒绝,接替的运营者还可选择主动添加客户为联系人。

完成在职继承后,为了保证客户不被重复打扰,原来跟进客户的运营者将无法再为该客户提供服务。当然,如果出于某些原因,在职继承失败,那么原运营者还可以继续为客户提供服务。

不管是离职继承还是在职继承,接手的运营者都可以看到过去的沟通信息和客户标签。接手的运营者可以根据过往的交流继续开展营销活动,从而防止企业客户资源流失。

6.2 ▶ 如何将目标客户导入企业微信

使用企业微信时,需要先将客户导入企业微信。

将客户导入企业微信有两种方法,一种是一对一邀请客户添加企业微信,另一种是通过宣传让客户主动添加企业微信。

6.2.1 一对一邀请客户添加企业微信

如果我们已经知道老客户的手机号、微信号等联系方式,我们可以通过"通讯录"→"我的客户"→"添加客户"这一路径进入"添加客户"页面,按需从"面对面添加""搜索手机号添加""从微信好友中添加""将名片分享到微信"这 4 种方式中选择一种合适的方式添加老客户。

这 4 种添加方式的差别如下。

(1)面对面添加,即请客户扫一扫运营者的企业微信二维码,或由运营者主动扫一扫客户的微信二维码来完成添加操作。

(2)搜索手机号添加,即输入手机号码后,可以搜索到该手机号对应的微信号,然后点击"添加为联系人"。

(3)从微信好友中添加,即直接查看微信好友,选择想要添加的客户,点击"添加",生成添加邀请(见图 6-1),点击"发送添加邀请",运营者的企业微信名片就会以微信私聊的方式发送到客户的微信对话中（见图6-2）。客户如果愿意添加，就可以通过这个企业微信名片扫码添加。

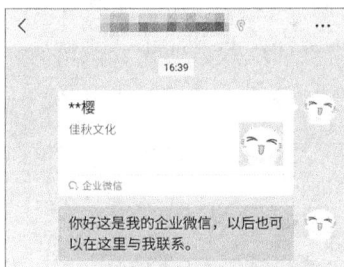

图6-1 生成添加邀请　　　图6-2 向客户的微信发送企业微信名片

（4）将名片分享到微信，即直接跳转到微信联系人页面，将企业微信名片发送给微信中的客户，客户点击后即可完成添加操作。

6.2.2 吸引客户主动添加运营者的企业微信

对于没有明确联系方式的客户，我们可以通过宣传，吸引感兴趣的客户主动添加运营者的企业微信。具体方法如下。

1. 多渠道发布信息

我们需要在多个渠道发布运营者信息，如社群、朋友圈、微博、短视频账号、直播间、微信公众号、头条号等，让更多的客户注意到运营者的联系方式。联系方式中要附上企业微信的二维码，方便客户扫码添加。

2. 设计有吸引力的利益点

设计一个利益点，即客户添加运营者的企业微信有什么好处。这个好处应该是客户想要的，同时是有吸引力的，比如对客户有用的资料，在其他地方得不到，但只要添加运营者的企业微信就可以免费得到。例如，秋叶书友会经常给不同渠道的用户设置不同的利益点。对于图书读者，赠送相应图书配套的精美PPT、素材、资料包；对于视频号"粉丝"，赠送1000多页的教程PPT，等等。

3. 设计简单顺畅的添加流程

客户被文案和利益点吸引之后，可能会尝试扫二维码，添加运营者为微信好友，这个添加过程需要足够顺畅，最好不需要验证就能立即通过。而且，为了使客户获得良好的体验，我们需要设置好"欢迎语"和"自动回复"。这样，客户添加运营者企业微信后，会立即收到一条欢迎语；发送常用信息时，能收到自动回复。

客户添加运营者的企业微信后，运营者可能还希望客户能继续加入客户群，那么，可以先设置一个进群文案并附上进群二维码，在客户添加企业微信后，自动发送文案和二维码，引导客户扫二维码进群。

4. 自动领取礼包

客户进群后，如何给客户发礼包呢？可以将礼包放在群公告里，同时设置入群欢迎语。这样，客户一进群，就会收到一条入群欢迎语以及礼包领取指南。需要领取礼包的客户，就会按照指引自行下载。运营者不需要做更多的运营动作。

这种添加客户的方式的目的，其实是吸引潜在客户主动添加我们的企业微信。这样不会让潜在客户感觉"被骚扰"，产生反感，更有助于留住潜在客户。

在引导客户添加企业微信的过程中，我们需要认识到一个现实情况：虽然企业微信和个人微信都是腾讯旗下的，但是，并不是所有客户两者都愿意添加，客户流失是必然的。当然，迁移客户的过程，也可以理解为筛选活跃客户或者忠实客户的过程。

6.3 ▶ 如何用企业微信做裂变活动

不管是在哪个平台做社群，都避不开裂变活动，因为它有助于快速实现规模化获客。

基于企业微信的裂变方式有 3 种：企业微信好友裂变、企业微信群裂变以及"微信公众号 + 企业微信"双向裂变。

6.3.1 企业微信好友裂变

企业微信好友裂变是将客户引流至企业微信的客服号。

企业微信好友裂变以企业微信客服号作为承接客户的载体，裂变海报上展现的都是企业微信客服号。同时，裂变海报通过奖品福利、商品优惠、实物或虚拟礼品等吸引客户，让客户扫码添加企业微信客服号为好友。客服号自动推送活动规则和客户专属分享海报，客户转发海报，分享活动，邀请好友助力，最终完成任务，领取奖品。通过层层客户的传播，即可快速添加大量企业微信好友。

相对来说，企业微信好友裂变是一种效果比较好的获客方式。

例如，国内某在线教育品牌采用的就是企业微信好友裂变，为的是把流量沉淀到老师的企业微信上，3 天的活动带来了 2000 个新增企业微信好友；某亲子家庭会员服务平台也通过这种裂变"玩法"，用大约 3 周的时间，新增了 10 多万个企业微信好友，并用活码① 将这些好友随机分配给多个客服号。

6.3.2 企业微信群裂变

企业微信群裂变是在裂变活动海报上内置企业微信群活码，客户扫码后，即可直接进入企业微信群。如果企业微信群满了，可以自动生成新群，客户将自动进入新群。

下面以秋叶团队的武汉佳秋文化传媒有限公司（以下简称"佳秋文化"）为例，介绍企业微信群活码的生成方式。由于佳秋公司所属行业为培训，客户和客户群在企业微信中一般被称为学员和学员群，故后文中，学员、学员群均指客户、客户群，后续不再一一说明。

公司的企业微信管理员和普通员工，都可以在企业微信移动端按照"工作台→学员联系→学员群→工具→加入群聊"路径，进入"加入群聊"页面（见图 6-3），根据提示生成"加入群聊"二维码（见图 6-4），也就是企业微信群活码。

客户进群后，会收到社群管理员自动推送的入群欢迎语、活动规则以及裂变分享海报；客户分享海报到朋友圈，并将截图发送到群内，机器人小助理就会自动审核并发放奖励。当然，这里用到的"自动收到""自动审核""自动发放奖励"功能

---

① 活码是一种带有参数统计功能的动态二维码。在企业微信中，根据使用场景的不同，活码可以分为客服号活码和群活码。客户扫描客服号活码后，即可添加使用客服号活码的企业员工为联系人；客户扫描群活码后，会被分配进入一个群聊中。

都需要提前设置。

这种裂变方式的特点是高度自动化，有助于社群的大规模获客。

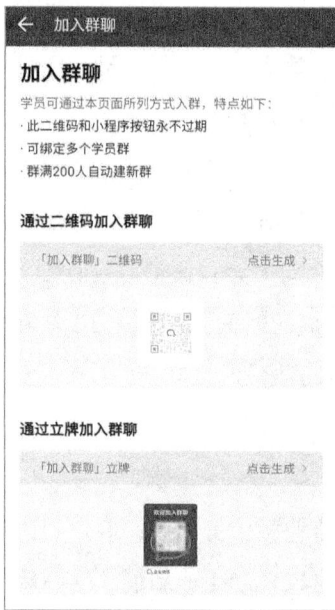

图6-3 "加入群聊"页面

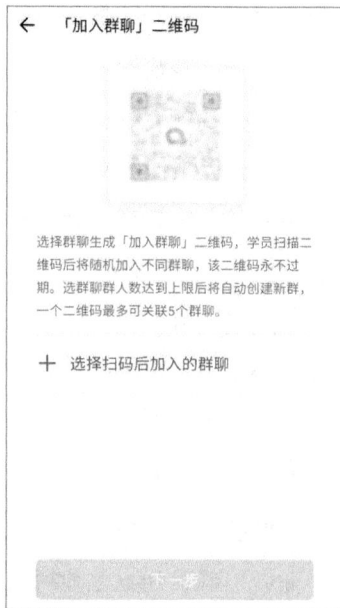

图6-4 生成"加入群聊"二维码

6.3.3 "微信公众号＋企业微信"双向裂变

"微信公众号＋企业微信"双向裂变，是指用微信公众号和企业微信客服号来承接客户的裂变活动。

"微信公众号＋企业微信"双向裂变的流程有以下几步。

（1）根据营销目标，设计生成营销海报，将企业公众号二维码内置在营销海报中。通过微信公众号推文、朋友圈或其他方式触达目标客户。

（2）目标客户扫码参与活动，会先被引导关注微信公众号，而不是直接添加企业微信客服号。客户关注微信公众号后，微信公众号会自动推送一则内置企业微信客服号二维码的裂变信息，引导客户添加企业微信客服号。

（3）客户成功添加企业微信客服号后，会收到活动海报和文案，转发海报和文案给自己的朋友，即可邀请朋友助力裂变。

在这个过程中，有两个节点动作，一个是关注微信公众号，另一个是添加企业微信客服号。同样，客户的好友在为他助力的时候，也是要完成这两个动作才算助力成功。这样，一场活动就可以实现微信公众号关注用户数和企业微信客户数的双重增长。

相对来说，这种裂变方式的流程是最长的，然而这种方式有着特殊的优势。人们可能会受到海报的吸引，关注微信公众号，这是裂变活动的第一步。这一步的门槛很低，毕竟，哪个微信用户没有关注几个微信公众号呢？而完成了第一步的人因为已经开始参与裂变活动，自然希望取得一个结果，因而很可能继续完成第二步，即添加企业微信客服号。因此，虽然双向裂变方式流程最长，但也很可能会产生很不错的裂变效果。

相对来说，电商型社群更适合采用企业微信好友裂变方式；而学习型社群和人脉型社群更适合采用"微信公众号 + 企业微信"双向裂变方式。

6.4 ▶ 如何用企业微信做精准客户运营

当我们的社群发展到一定阶段，达到一定的客户量级之后，我们就需要对客户进行精细化的管理和维护，以实现客户价值的最大化。

借助企业微信进行精准客户运营，主要需要做两个方面的工作：客户分类和精准营销。

6.4.1 客户分类

虽然客户都在一个社群，但不同客户的个人情况是不同的，他们会受到不同内容的吸引，对社群活动的认知不同，自然也会采取不同的行动。因此，精准客户运营的第一步就是客户分类，即根据客户的不同特点，为客户标注不同的信息，从而为客户分类。

在企业微信中，我们可以借助以下功能为客户分类。

1. 添加备注

一般情况下，我们可以用以下格式为客户添加备注："客户的真实姓名—行业 /

单位/职位（或其中多项）—意向项目（或产品）"。例如，"王女士—××公司运营—写作（写作训练营）"。

2. 贴标签

给客户贴的标签越多，越能准确掌握客户的消费偏好等信息。

企业微信不仅能够设置标签组，还可以在组内设置多个标签。图6-5所示为佳秋公司的企业微信管理员创建的客户标签展示。

一般情况下，企业客户标签可以由管理员统一设置。管理员完成基础设置后，运营者只需要为客户选择合适的标签即可。

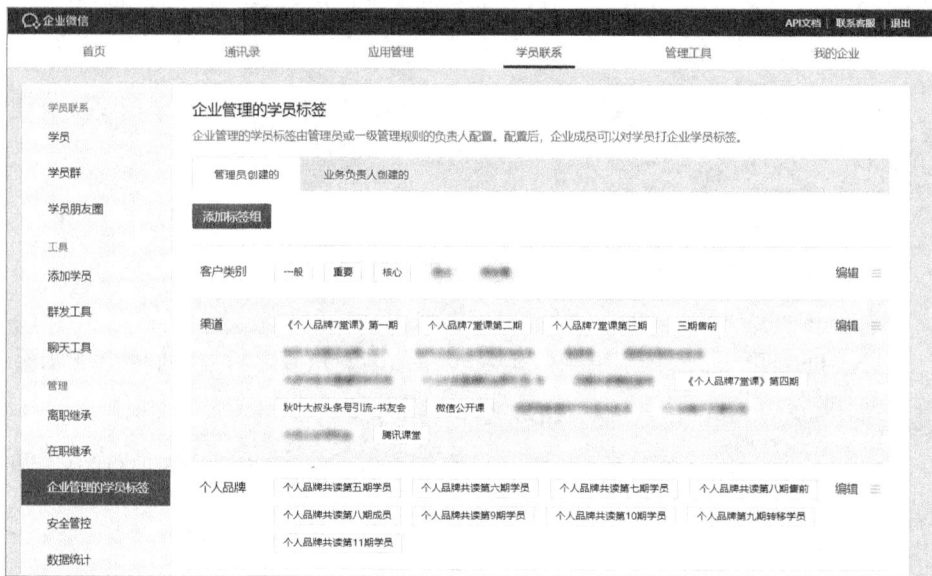

图 6-5 客户标签创建示例

此外，运营者如果觉得管理员设置的标签不太合适，也可以自己设置想要添加的标签。

3. 添加描述

除了备注和标签，运营者还可以在企业微信中为客户添加描述，以添加更多备注信息。

在添加描述时，除了文字描述外，还可以上传客户名片或其他相关图片信息。

文字描述可以对以下信息进行简单描述。

- 地理信息，包括客户生活在哪个城市，成长在哪个城市，亲人在哪个城市。
- 生活习性，包括生日、年龄、生活状态、婚姻状态、健康状态、作息习惯、生活态度、婚姻态度、养生态度，等等。
- 事业信息，包括从事什么岗位的工作，在什么行业，在什么公司，收入情况如何，等等。
- 关系网络，包括家庭成员情况、朋友情况，等等。
- 教育情况，包括毕业学校、学历、专业、成绩、奖项，等等。
- 消费习惯，包括喜欢的商品品类、消费偏好、消费频次、消费金额，等等。

6.4.2 精准营销

将客户分类后，即可进行精准客户运营的第二步：针对不同类别的客户，进行精准营销。

在社群运营中开展精准营销主要有两种方法：精准推送信息和精准沟通维护。

1. 精准推送信息

精准推送消息是根据客户的标签，给客户推送他们感兴趣的信息，来吸引客户关注企业的营销信息。

一般情况下，我们需要给客户推送以下 4 个层面的信息。

（1）商品层面的信息，包括商品的价值、特点、老客户体验、价格等。不同客户关注商品的不同方面，所以我们需要编写多个方面的商品信息。

（2）企业层面的信息，包括企业简介、企业文化、发展历程、创始人的故事、团队工作故事、办公场景、新闻动态、所获荣誉等。这些信息可以先发表在微信公众号上，然后在企业微信的客户朋友圈通过点击"添加网页"添加微信公众号文章的网址发布到客户朋友圈。

（3）行业层面的信息，包括企业所在行业的整体情况、行业发生的变化以及企业为适应行业变化所做的创新。这些信息也是先发布到企业的微信公众号，再发布到企业微信的客户朋友圈。

（4）客户层面的信息，包括运营者如何站在客户角度考虑各个层面的运营工作，运营团队如何处理客户的诉求，等等。这些信息可以直接以图文的形式发布到客户朋友圈。

2. 精准沟通维护

精准沟通维护是根据客户的备注、标签和描述信息，通过对方感兴趣的话题，加强与客户的沟通交流。

在沟通维护的过程中，我们可能会遇到这样的问题：由于客户太多或者琐事繁多，我们没有时间和精力与所有的客户都聊一次；或者忘记和哪些客户聊过、没有和哪些客户聊过，进而导致有的客户因为频繁聊天而感觉被打扰，有的客户自从添加后一次也没有聊过。

为此，我们需要建立一张客户维系计划表（见表6-1），有计划、有规律地与客户沟通。

表6-1　客户维系计划表

×××（运营者）×月客户维系计划					
客户等级	维系次数	维系日期	维系内容	维系方式	维系客户数量
核心客户 （忠诚客户）	1				
	2				
	3				
	4				
重要客户 （复购客户）	1				
	2				
	3				
	4				
一般客户 （已购客户）	1				
	2				
观望客户 （未购买客户）	1				
	2				

在这张计划表中，需要对有高消费可能的客户投入更多的精力，与他们进行更多维度的高频次的沟通，以实现更好的运营效果。

6.5 ▶ 如何打造企业微信朋友圈

企业微信朋友圈与个人微信朋友圈是不同的。目前，两者的区别如表 6-2 所示。

表6-2　企业微信朋友圈与个人微信朋友圈的区别

项目	个人微信朋友圈	企业微信朋友圈
发布次数	没有次数限制	对于同一个客户，企业微信总号每月只能发送 4 次，员工号每天只能发送 1 次
朋友圈限流	当好友到达一定数量之后，朋友圈的内容就只有一定比例的人才能看到	所有客户都能触达，但每个客户每天只能看到 1 次员工号发送的信息
客户发的朋友圈是否可见	如果客户没有特别设置"不可见"，运营者就可以看见客户的朋友圈	看不见
朋友圈发布的内容是否被折叠	文字超过 6 行就会被折叠，复制的文字太多则只显示 1 行	行数过多会被折叠，但不会只显示 1 行
屏蔽运营者的朋友圈	通过设置可以屏蔽运营者的朋友圈	客户可以将运营者的朋友圈标记为"不感兴趣"，标记 1 次 7 天不再显示，标记 2 次 30 天不显示，标记 3 次 1 年不显示
查看运营者的历史朋友圈	可以查看运营者的历史朋友圈	无法查看运营者的历史朋友圈
是否带企业认证标识	不带	带
其他营销功能	无	如果在个人资料页开放了自定义信息功能，可以设置个人主页，添加企业的商品图册、商城链接等，直接展示企业品牌、个人和商品等

可见，企业微信朋友圈与个人微信朋友圈的内容发布逻辑是不同的。企业微信朋友圈是可以发布营销信息的，但是每位客户每天最多接收 1 次，因此，我们不仅要了解企业微信朋友圈的基本操作，还需要有技巧、有策略地运营企业微信朋友圈。

6.5.1 总号与员工号的分工与协作

不同于个人微信，发布企业微信朋友圈可以使用两类账号，一类是管理员账号，我们一般将它称为"总号";另一类是员工账号,我们一般将它称为"员工号"。两类账号发布朋友圈的规则是不同的,如表 6-3 所示。

表6-3　总号发布朋友圈与员工号发布朋友圈的区别

项目	总号发布的朋友圈	员工号发布的朋友圈
发布人	企业微信的管理员	企业的员工
发布次数	1 个月 4 次	每天 1 次
发布内容	官方的信息与活动	商品信息、活动信息、促销优惠信息等

由于企业微信总号可以发布朋友圈的次数比较少,因此,企业微信总号往往只负责发布官方的信息。平时,我们可以多用员工号发布朋友圈。

在添加客户的时候,我们已经给客户做了标签、备注,这样,我们发朋友圈的时候,就可以按标签或备注对客户进行分类,根据客户的需求,让某些信息仅一部分客户可见,让另一些信息仅另一部分客户可见。这样,客户看见的就都是自己感兴趣的信息,成交转化率就会变高。

6.5.2 企业微信朋友圈的发布

企业微信的管理员发布企业微信朋友圈时,可以通过企业微信 PC 端的管理后台进行内容的编写和发布。

下面以佳秋公司 PC 端的企业微信为例,介绍管理员发布企业微信朋友圈的操作过程。

管理员登录企业微信管理后台,按照"学员联系"→"工具"→"群发工具"路径,找到"企业发表到学员的朋友圈"(见图 6-6),单击其下方的"新建内容"后,即可进入朋友圈内容编写页面(见图 6-7),在此可编写朋友圈的发布内容。编写时,需要先选择可见的学员,若选择"公开",则全部学员可见;若选择"按条件筛选的学员",则部分学员可见。内容编写完成后,单击"通知员工发表"按钮。员工就会收到发布朋友圈的通知,确认后,即可直接将内容发布到朋友圈。这是企业微信所特有的一键智能发布朋友圈操作。

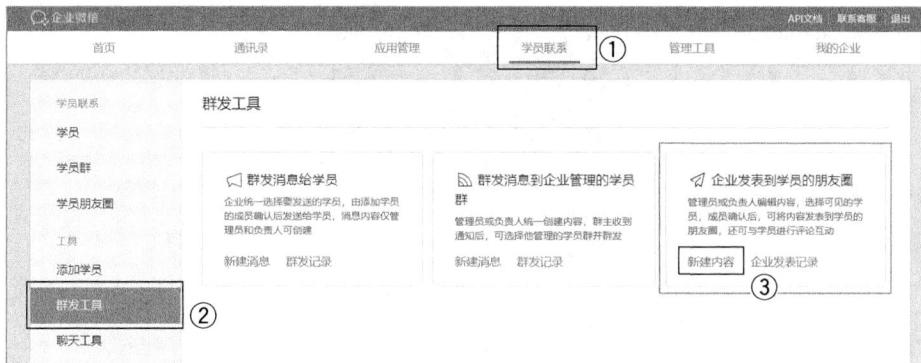

图 6-6 企业发表到学员的朋友圈

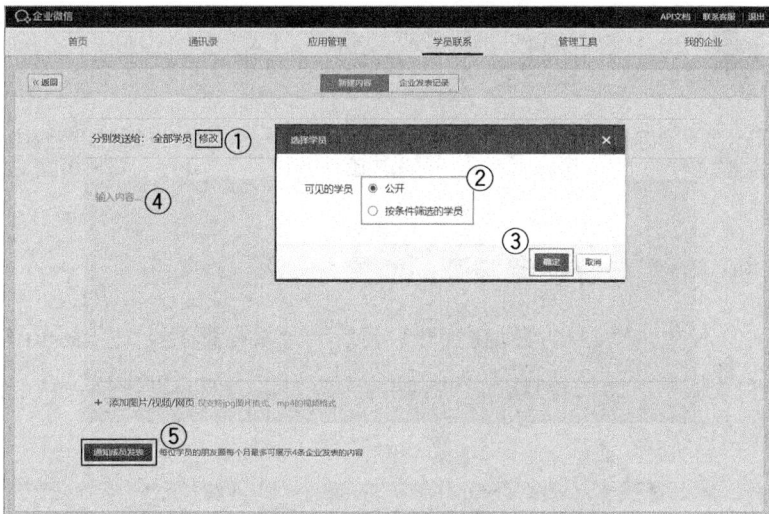

图 6-7 管理员的企业微信朋友圈内容编写页面

而对于非企业微信的管理员，也就是普通的运营者，由于不能登录企业微信的管理后台，故需要通过企业微信移动端的工作台来发布朋友圈。

仍以佳秋公司移动端的企业微信为例，运营者登录企业微信后，按照"工作台"→"学员联系"→"学员朋友圈"路径（见图 6-8），即可进入企业微信员工号的朋友圈页面。在此，点击"发表到学员的朋友圈"（见图 6-9），即可进入朋友圈内容编写页面（见图 6-10），在此可编写朋友圈的内容，包括文字、图片、视频，还可以添加微盘内容和网页（包括微信公众号图文）。编写完成后，点击右上角的"发表"按钮即可发布到学员的朋友圈。

图 6-8 "学员朋友圈"的
位置示意

图 6-9 发表到学员的
朋友圈

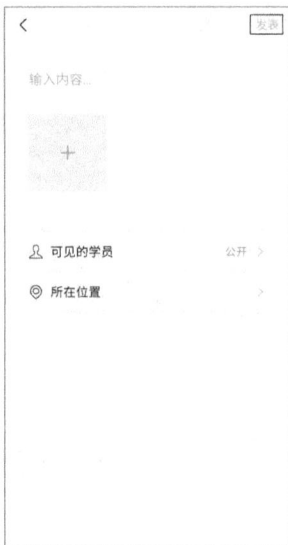

图 6-10 朋友圈内容的
编写页面

6.5.3 员工号发布客户朋友圈的监督与管理

在企业微信中，管理员可以在管理后台统一查看和管理员工号发布的客户朋友圈的内容和数据。下面以佳秋公司 PC 端的企业微信为例，介绍这一功能的使用方法，如图 6-11 所示。

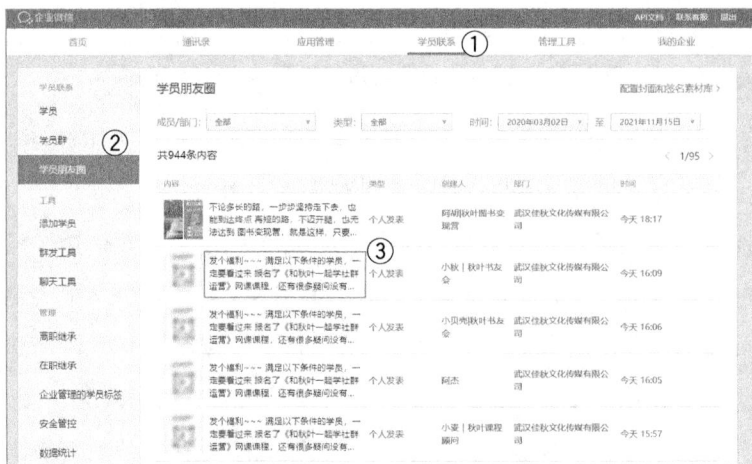

图 6-11 查看员工号发布的客户朋友圈

单击员工号发布的某一条客户朋友圈内容，即可查看发布的朋友圈详情，包括发布内容、点赞数据、评论内容、可见客户等，如图 6-12 所示。

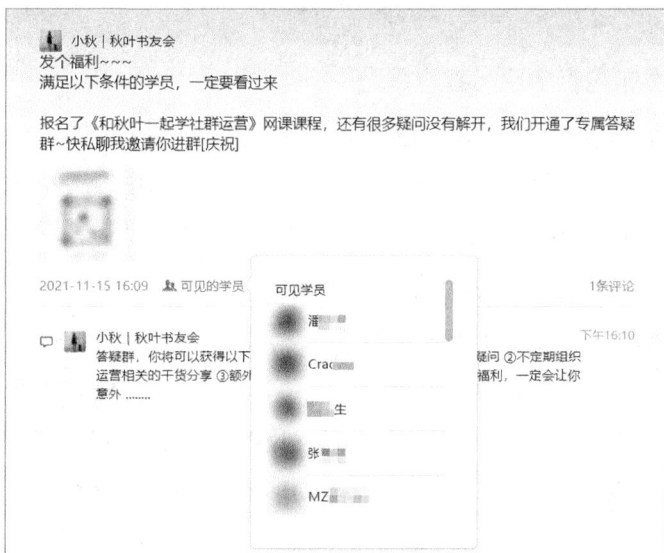

图 6-12 查看员工号发布的客户朋友圈详情

通过查看员工号发布的客户朋友圈，管理员可以根据客户朋友圈的互动数据调整朋友圈内容规划。这样的监管可以有效保障客户朋友圈的运营质量。

6.5.4 高成交、高点赞的朋友圈设计

发布企业微信朋友圈的目的与发布个人微信朋友圈不同。发布企业微信朋友圈大多是为了营销，为了提升转化率，引导成交。因此，创作企业微信朋友圈的内容之前，需要先想清楚 3 个问题。

1. 发朋友圈的目的是什么

发朋友圈的目的是培养客户的习惯，还是提升客户的信任感，还是直接促成交易？

如果目的是培养客户的习惯，我们可以在客户朋友圈做一些小活动，比如集赞活动。

如果目的是提升客户的信任感，我们就需要在客户朋友圈从多个角度介绍品牌、

商品和社群的灵魂人物，通过这些内容，让客户对品牌、员工有更深入的了解。

如果目的是直接促成交易，我们就需要站在服务客户、为客户谋福利的角度，以满足客户需求的态度来发布与客户相关的内容。

2. 这次发布内容的目标客户是谁

我们要知道每次发布内容的目标客户是谁，他们有什么偏好，他们更喜欢看什么样的内容，从而站在客户的角度，写他们可能喜欢看的内容。同时，我们还要关注他们喜欢什么样的表达方式，然后再决定是用纯文字、"文字＋图片"、"文字＋视频"，还是文章链接，或者其他方式来发布内容。

例如，我们希望发布的内容能够培养客户阅读朋友圈以及进行互动的习惯。为了实现这个目的，我们可以设计一个能促进互动的活动，并以"文字＋图片"的形式发布活动信息：用文字说明关键信息，用图片提升朋友圈的美感和展示品牌信息。客户只看文字就能了解参与方式，而图片则用于辅助说明，帮助客户打消疑虑，顺利参与活动。

对于文字较多的内容，在发布内容时，我们不必一次把所有文字都发布出来，可以将其拆分为多个部分，在朋友圈正文发布一部分，在评论区补充其他部分。这样客户更方便阅读，内容也不会被折叠，一举两得。

3. 客户朋友圈的运营目标是什么

客户朋友圈的内容规划还和社群的阶段性运营目标有关，即需要根据社群的阶段性运营目标来考虑。

例如，如果运营目标是"拉新"，其他方面的运营工作也会包含很多"拉新"动作，那么这段时间内，客户朋友圈的内容规划可以是品牌宣传类内容占6成，互动活动类内容占3成，成交推广类内容占1成；如果运营目标是"留存"，那么这3类内容的比例就需要设置为1:1:1；如果运营目标是提高转化率，那么这3类内容的比例就可以设置为1:3:6。

最后，我们还需要注意发布朋友圈的时间和频率。一般来说，午餐时间、晚餐时间以及临睡之前，是大众"刷"朋友圈的主要时间段，在这些时间段发布朋友圈更容易被客户看到。至于发布频率，前期可以每两天发布1次；后期获得客户一定的信任之后，可以提升发布频率，达到每天 1 次。

6.6 ▶ 如何设置企业微信群的智能管理

对于社群运营者来说，在企业微信建群、通过企业微信与客户沟通的最主要原因是可以使用很多智能化的工具，从而实现社群的智能化管理，提高社群运营的工作效率。

在企业微信群的运营中，有助于提高运营效率的工具有聊天工具、群发工具和安全管控工具。以佳秋公司 PC 端的企业微信为例，管理员可以在企业微信管理后台的"学员联系"页面左侧的"工具"组中找到"聊天工具"和"群发工具"，在"管理"组中找到"安全管控"，如图 6-13 所示。

图 6-13 聊天工具、群发工具和安全管控工具的位置示意

6.6.1 聊天工具

目前的聊天工具，主要有"快捷回复""聊天工具栏管理""自动回复""商品

图册""群模板"5 个方面的功能。以佳秋公司的企业微信为例,"聊天工具"设置页面如图 6-14 所示。

图 6-14 "聊天工具"设置页面

1. 快捷回复

快捷回复是在与客户聊天的过程中,无须打字,也无须复制、粘贴,就可以快速使用的回复话术。

快捷回复可以由企业管理员为运营者统一添加,也可以由运营者根据自己的用词习惯自行添加。

如果要设置的快捷回复的项目比较多,可以先设置分组(见图 6-15 的①),在选中小组标题后,再单击"新建快捷回复"按钮(见图 6-15 的②),然后在弹出的"新建快捷回复"对话框中添加回复的内容(见图 6-15 的③)。

设置好快捷回复后,运营者与客户沟通时,就可以通过单击聊天工具栏中的"快捷回复"按钮调取相应内容到聊天对话框,直接发给客户或者简单修改后发给客户。

图 6-15 "快捷回复"功能的设置页面

2. 聊天工具栏管理

聊天工具栏是指企业微信聊天对话框中配置的快捷栏，一般由管理员为运营者统一设置。

在企业微信管理后台后，按照"聊天工具"→"聊天工具栏管理"路径，即可进入"聊天工具栏管理"页面，在此可添加或者删除聊天工具栏中的快捷工具。图6-16 所示为佳秋公司的企业微信的"聊天工具栏管理"页面。

图 6-16 佳秋公司的企业微信的"聊天工具栏管理"页面

聊天工具栏配置完成后，运营者就可以在与客户沟通或者群聊时，快速通过聊天工具栏调取需要的信息。以佳秋公司 PC 端的企业微信为例，在企业微信的客户聊天或者群聊对话框中，有一个"聊天工具栏"按钮（见图 6-17 的①），单击该按钮即可看到聊天工具栏中各种功能的快捷方式（见图 6-17 的②）。这些快捷方式就是添加的各种聊天工具，包括快捷回复、商品图册等。

除了管理员配置的聊天工具外，运营者也可以通过"自定义"（见图 6-17 的③）开启"聊天工具栏"的设置页面（见图 6-17 的④），添加自己需要的工具，或者删除自己已添加的工具。不过，运营者无法删除管理员配置的工具。

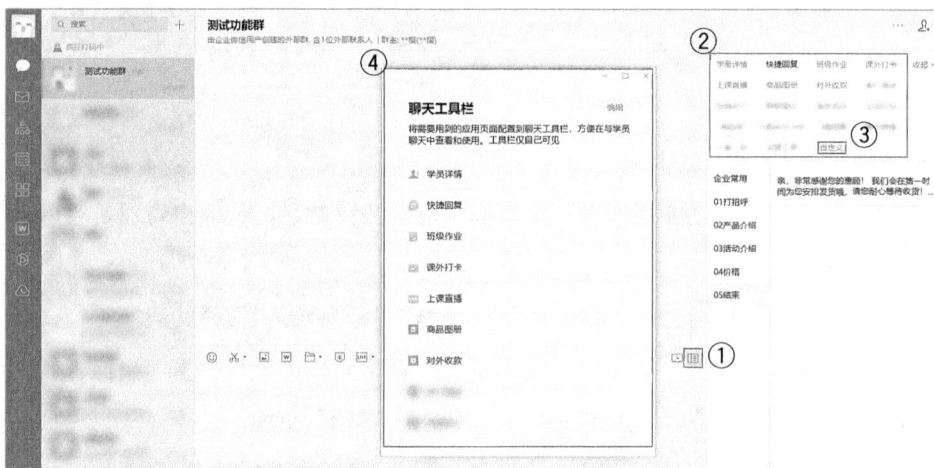

图 6-17 "聊天工具栏"设置页面

3. 自动回复

不同于快捷回复，自动回复是客户输入关键词后，触发"自动回复"的规则，从而自动获得回复内容。

自动回复的内容，也是由管理员统一进行设置的。例如，在佳秋公司的企业微信的"聊天工具"设置页面中，管理员按照"自动回复"→"配置"路径进入"自动回复"设置页面（见图 6-18），单击"新建"按钮，即可进入"添加关键词自动回复"页面，在此页面中可以创建自动回复的规则，如图 6-19 所示。

管理员设置自动回复的规则后，作为群主的运营者就可以在自己管理的客户群中开启自动回复功能。以佳秋公司 PC 端的企业微信为例，在客户群中开启自动回复功能的方法如图 6-20 所示。之后，客户在群里 @ 小助理或社群运营者提问时，机器人小助理会很快根据关键词自动发送相应的回复内容。

图 6-18 "自动回复"设置页面

图 6-19 添加自动回复的关键词

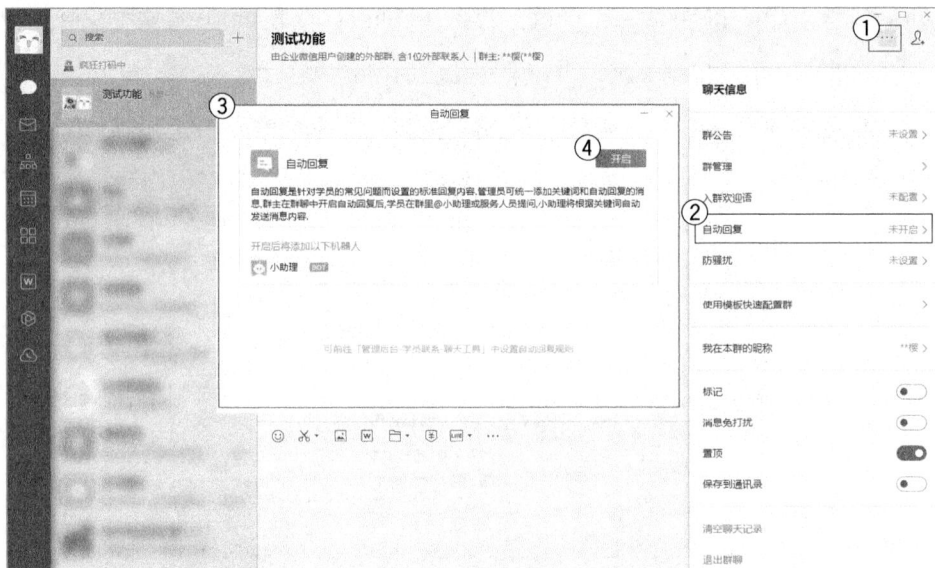

图 6-20 在客户群开启自动回复功能

除了设置关键词回复，管理员还可以在"自动回复"设置页面（见图 6-18）中单击"设置"按钮，进入"默认设置"页面（见图 6-21），在此页面中可以设置未匹配到关键词时回复的内容和重复回复的规则。这样就能减少对群里客户的打扰。

图 6-21 设置未匹配到关键词时回复的内容和重复回复的规则

4. 商品图册

管理员可以统一配置商品图册。配置商品图册，一般仅需要添加商品文案、商品图片及商品价格，如图 6-22 所示。

图 6-22 配置商品图册

配置完成后，运营者与客户沟通时，可以依次单击"聊天工具栏"→"商品图册"，选中商品，发送商品信息。

以佳秋公司 PC 端的企业微信为例，使用商品图册的方法如图 6-23 所示。在发送时，运营者可以直接单击"发送"按钮（见图 6-23 的③），这样发送的就是一个商品小程序；也可以单击"转为图文"按钮（见图 6-23 的④），这样发送的就是一个带有二维码的商品图片和一段商品文案（发送前，运营者可以根据用户的标签修改文案）；还可以单击"生成海报"按钮（见图 6-23 的⑤），这样发送的就是商品海报。

管理员可以在"商品图册"的配置页面中查看关于商品展示和销售的其他信息。例如，在"商品图册"配置页面中，管理员可以查看"今日商品概览"的数据（见图 6-24 的①），包括曝光商品数、浏览次数、已售次数及收入等，也可以查看一周或者一个月的商品曝光件数、商品浏览次数、商品已售次数、商品已售金额、商品分享次数（见图 6-24 的②）；还可以查看团队成员使用商品图册的明细（见图 6-24 的③），并导出明细记录。

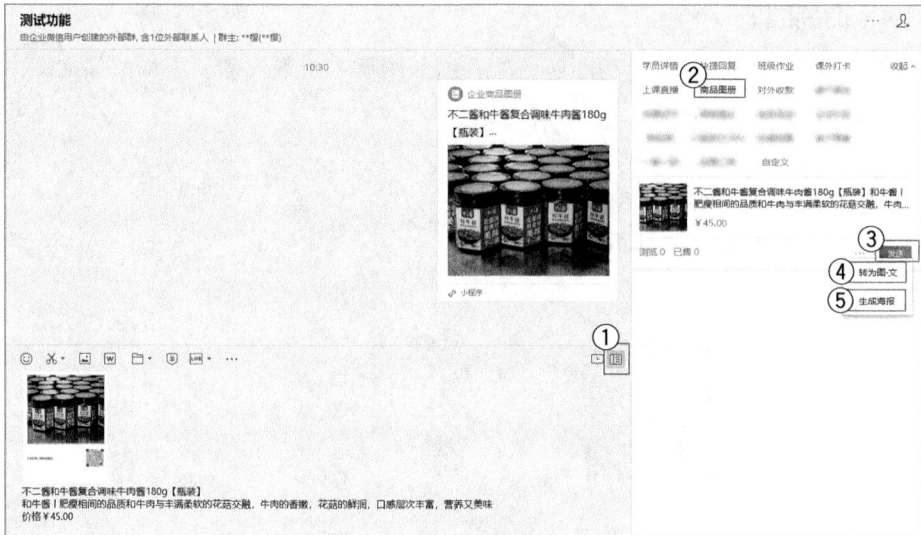

图6-23 通过商品图册发送商品信息

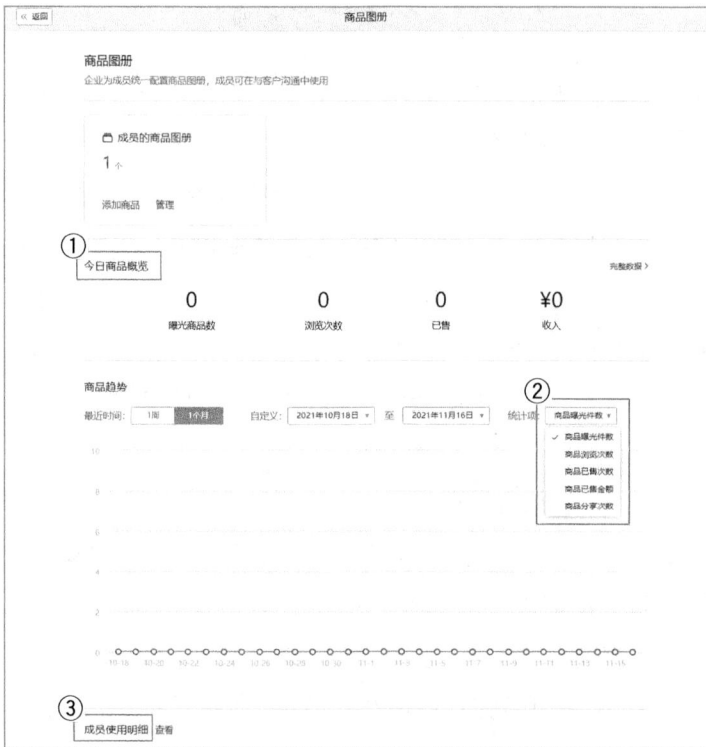

图6-24 "商品图册"配置页面中的其他信息

5．群模板

群模板就是管理员将群设置项配置成模板，方便运营者批量建群，提高社群管理效率。

图 6-25 所示为佳秋公司的企业微信的群模板设置。

图 6-25　群模板设置

设置群模板，有助于在社群裂变活动中自动建群。如果管理员能设置好群模板，在裂变活动中，系统就可以根据模板自动新建客户群，自动管理入群客户，而不需要运营者再花费时间进行新群名称、群管理员、入群欢迎语、开启自动回复、防骚扰规则等方面的设置。

6.6.2　群发工具

在企业微信群的运营过程中，我们可以使用群发工具实现"群发消息给客户"和"群发消息到客户群"这两个群发功能。下面以佳秋公司的企业微信为例介绍这两个群发功能，如图 6-26 所示。

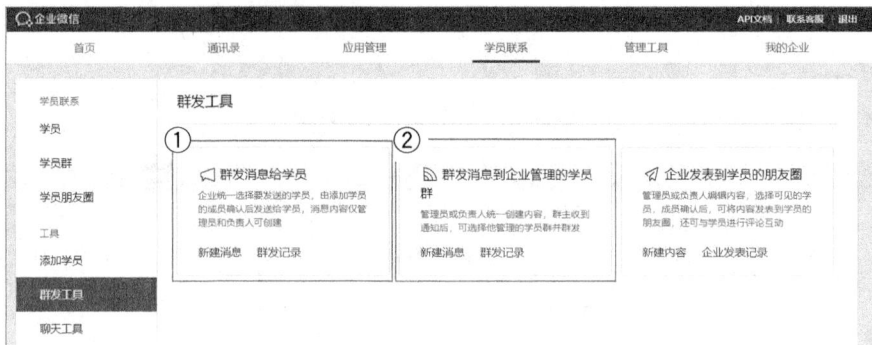

图 6-26 "群发工具"设置页面

1. 群发消息给客户

群发消息给客户是由管理员编辑一条群发消息，然后发送给特定范围的客户。管理员可以将群发消息发送给所有客户，也可以将群发消息发送给特定员工的所有客户或带有特定标签的客户。

如果打算发送给特定员工的所有客户，管理员编写完群发消息后，需要选择将此消息发送给的员工（见图 6-27 的①~④），然后单击"通知成员发送"按钮（见图 6-27 的⑤），由该员工将此消息发送给自己的客户。

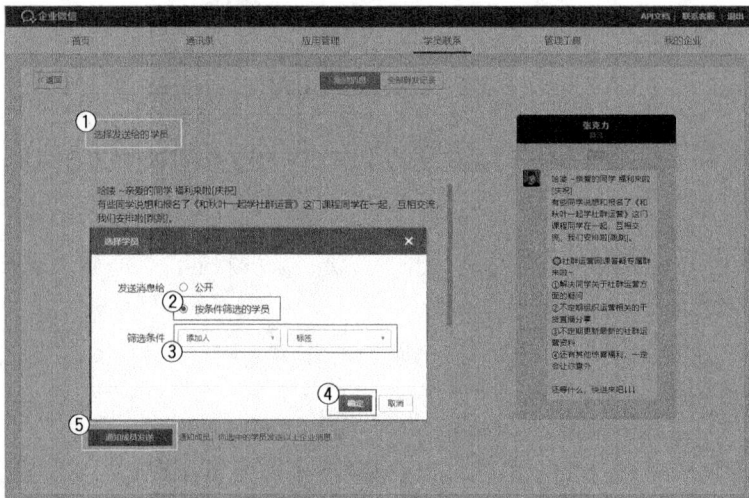

图 6-27 群发消息给特定员工的所有客户

随后，被指定的员工就会在企业微信中收到一条群发消息给客户的通知，如"×××（管理员）通知你群发消息给学员"，如图 6-28 所示。员工展开通知后，单击"发送"按钮即可直接将消息发送给客户。

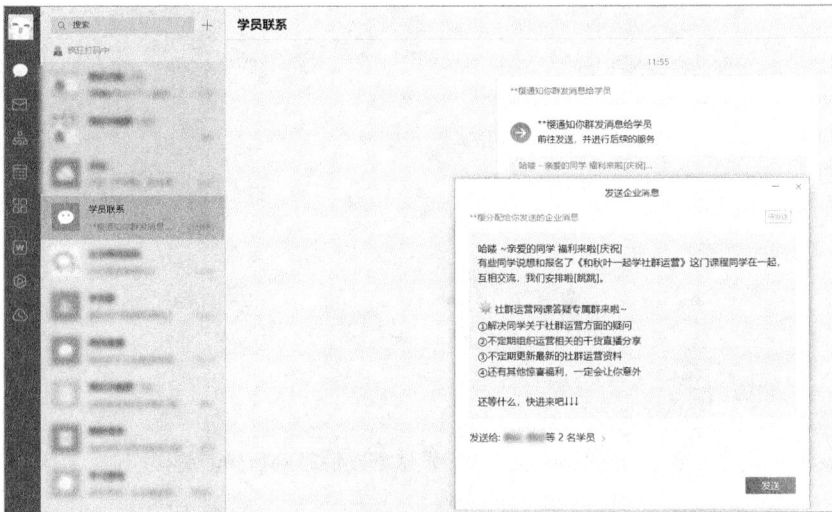

图 6-28 员工收到的发送企业消息通知

2. 群发消息到客户群

群发消息到客户群有两个层面的操作：一个是企业微信管理员主导发送的群发消息；另一个是作为客户群群主的企业员工主导发送的群发消息。

（1）企业微信管理员主导发送的群发消息。

企业微信管理员主导发送的群发消息，即企业微信的管理员或负责人创建群发消息，并筛选出要执行群发客户群消息任务的企业员工，再单击"通知群主发送"按钮，即可由作为客户群群主的企业员工将群发消息发送给自己负责的客户群。具体的操作过程如图 6-29 所示。

随后，被选中的群主（企业员工）会收到一条通知，如"×××（管理员）通知你群发消息给学员群"。在佳秋公司的企业微信中，被指定的员工会收到群发消息给客户群的通知（见图 6-30 的①），单击后可展开通知（见图 6-30 的②），查看内容后，选择要发送的客户群（见图 6-30 的③），单击"发送"按钮（见图 6-30 的④），即可发送到自己管理的客户群。

图 6-29 企业微信管理员主导发送群发消息到客户群的操作过程

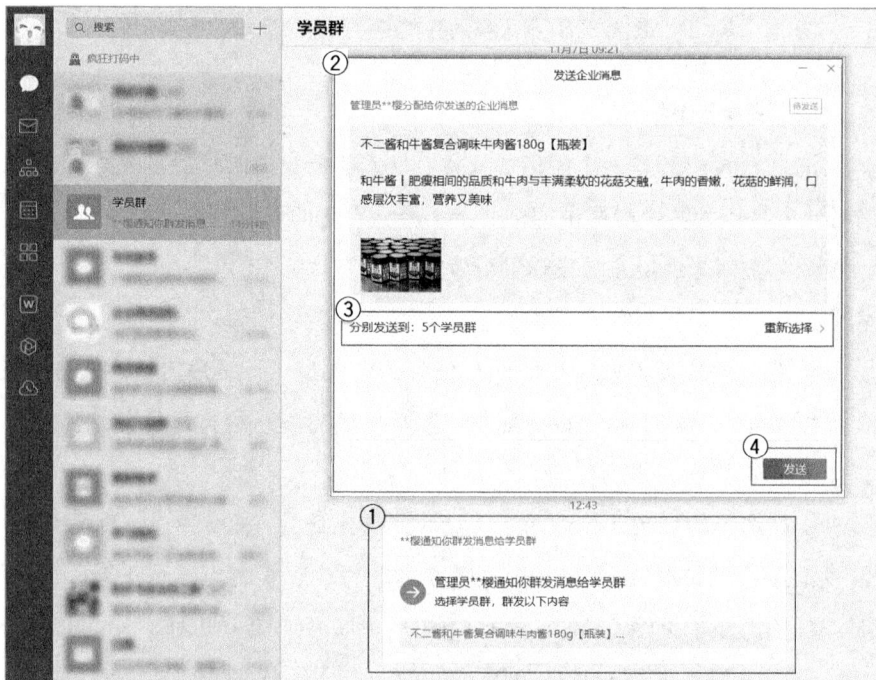

图 6-30 被选中的群主（企业员工）群发消息给客户群的操作过程

这种群发消息代表的是企业向客户群发布的，每个客户群每个月只能收到企业发送的 4 条消息。

（2）企业员工主导发送的群发消息。

在企业微信中，作为客户群群主的企业员工也可以把通知、祝福、活动等消息批量发送到自己管理的客户群，并进行后续的服务。

以佳秋公司移动端的企业微信为例，企业员工主导发送群发消息的操作过程如图 6-31 所示。打开企业微信的工作台（见图 6-31 的①），在"学员联系"中单击"学员群"（见图 6-31 的②），进入"学员群"页面。在该页面中单击"工具"中的"学员群群发"（见图 6-31 的③），打开"群发消息到我的学员群"对话框，在该对话框中编辑群发信息（见图 6-31 的④），并选择即将群发的学员群（见图 6-31 的⑤），最后单击"发送"按钮（见图 6-31 的⑥）即可。

这是员工身份的社群运营者的群发消息操作。利用这种操作方式，社群运营者（企业员工）每天可以向自己的每个客户群群发 1 次消息。

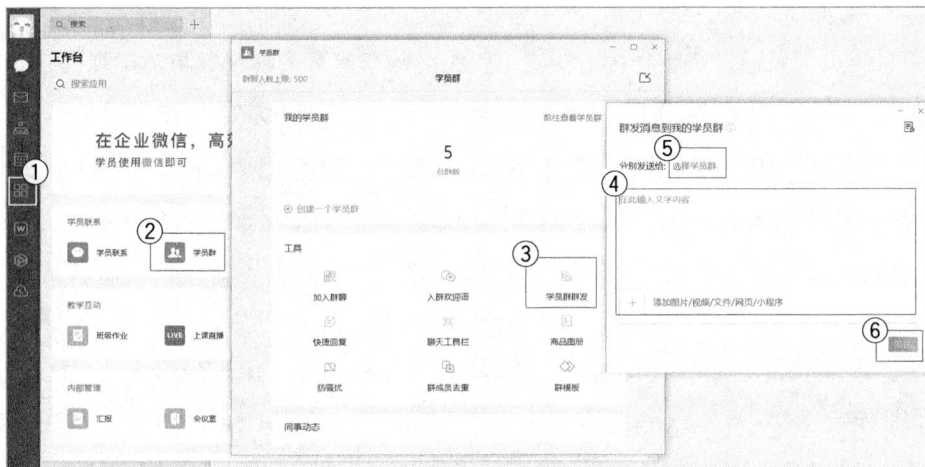

图 6-31 企业员工主导发送的群发消息的操作过程

6.6.3 安全管控工具

在企业微信的管理后台，管理员可以为客户群开启防骚扰、群成员去重、聊天敏感词 3 个方面的安全管控，如图 6-32 所示。

图 6-32 企业微信管理后台中的"安全管控"

1. 防骚扰

管理员可以通过"防骚扰"功能，为企业的所有客户群配置防骚扰规则。当群成员发送的消息命中规则时，该成员将会被"踢出"群聊或收到警告消息。

"防骚扰"功能的配置有 4 个维度：防广告、防刷屏、防其他企业和踢人方式。以佳秋公司的企业微信为例，"防骚扰"功能的配置页面如图 6-33 所示。

在企业微信的防骚扰规则中，"防广告"规则可以设置当客户发送的消息中包含关键词、图片、网页、小程序、文件、视频、名片，以及客户昵称中包含特定的关键词时，该客户就会被"踢出"群聊；"防刷屏"规则可以设置当客户发送的消息字数过多、换行过多或者短时间内连续发送过量消息时，该客户就会被"踢出"群聊；"防其他企业"规则可以选择禁止其他企业的员工进群；"踢人方式"规则可以在"踢出群聊""警告并踢出群聊""警告 3 次后踢出群聊""仅发警告"4 种方式中进行选择。将客户"踢出"群聊后还可以选择是否把他加入黑名单。

关于群聊黑名单，在图 6-32 中，单击"防骚扰"功能下方的"群聊黑名单"，即可打开"群聊黑名单"设置页面，如图 6-34 所示。在此，管理员可以开启群聊黑名单的共享功能（见图 6-34 的①）。此功能打开后，被拉入黑名单的客户将不能

加入该企业的任何一个客户群。管理员也可以查看和管理群聊黑名单（见图 6-34
的②），将已拉入黑名单的客户移出黑名单。

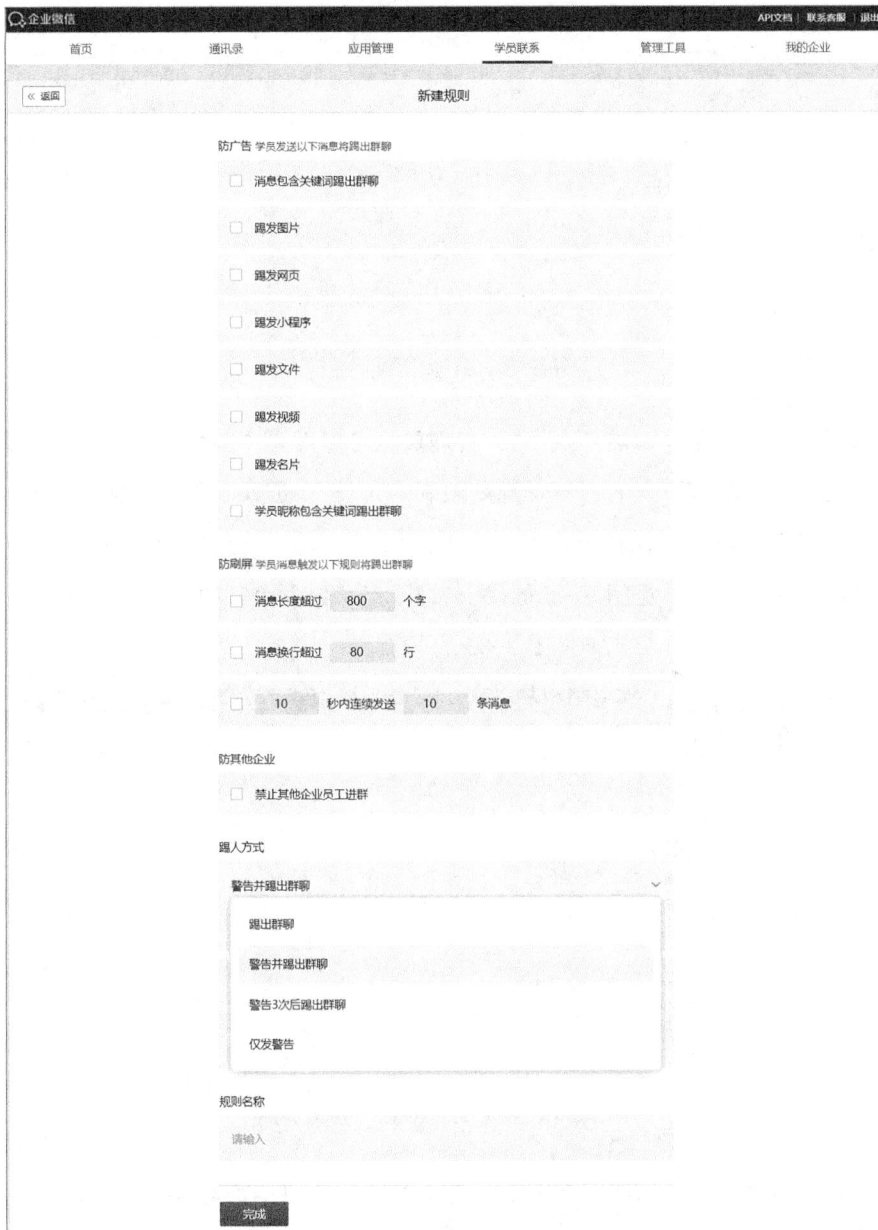

图 6-33 "防骚扰" 功能的配置页面

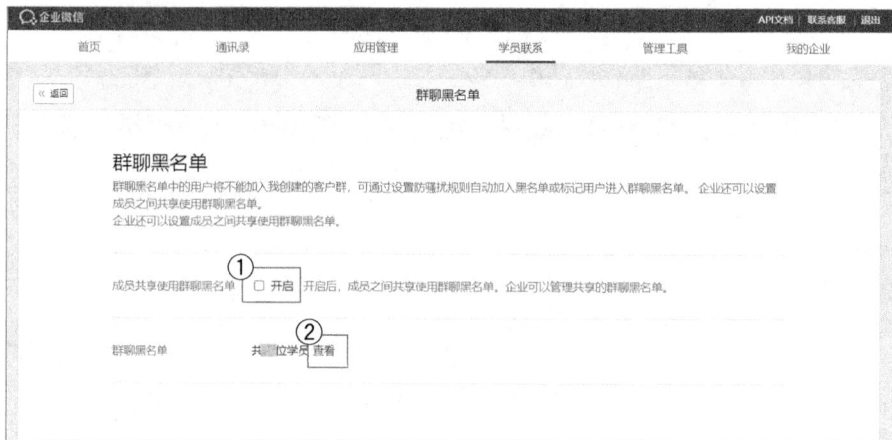

图 6-34 共享群聊黑名单

当然，为了避免有人被"误伤"，管理员也可以设置"白名单"。在图 6-32 中，单击"防骚扰"功能下方的"不受规则限制的人员"，进入"不受规则限制的人员"页面进行设置即可。以佳秋公司 PC 端的企业微信为例，管理者需要开启"成员共享使用此名单"功能（见图 6-35 的①），即开启"白名单"功能。与此同时，会自动开启"白名单"查看功能（见图 6-35 的②）。

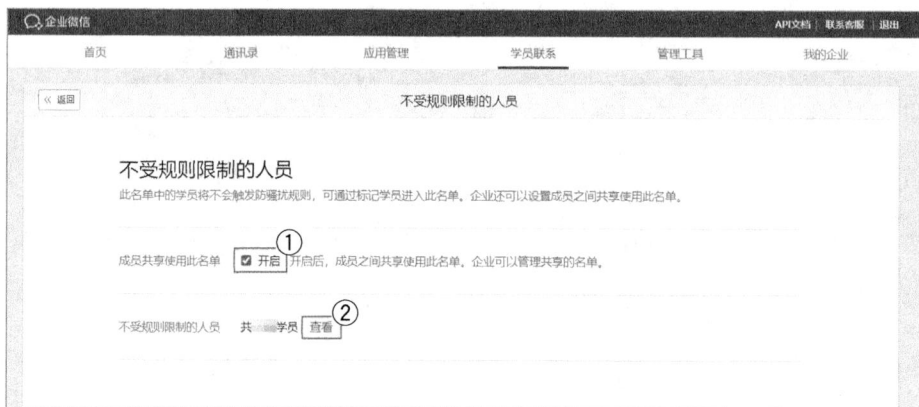

图 6-35 共享不受规则限制的人员

开启"白名单"的功能意味着，社群中的这些客户不管发送什么群聊消息都不会触发防骚扰规则。管理员将"白名单"功能开启后，作为群主的企业员工可以在企业微信移动端将某个客户设置为"白名单"成员，也可以将其从"白名单"中移

出。以佳秋公司移动端的企业微信为例，将特定客户加入或移出"白名单"的操作
过程如图 6-36 所示。

图 6-36　将特定客户加入或移出"白名单"的操作示意

2. 群成员去重

群成员去重是指选择多个客户群，筛选出其中重复的客户，按需将他们从重复
的客户群中移出。

具体来说，可以由管理员在企业微信的管理后台统一筛选，由群主确认后移出。
也可以由管理客户群的企业员工进行群成员去重操作（操作路径："工作台"→"学
员联系"→"学员群"→"工具"→"群成员去重"）。以佳秋公司的企业微信为例，
在移动端进行群成员去重操作的过程如图 6-37 所示。

"群成员去重"功能有两个方面的作用。

一方面，在扩大社群规模的时候，我们可能会主动邀请一个老社群客户加入新
社群，以传承社群的交流文化，打造新社群的活跃氛围。但是，随着社群规模的扩
大，这可能会导致一些客户加入了多个社群。他们可能会在同类的社群里接收到同
样的消息，这会让他们感到厌烦，也会增加运营者的社群运营压力。而借助"群成
员去重"功能，按需移除重复的客户，甚至解散重复客户多的社群，可以有效减轻

运营压力。

　　另一方面，有的客户可能是故意加入多个同类社群，目的是做一些不利于社群运营的事情。管理员可以借助"群成员去重"功能，全选所有群，就可以找到这样的"恶意"客户并将他们"踢出"所有社群，以维护社群的运营秩序。

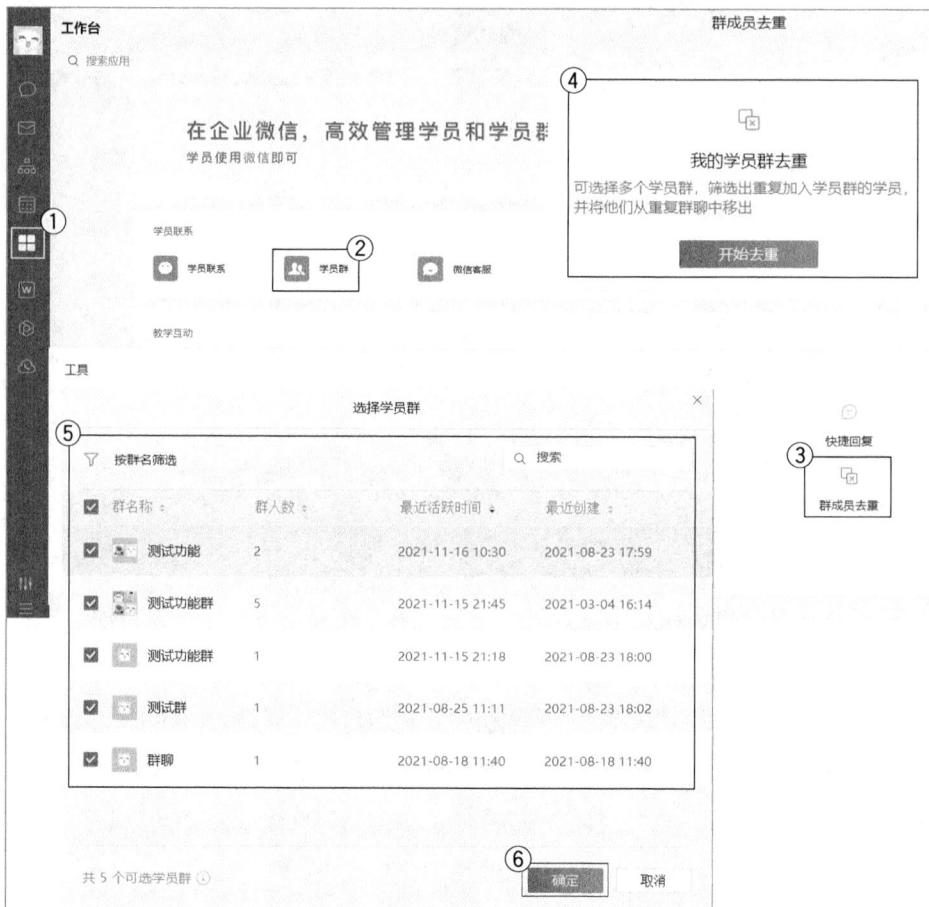

图6-37　群成员去重操作过程

3.　聊天敏感词

　　管理员也可以设置聊天敏感词规则，当运营者发送给客户的消息包含敏感词时，运营者将会收到警告或显示发送失败。这个规则可以管控运营者在社群内的发言，保障社群客户的体验。

以佳秋公司的企业微信为例，聊天敏感词的设置页面如图 6-38 所示。在此，管理员可以根据经验按需设置。

图 6-38 敏感词规则设置页面

6.7 ▶ 如何用企业微信群做私域直播营销

企业微信群可以做私域直播营销，但这里说的私域直播营销与我们平常理解的直播营销并不一样。我们平常理解的直播营销主要是淘宝直播、抖音直播、快手直播等，这些直播属于公域直播。而企业微信群内的直播，由于是面向自己私域流量池里的社群成员进行的直播，可以被认为是私域直播。

私域直播的观看人数一般没有公域直播多，但是由于用户群体相对精准，直播间用户的平均停留时长更长，黏性更强，不需要进行超低价销售商品，而且可以以"同价"的方式销售其他平台的同款商品。

那么，我们如何用企业微信群做好私域直播营销呢？

6.7.1 社群直播时间规划

在社群内做直播，直播时间是否越长越好？

我们对直播营销的习惯认知是，直播时间越长越好，每场直播要尽量保证在 4 小时以上，全天 24 小时直播更好；直播频率越高越好，最好每天都直播。

这在公域直播领域是可行的，因为公域直播的现状是很多主播在抢夺公域流量池的流量，在线的时间越长，直播频率越高，越可能得到路人的关注。

然而，社群直播是私域直播，不需要抢夺陌生流量，因此也不可盲目模仿公域直播的策略。甚至相反，社群直播需要适当减少时长、降低频率，以免打扰到社群成员的正常生活。

那么，在企业微信群内做私域直播，直播时间应该如何规划呢？

一般情况下，我们建议将一场直播控制在一小时左右，不要超过两小时；也不必每天直播，每周进行一场直播即可，最多可进行两场直播。如果要进行两场直播，它们之间至少要有两天的时间间隔。比如，在每周三和每周六的 19:00—20:00 直播。

直播的时间一旦选定，就要固定下来，以培养社群成员观看直播的习惯。没有直播时，社群则正常运营，正常进行其他社群活动。

6.7.2 提前预告直播信息

社群运营者需要在直播的前一天，在社群内预告开播时间和直播的主要内容。如果是答疑直播，需要列出问题清单；如果是带货直播，需要预告销售的商品；如果是主题讨论直播，那么需要介绍讨论的主题、邀请的专家等。

社群运营者至少要在社群内做 3 次直播预告，并鼓励大家分享。尤其是主题讨论直播，为了激发大家分享的热情，不但需要在预告文案中点明痛点，还需要设置分享福利。

6.7.3 群内提前讨论直播内容

在开播前，除了预告直播内容外，还可以提前讨论直播的内容。

如果是答疑直播，可以将直播中要回答的问题提前发布到社群里，请大家讨论。

这样做有两个好处，一是可以提升大家对话题的关注度，二是可以收集大家的关注点。如果条件允许，主播可以根据收集的关注点及时调整回答的重点。

如果是带货直播，可以在社群内提前讨论与商品相关的需求、同类商品的测评、商品的价格、商品的图文和短视频介绍等，提前"种草"。

直播前的这些准备工作，可以使社群成员对直播内容产生印象，从而意识到直播的价值，在特定时间观看直播。

6.7.4　不间断地为直播间导流

直播的时候，社群运营者需要将直播链接发布到社群内，吸引社群成员到直播间观看。这一点并不难做到，很多人都是这样做的。然而，很多人发过链接之后，在整个直播期间就没有后续的引导动作了。这样的导流过程是不完整的。

给直播间导流的完整策略应包含以下几点。

（1）在开播前的 5 分钟，在社群内发红包，唤起社群成员的注意力，随后在群内发布直播链接，引导社群成员进直播间互动。

（2）直播开始后，社群运营者要不断地把主播讲解的内容，包括讨论的话题、答疑的问题、嘉宾的观点、介绍的商品等，以"截图＋文字"或"短视频＋文字"的形式发布到社群里，以吸引还没有进群观看直播的社群成员。

（3）不断地播报直播间内的有趣互动，以吸引刚刚注意到社群信息的社群成员到直播间观看。

（4）在每一个阶段的内容讲解到一半时，在社群内预告下一个阶段的内容以及直播时间，以吸引对部分内容感兴趣的社群成员及时进入直播间，不错过自己感兴趣的内容。

以上这些导流动作，才是吸引社群成员进私域直播间观看的主要动作。

6.7.5　跟踪处理销售情况

私域直播营销与公域直播营销不同，私域直播营销做的是"回头客"的生意。因此，商品销售直播结束后，社群运营者还需要做好两个方面的工作。

（1）主动在群里邀请购买过商品的社群成员进行售后登记。如果社群成员登记了一些问题，社群运营者应及时处理。主动处理的态度可以避免投诉、抱怨等负面信息的传播。

（2）主动了解社群成员的商品使用情况，尽量不要等到社群成员遇到问题后来找我们时才处理。否则，一旦有所耽搁，社群成员就可能在社群内投诉和声讨，此时再处理问题就可能来不及了。

此外，还需要注意，处理社群成员遇到的商品问题时，不宜在群内聊，而应选择私聊。私聊之前，可以先发给对方一个小红包，安抚对方的情绪，再开始处理对方遇到的问题。

6.7.6 定期收集心愿单

为了做好私域直播，社群运营者需要定期收集社群成员的心愿单。不管是答疑直播、主题讨论直播还是带货直播，我们都需要在一场直播结束后，有计划地发送调研表单到社群里，收集社群成员的反馈、需求和意见，优化直播内容。

6.8 ▶ 如何用企业微信连接更多新客户

企业微信不仅有助于对已有客户的精准运营，还可以用来连接新的来访客户，帮助我们做好来访客户的客户服务。负责实现这个功能的就是微信客服。

截至 2021 年 9 月，微信客服还只是一个内测功能。要使用这个功能，需要将企业微信升级到新版本（企业微信 3.1.16.3008 及以上版本）。

我们可以在视频号、微信公众号、微信小程序、网页等微信生态内外部的多个场景中接入微信客服。当这些平台的新客户发起咨询，我们提前配置的接待人员即可回复消息，从而做好客户服务。

使用微信客服功能有两个步骤，第一步是设置客服账号，第二步是在场景中接入微信客服。

6.8.1 设置客服账号

下面以佳秋公司的企业微信为例，介绍设置客服账号的具体操作。

首先，企业微信管理员登录通过企业微信管理后台，按照"应用管理"→"应用"→"基础"路径，找到"微信客服"功能（见图 6-39）。单击该功能图标后，即可进入"微信客服"应用详情页面，如图 6-40 所示。

图 6-39 "微信客服"功能位置示意

图 6-40 "微信客服"应用详情页面

在图 6-40 所示的"微信客服"应用详情页面中，已经默认有一个客服账号，我们可以直接单击该客服账号，进入"客服账号详情"页面，在该页面中可以进行更换头像、修改名称等基本操作，并配置相应的接待人员，如图 6-41 所示。

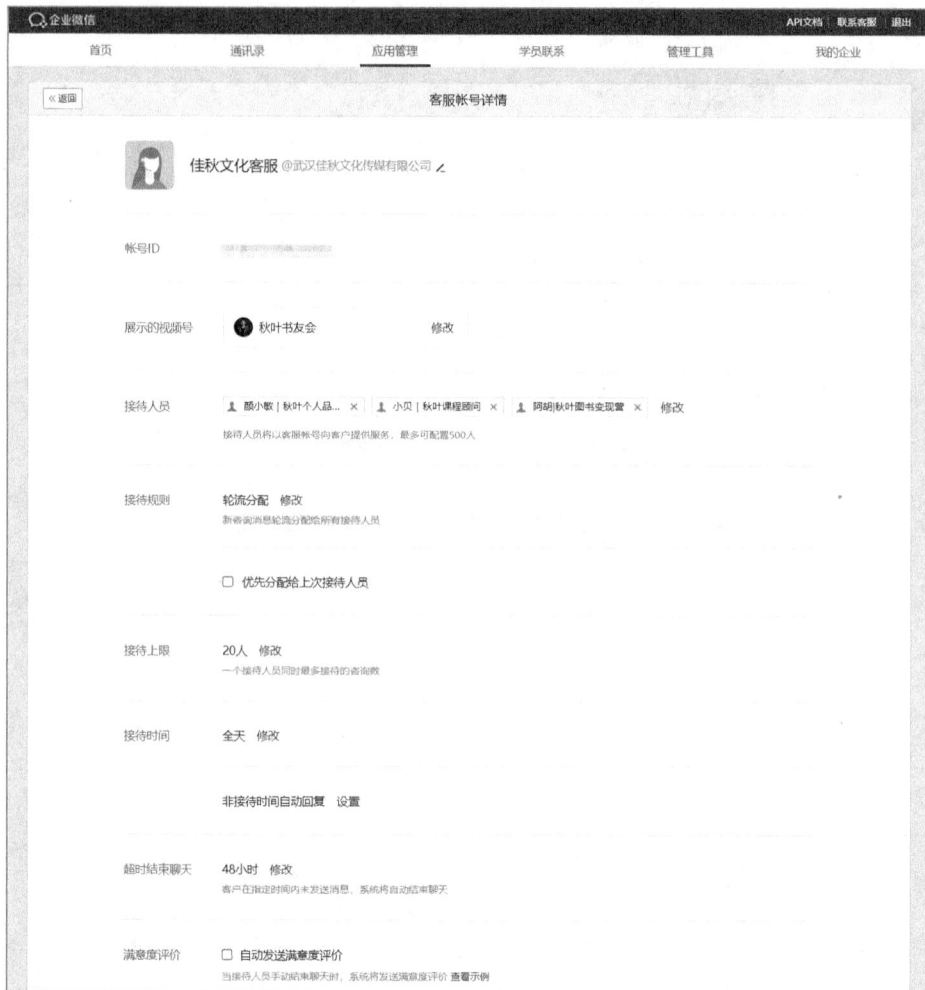

图 6-41 "客服账号详情"页面

如果不想使用默认的客服账号，也可以新建客服账号。在"微信客服"应用详情页面中单击"客服账号"右侧的"创建账号"，进入"创建客服账号"页面，如图 6-42 所示。在此，可以新建一个客服账号，并为之设置头像、名称等基本信息，配置相应的接待人员。

对比图 6-41 和图 6-42，我们可以发现，"客服账号详情"页面和"创建客服账号"页面设置的内容基本是一样的，都可以设置头像、名称、接待人员、接待规则、接待上限、超时结束聊天和满意度评价等信息。两者的区别仅仅是，前者用来修改已有客服账号的设置，后者用来创建新的客服账号。

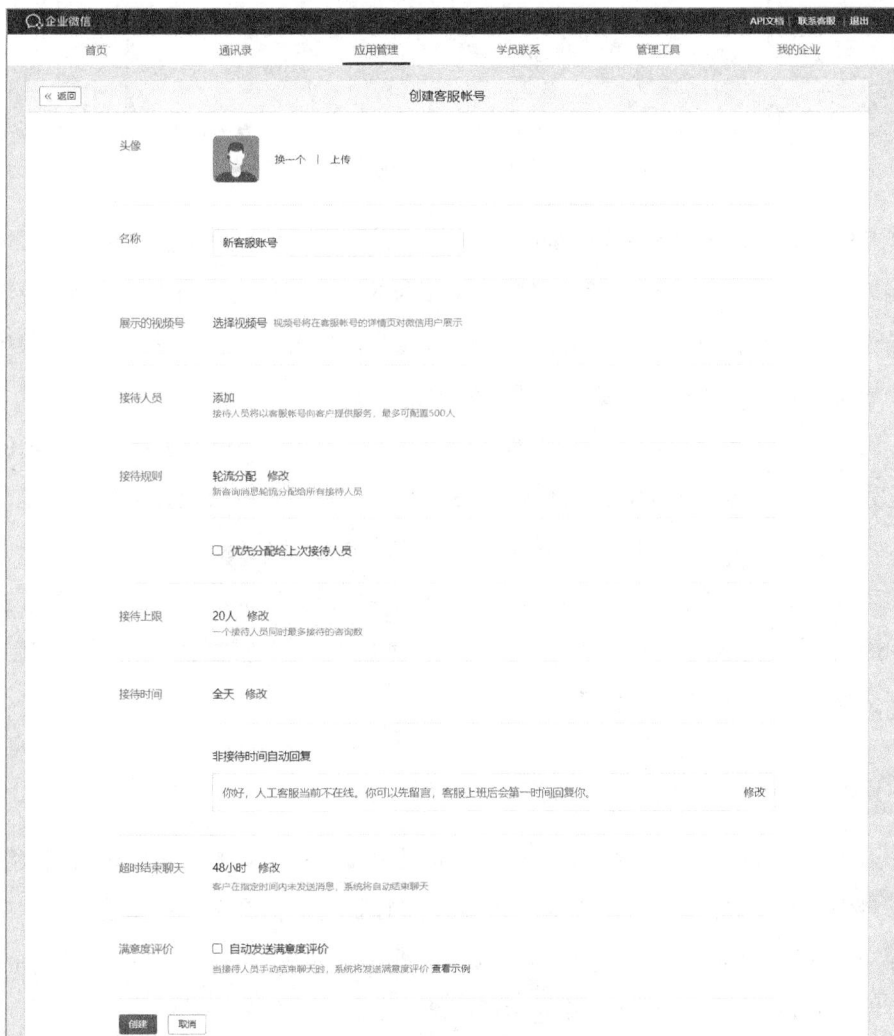

图 6-42 "创建客服账号"页面

不管是"客服账号详情"页面还是"创建客服账号"页面，在配置接待人员时，都需要选择合适的接待规则：轮流分配或者空闲分配，如图 6-43 所示。

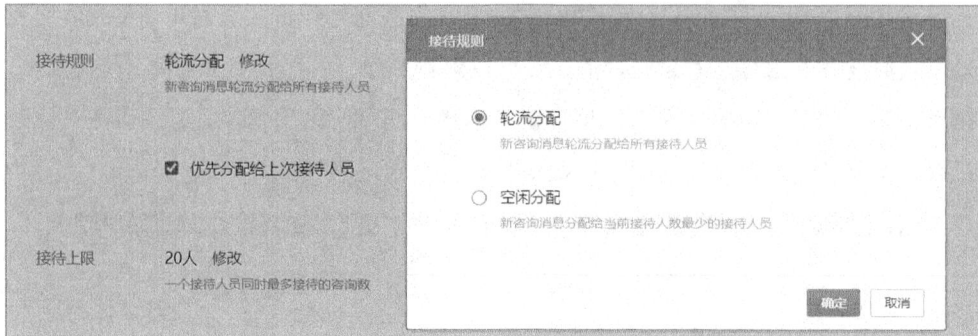

图 6-43 接待规则

其中，轮流分配是指将咨询的客户轮流分配给所有接待人员，这种方式可以尽可能地保证每个接待人员接待的客户数是相同的，比较适合销售业务模式；空闲分配是指将咨询的客户分配给当前接待人数最少的接待人员，这种方式可以缩短咨询客户的排队等待时间，比较适合客服业务模式。

同时，我们还可以选择"优先分配给上次接待人员"，也就是将再次咨询的客户优先分配给曾对接过该客户的接待人员。有时，一个客户可能会由于时间或其他原因而多次咨询同一问题，如果不选择"优先分配给上次接待人员"，这个多次咨询的客户可能就会被分配给不同的接待人员，接待人员每次都需要重新了解该客户咨询的问题，这会给客户和接待人员都造成一些麻烦。因此建议在设置接待规则时，最好选择"优先分配给上次接待人员"。

6.8.2 接入"微信客服"功能

为客服账号配置好接待人员后，我们就可以将"微信客服"功能接入接待客户的场景中。基于目前的"微信客服"功能，可以把"微信客服"功能接入微信生态中的视频号、微信公众号、小程序、网页、搜一搜品牌官方区、微信支付凭证区，也可以接入微信生态外的企业 App 和企业网页中。

在此，我们以佳秋公司的企业微信为例，介绍在视频号、微信公众号中接入"微信客服"功能的方法。

1．在视频号中接入"微信客服"功能

在"微信客服"应用详情页面，我们可以通过"在以下场景中接入"→"在视频号中接入"路径（见图6-40），进入接入提示页面，单击"去接入"按钮，弹出接入设置对话框，如图6-44所示。

如果我们的企业微信已经绑定了视频号（可以在企业微信管理后台通过"我的企业"→"企业信息"路径查看视频号的绑定信息），那么，我们只需要在此对话框中选择已经设置好的视频号，即可在该视频号中接入"微信客服"功能。如果没有提前设置视频号，单击"选择视频号"后，按照提示输入想要绑定的视频号的名称，视频号管理员微信扫码确认后，即可完成视频号绑定和"微信客服"功能接入的操作。

完成"微信客服"功能接入后，客户就可以在已绑定的视频号主页通过单击"联系客服"向客服发信息，如图6-45所示。

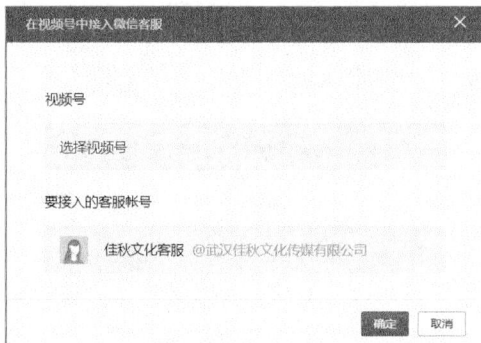

图 6-44 在视频号中接入"微信客服"功能

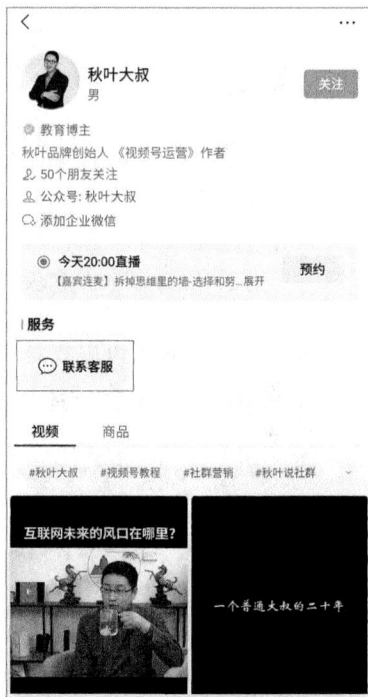

图 6-45 视频号主页的"联系客服"位置示意

2．在微信公众号中接入"微信客服"功能

在"微信客服"应用详情页面，我们还可以通过"在以下场景中接入"→"在公众号等微信内其他场景接入"路径（见图6-40），进入接入提示页面，单击"去接入"按钮，进入接入设置页面，如图6-46所示。

图 6-46 将"微信客服"功能接入微信内其他场景的设置页面

在此页面中，我们可以先复制客服链接，再登录微信公众号平台，在微信公众号的自定义菜单中将"菜单名称"设置为"联系客服"或"咨询客服"，并在"菜单内容"选项组中选择"跳转网页"，在"页面地址"文本框中粘贴已经复制的客服链接（见图 6-47），单击"保存并发布"按钮即可完成接入操作。

需要说明的是，这种在公众号菜单的接入方法暂时只支持服务号和非个人的订阅号。对于个人订阅号，则需要先把客服链接转换成二维码图片（转换方法：登录企业微信管理后台，在"微信客服"应用详情页中，按照"在以下场景中接入"→"在微信外接入"→"去接入"路径，一键生成客服二维码），然后在微信公众号的"联系客服"菜单设置页面中依次选择"发送消息"→"图片"→"上传图片"，即可上传客服二维码图片（见图 6-48）。

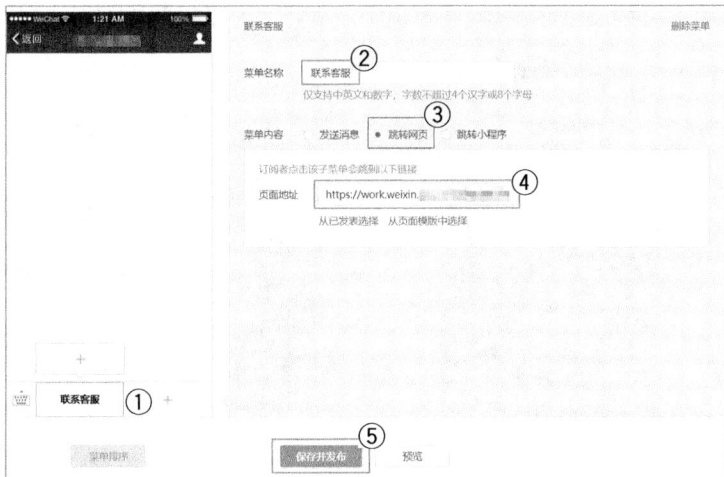

图 6-47 在微信公众号平台的公众号菜单中接入"微信客服"功能

图 6-48 在个人订阅号的菜单中接入"微信客服"功能

完成以上设置后，客户点击微信公众号中的"联系客服"，即可获取客服二维码（见图 6-49），识别二维码后即可发起与客服的聊天（见图 6-50）。

在微信生态外的其他场景中接入"微信客服"功能的方法大同小异,运营者可以根据客户的来访渠道按需进行设置。

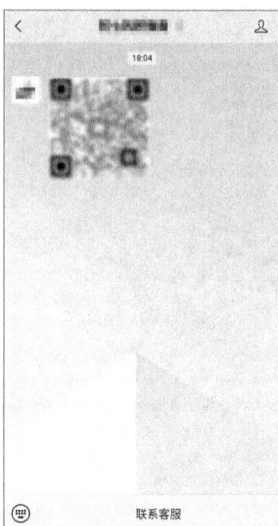

图 6-49 在微信公众号中获取客服
二维码

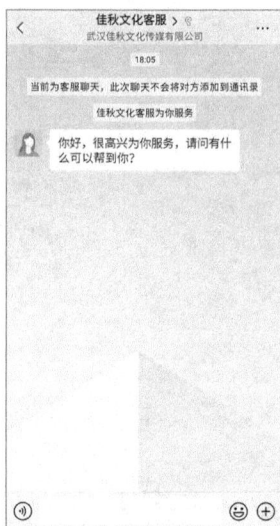

图 6-50 发起与客服的聊天

6.9 ▶ 如何用企业微信做运营团队管理

企业微信也是一个协同办公软件,其各种协同办公的功能可以实现社群运营团队的高效管理。

6.9.1 运营团队在线沟通

很多社群的运营团队往往除了全职员工外,还有兼职员工;或者除了本地员工外,还有异地员工。有兼职员工或异地员工的社群运营团队,往往会选择通过在线会议进行工作沟通。而企业微信就是一个很好的召开线上会议的工具。

用企业微信召开会议,有以下几个特点。

1. 发起会议方便快捷

利用企业微信群内的会议功能可以快速发起会议,如图 6-51 所示。

如图 6-51 所示，在企业微信的聊天界面中，按图示路径点击"立即开会"，可以发起一场即时的语音会议或视频会议；点击"会议预约"，可以发起一场非即时会议。

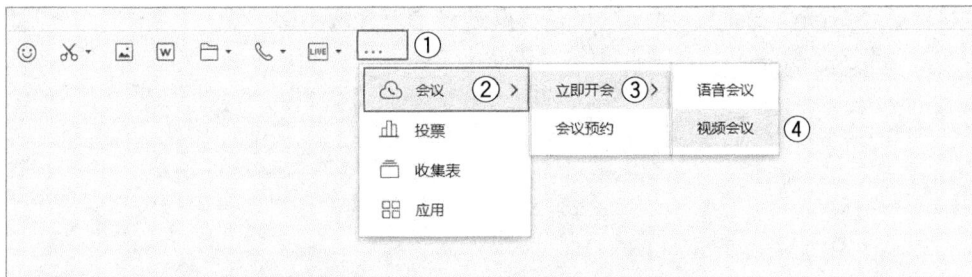

图 6-51 企业微信群内的会议功能

不管是立即会议还是预约会议，企业微信的会议功能都支持添加微信好友为参会人；也可以通过微信分享，邀请其他部门、其他公司的人参与会议。这样的功能意味着，不论是团队内部会议，还是跨部门会议，又或者是跨公司的会议，都可以用企业微信来实现。参会者甚至不需要下载企业微信，用个人微信就可以参会，非常方便。

2. 发起会议通知

相比即时会议，我们一般更推荐使用"会议预约"功能发起非即时会议，因为使用"会议预约"功能，需要填写会议通知，这样能够避免因为发起线上会议太过便利而造成会议变多、变突然，挤占运营者太多私人空间等问题。

不过，使用"会议预约"功能、填写会议通知的过程并不复杂，只需在"会议预约"对话框中填写会议主题、选择开始和结束时间、选择语音会议或者视频会议，即可完成编写操作，如图 6-52 所示。

图 6-52 编写会议通知

编写完会议通知后，会议通知会自动发送到企业微信群、参会者的企业微信账号和绑定的个人微信账号。在会议开始前 15 分钟，系统会自动给会议发起人发送"还有 15 分钟开始"的提醒；在会议开始时，会议发起人会收到一个"会议已到开始时间"的提醒。此时，会议发起人可以通过会议提醒中的"进入"按钮直接开始会议，如图 6-53 所示。

图 6-53 会议已到开始时间的提醒

3. 取消会议

如果会议发起人在发起"会议预约"后，会议开始之前想要取消会议，可以在群聊里的会议预约详情中进行取消会议的操作，如图 6-54 所示。

图 6-54 取消会议

4. 控制会议现场

在企业微信会议中，还可以通过"管理成员"功能实现会议现场控制。会议主持人可以借助这个功能，控制全员或个别参会人的麦克风和摄像头的启闭，还能将个别成员"移出会议"（见图 6-55）。这个功能可以用来避免会场杂言、控制发言顺序，还可以用来解决开会过程中的突发事件，从而有效掌控会议。

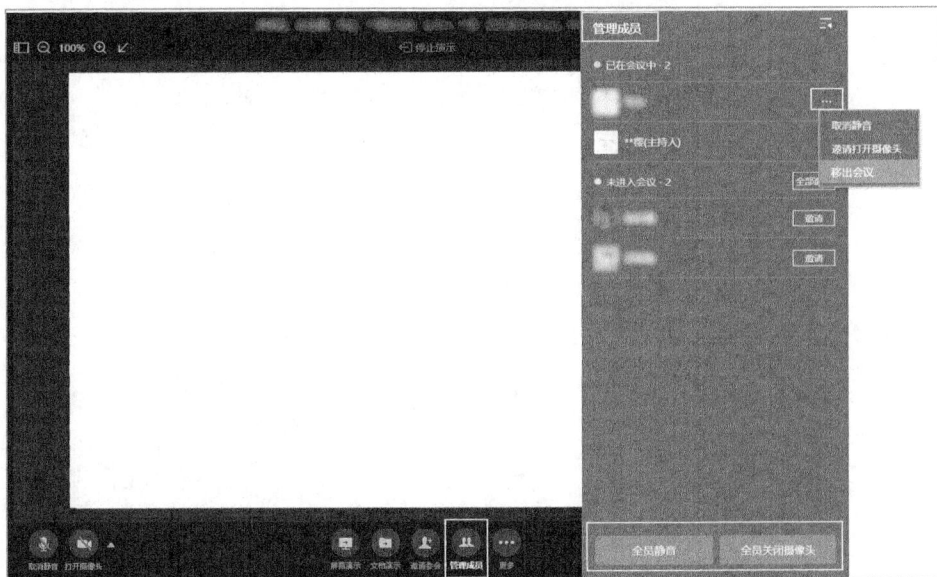

图 6-55 会议现场控制

5．会中信息共享

企业微信会议功能中包含文档共享和屏幕共享功能，并支持多人在线标注，参会人都可以随时对信息进行标注和提问。

6．即时编写会议纪要

企业微信会议功能中还包含会议纪要功能。会议纪要编写模板如图 6-56 所示。

这个功能的主要价值在于以下两点。

（1）这是一个多人协作系统，可以由不同的人共同完成，提高会议纪要的准确性与及时性。

（2）在"执行安排"选项组中，可以填写具体任务、时间和执行者，并可以设置时间提醒。提醒相关执行者完成任务，这有利于任务的落实。

当然，并不是所有的会议都适合在线上召开。单向传递、同步型会议或收集信息型会议，跨区域会议，以及有人不能到现场参会的会议，都适合使用企业微信的会议功能；而对于需要严谨对待的决策会、需要激烈碰撞的讨论会等，虽然企业微信的会议功能很方便，但还是要尽量在线下面对面地召开。

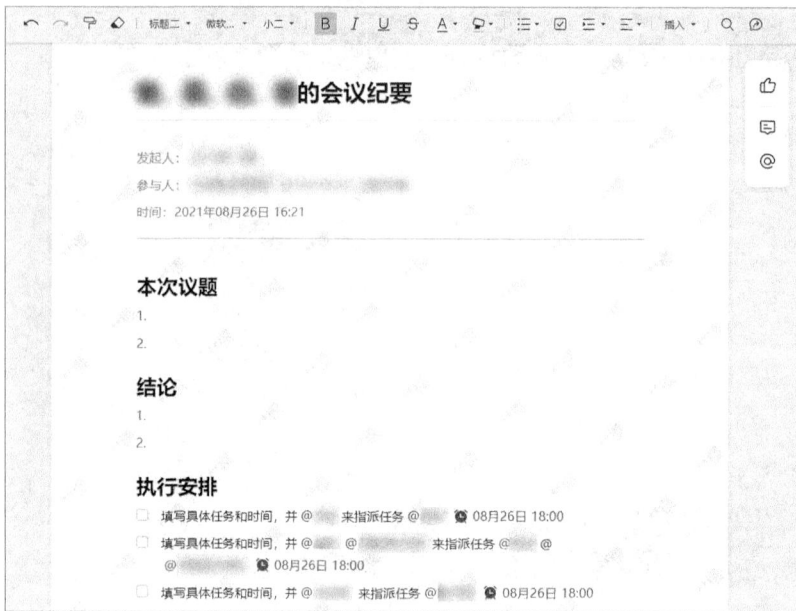

图 6-56 会议纪要编写模板

6.9.2 运营团队的绩效考核

如果把私域流量运营的工作分成"拉新"阶段和留存阶段，那么，在不同的阶段，运营团队的绩效考核指标也会有所不同。

1. "拉新"阶段

在"拉新"阶段，运营团队的主要考核指标是新增客户数和新增群成员数。

以佳秋公司的企业微信为例，管理员登录企业微信管理后台，依次单击"学员联系"→"管理"→"数据统计"，在"联系学员统计"选项卡中查看新增学员数和新增群成员数。

其中，"新增学员数"可以按照"联系学员统计"→"添加学员"→"新增学员数"路径进行查看，如图 6-57 所示；而"新增群成员数"可以按照"群聊数据统计"→"群成员"→"新增群成员数"路径进行查看，如图 6-58 所示。

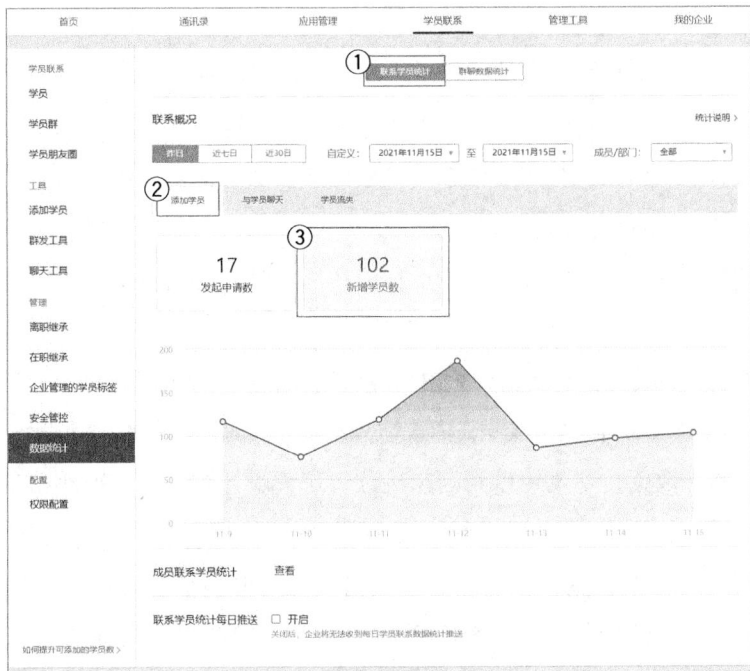

图 6-57 查看新增学员数

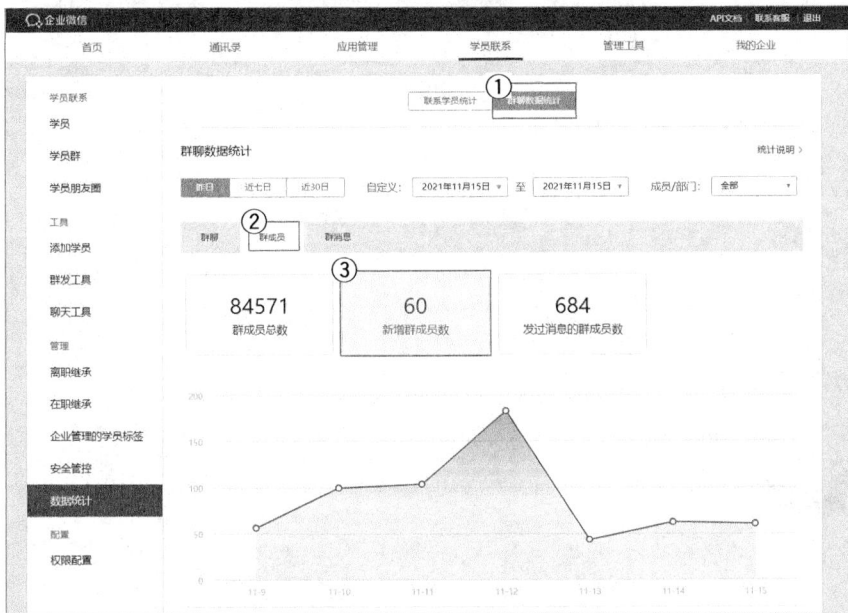

图 6-58 查看新增群成员数

2. 留存阶段

在留存阶段，对运营团队的考核重点就变成客户的运营服务。

在企业微信中，客户的运营服务主要表现在"私聊"和"群聊"两个层面。

在"私聊"层面，我们主要考核运营者的服务及时性，具体指标是"已回复聊天占比"和"平均首次回复时长"。

- 已回复聊天占比是指在一天内，所有由客户先发起的对话中，员工回复的对话数占比。

- 平均首次回复时长是指在一天内，所有的首次回复总时长除以已回复单聊总数的值。而首次回复总时长是指在一天内，运营者第一次回复客户的总时长。

综合这两个数据，基本可以判断出运营者每天服务客户的积极性和及时性是否达标。

以佳秋公司的企业微信为例，管理员可以在企业微信管理后台按照"数据统计"→"联系学员统计"→"与学员聊天"路径，直接查看"已回复聊天占比"和"平均首次回复时长"的数据，如图6-59所示。

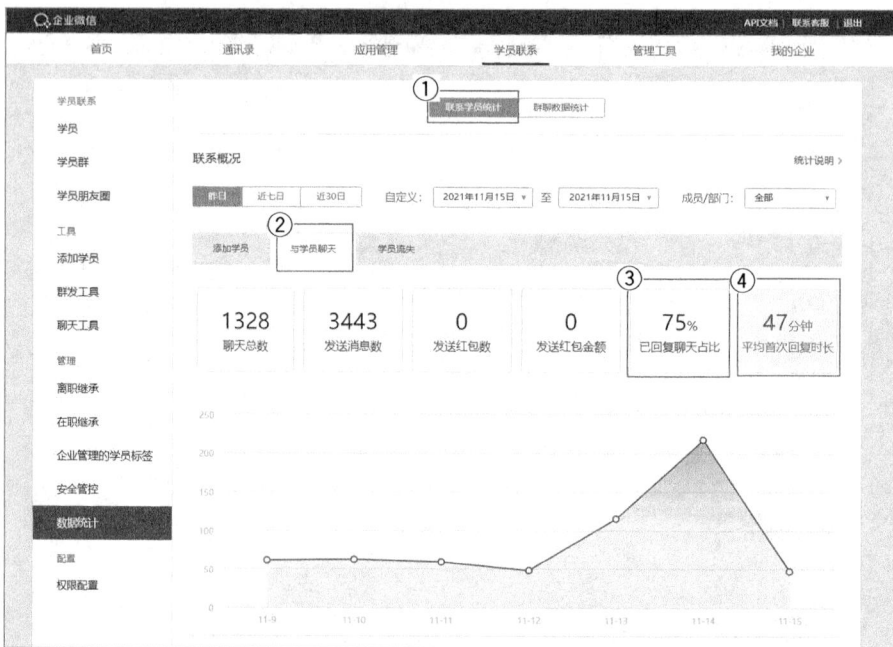

图6-59 查看"已回复聊天占比"和"平均首次回复时长"的数据

在"群聊"层面，最重要的考核指标就是"活跃群聊占比"和"群成员的活跃度"。一般来说，活跃的社群越多，活跃群聊占比越高，社群运营效果越好；一个社群，群成员的活跃度越高，社群成员的黏性越强，被转化的概率也越高。

（1）活跃群聊占比。

活跃群聊占比可以通过"有过消息的群聊数 ÷ 群聊总数"来计算。其中，"有过消息的群聊数"和"群聊总数"的数据可以通过"群聊数据统计"→"群聊"路径进行查看。以佳秋公司的企业微信为例，查看这两个数据的过程如图 6-60 所示。

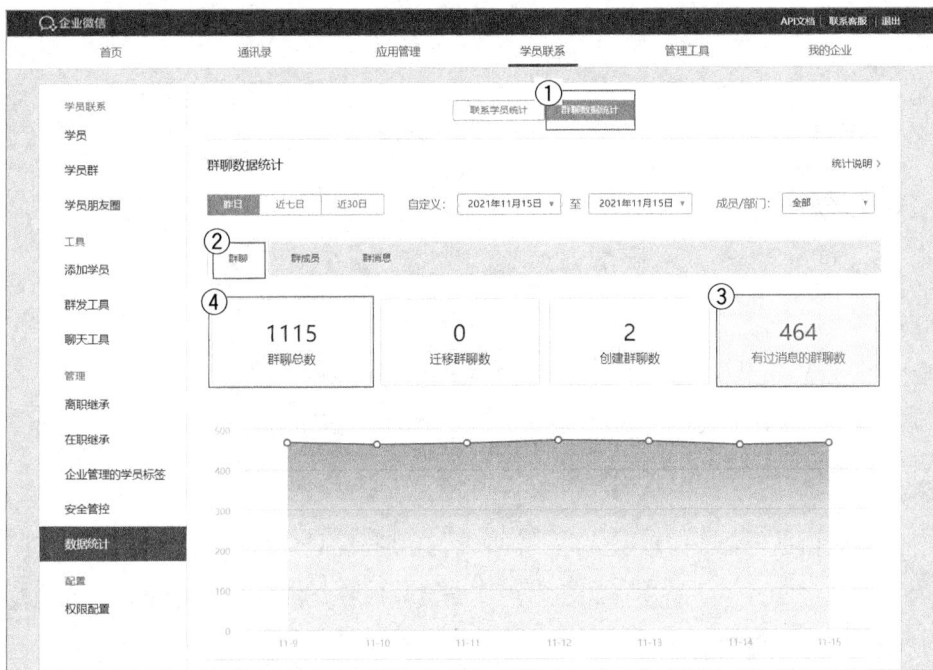

图 6-60 查看"有过消息的群聊数"和"群聊总数"的数据

（2）群成员的活跃度。

群成员的活跃度可以通过"发过消息的群成员数 ÷ 群成员总数"来计算。其中，"发过消息的群成员数"和"群成员总数"的数据可以通过"群聊数据统计"→"群成员"路径来查看。以佳秋公司企业微信为例，查看这两个数据的过程如图 6-61 所示。

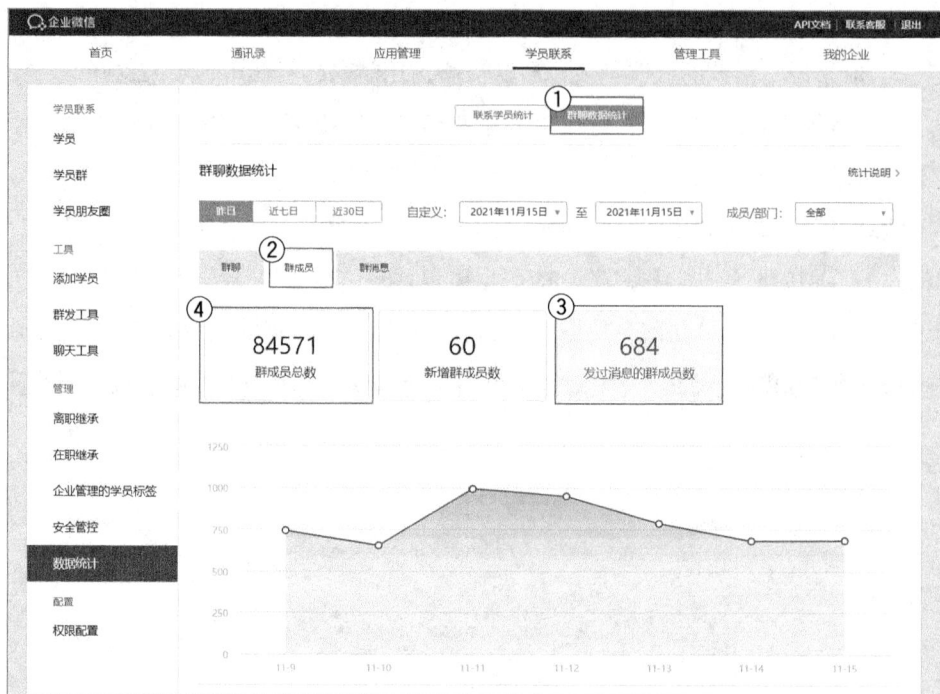

图 6-61 查看"发过消息的群成员数"和"群成员总数"的数据

6.9.3 离职员工的工作接管

企业微信是为企业管理所生的。企业微信中的外部客户并不是员工个人的资产，而是企业的资产。一旦员工离职，客户就会被收回并交接给其他运营者。而实现这个功能的就是"离职继承"。

以佳秋公司的企业微信为例，管理员登录企业微信的管理后台，在"学员联系"页面的左侧找到"管理"→"离职继承"选项，单击后即可显示"分配离职成员的学员和学员群"页面，在此可分配离职员工的学员和学员群，如图 6-62 所示。

在实际操作中，使用"离职继承"功能，有以下几个步骤。

图 6-62 企业微信的"离职继承"功能展示

1. 分配客户

在"分配离职成员的学员和学员群"页面，管理员可以在选中已离职的员工后，单击"分配给其他成员"按钮，在弹出的对话框中选择合适的在职员工，即可把客户分配给指定的在职员工，如图 6-63 所示。

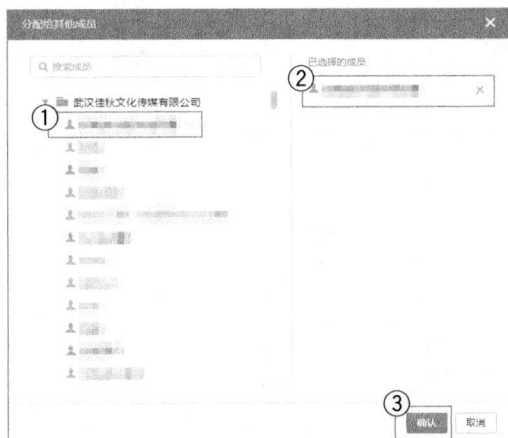

图 6-63 分配给其他成员

管理员在企业微信管理后台进行客户分配的操作后，客户立刻就会被其他在职员工接管，并且还会收到一条新员工即将承接服务的提醒。24小时以后，交接过程会自动完成。同时，企业微信还会主动提醒管理者分配客户的进度，帮助管理者把客户资产的账算得明明白白。

2. 无缝对接客户运营工作

新员工接手客户时，面对的并不是一个未知的用户，而是拥有前员工设置的标签和描述的客户。借助这些标签和描述，新员工能迅速了解客户的信息，无缝对接客户运营工作。

3. 主动告知客户

虽然新接手的员工可以借助企业微信无缝对接客户和客户群的运营工作，但我们还是建议新员工在第一时间主动与客户打招呼，介绍自己的特点和服务，以建立起和客户的新连接，从而把客户顺利承接下来。毕竟，每一位客户都希望得到尊重，与运营者真诚沟通。